企业能力、能力营销与顾客价值

刘石兰／著

FIRM COMPETENCE, COMPETENCE MARKETING
AND VALUES FOR CUSTOMERS

人民出版社

责任编辑:李椒元
装帧设计:肖　辉　欢　欢
责任校对:吕　飞

图书在版编目(CIP)数据

企业能力、能力营销与顾客价值/刘石兰著.
　-北京:人民出版社,2015.9
ISBN 978－7－01－014881－6

Ⅰ.①企…　Ⅱ.①刘…　Ⅲ.①供销经营-研究　Ⅳ.①F274

中国版本图书馆 CIP 数据核字(2015)第 110417 号

企业能力、能力营销与顾客价值
QIYE NENGLI NENGLI YINGXIAO YU GUKE JIAZHI

刘石兰　著

人 民 出 版 社 出版发行
(100706　北京市东城区隆福寺街 99 号)

北京市文林印务有限公司印刷　新华书店经销

2015 年 9 月第 1 版　2015 年 9 月北京第 1 次印刷
开本:880 毫米×1230 毫米 1/32　印张:13.5
字数:289 千字　印数:0,001－3,000 册

ISBN 978－7－01－014881－6　定价:30.00 元

邮购地址 100706　北京市东城区隆福寺街 99 号
人民东方图书销售中心　电话 (010)65250042　65289539

目　录

前　　言

本书是从企业能力的培育和营销视角研究如何为顾客创造价值的问题。

顾客价值研究的视角较多,如产品、服务、品牌和顾客关系等,本书是选择企业能力的培育和营销这两个视角。如果把企业能力的培育视为能力的"接收",即研究企业如何获取和输入能力,则可以把企业能力的营销理解为能力的"发送",即研究企业如何利用和输出能力。本书之所以结合这两个视角,主要是基于如下现实和理论思考:

首先,从企业的顾客价值创造和管理实践而言:第一,以往的顾客价值管理实践较多强调企业的产品或服务属性、品牌资产和单纯地依靠营销部门,并没有从战略高度渗透到整个企业内部的组织要素、企业能力上;通常被视为一种管理理念,并没有落实到整个企业的具体行为上,从而造成大多数企业顾客价值管理计划难以实施以及整体成效并不理想。第二,从企业高管愿景来看,绝大多数企业首席执行官和高级主管都希望企业成为"顾客导向型企业"和"顾客心目中的最佳供应商",但现有的管理工具和方法并没有实现他们的愿景或并不能满足他们的需要。

其次,从理论界的企业能力和顾客价值研究现状而言:第一,以往的企业能力研究主要是基于企业内部的视角或采用"由内而外"的思维方式,而且,虽然也有不少学者从企业外部的联盟者或组织之间关系来探讨企业能力的培育与发展,但很少有研究从顾客价值的角度或采用"由外而内"的思维方式来探讨;大多数企业能力的发展研究和实践都面向于组织效率和股东价值,并没有以顾客导向和顾客价值为目标,从而使得企业能力的培育和发展存在事后理性和市场近视等问题。

第二,为顾客创造和传递价值是市场营销的核心,而顾客价值的创造潜力根源在于企业所拥有的资源和能力。产品和服务是顾客企业评价供应商提供当前价值大小的主要要素,而供应商的能力和资源是评价其价值创造潜力和选择供应商的关键指标。供应商直接和间接利用能力均能为顾客创造价值。但在理论上,目前尚无文献全面探讨顾客(企业)如何依据能力来评价供应商的价值创造潜力以及供应商如何直接和间接利用能力为顾客创造价值。

第三,能力营销是当前营销实践中的一种新型营销形式,也是当前营销和采购领域一个新的研究课题。该理论将企业能力作为一项能够进行市场交易的资产,是企业在市场中向顾客(企业)进行能力沟通、促销、转移和销售的工具和流程。这一理论的价值在于为产品营销和销售提供了新的思路。但现有研究还处于起步阶段,实践中供应商用什么方式对能力进行营销、针对不同能力应如何选择营销方式以及不同能力营销方式对顾客价值、产品营销和销售到底有何作用等一系列的问题急需从理论上进行回答。

因此,本书认为,创造顾客价值应该和企业能力、能力营销结合起来,这不仅能够识别影响顾客价值创造的使能因素,而且能够揭示顾客价值创造的过程,因而有助于供应商为顾客创造不同的优越价值提供新的思路和路径。

正是基于此,本书将顾客价值与企业能力和能力营销进行结合,将顾客的观点整合到企业的关键流程、企业人员、企业执行力、企业运营力和能力促销等企业能力和能力营销实践中,并通过组织要素的设计与变革、企业能力的培育与开发以及能力营销的开展与实施等,从源头上探讨如何为顾客创造价值的问题。

本书在内容安排和结构设计上,首先介绍了本书的研究问题及其问题提出的背景,并对本问题研究的核心构念(construct)顾客价值及其研究现状做了详细的文献回顾和评价。

其次,在企业能力与顾客价值的关系探讨上,我们一方面基于组织要素理论,利用理论推导和实证分析等方法建构和检验了企业能力对顾客价值的影响模型,检验和测度顾客价值与组织要素、企业能力三者之间的关系强度,并识别出影响顾客价值创造的企业能力因素和关键组织要素因子;另一方面,我们还基于企业能力价值理论,通过实证分析构建了不同企业能力与不同顾客价值维度的匹配框架,指出创造不同类型的顾客价值需要不同的企业能力与之匹配。

再次,在对能力营销与顾客价值的关系探讨上,本书一方面,以能力营销为主题,详细探讨了能力营销的概念界定、营销方式、影响因素、理论挑战和管理意义等内容,并提出未来需要重点关注的研究内容以及迫切需要解决的一些理论焦点问题;另一方面,本书还重点探讨企业能力营销的影响机理,从理论上识别和揭示能力营销的情境条件,并构建了企业能力、能力营销与顾客价值的作用机理模型。

最后,围绕如何为顾客创造优越价值,本书分别从企业能力的培育(来源于组织内部要素)和营销(输出于外部市场)两个视角，一方面，对上述研究所获得的、支撑不同顾客价值创造的关键企业能力和组织要素进行变革与创新，以形成和发展为顾客创造价值的能力；另一方面，在发展了相关的顾客价值创造能力以后，基于能力营销理论，探讨供应商如何向顾客营销自己的优越能力以影响顾客的价值感知和判断。

通过以上内容研究，本研究获得了一些有意义的结论和观点。其中，最为主要的结论和观点有：

(1)企业能力与顾客价值相互影响、共同促进。首先，就企业能力对顾客价值的作用而言，从顾客角度来看，供应商能力是衡量其将来价值创造潜力的关键因素，是顾客选择供应商的主要指标；从供应商来看，企业能力不仅可以作为一项输入要素，通过产品或服务成为顾客价值的间接来源，而且还可以作为一项输出要素，通过交易和转移，成为顾客价值的直接来源。其次，就顾客价值对企业能力的影响而言，从顾客来看，顾客价值是企业能力建设的基点，决定企业能力的价值；从供应商来看，顾客价值可以解决企业能力建设中存在的事后理性和市场近视等问题。

(2)根据实证结果，从企业能力来看，企业能力与顾客价值具有很强的正相关性。其中，就企业能力而言，运营(能)力较执行(能)力和支撑(能)力对顾客价值的影响最大；就企业能力的来源即组织要素而言，首先，在本书所列举的10项要素中，价值流程对顾客价值创造水平的影响相对最大；其次，企业人员的意愿、专业知识和责任感以及企业人员的价值创新水平通过执行(能)力对顾客价值的影响最大，价值流程通过运营(能)力对顾客价值的影响最大，以顾客价值为中心的学习导向和市场导向文化通过支撑

（能）力对顾客价值的影响最大。

（3）从企业能力的价值而言，企业能力是一系列为创造顾客价值而蕴藏于各种组织内外流程的知识和技能。由于不同类型的顾客价值在创新程度、关系需求和价值评估等方面具有不同的特点，因而创造不同类型的价值需要不同的能力与之匹配。从实证结果可以看出，交易经济价值生产需要以效率导向的能力和以价值创新为导向的能力，例如，规模化生产能力、激进技术创新能力；关系附加价值生产需要以效益导向的能力和以价值创新为导向的能力，如渐进创新能力、商业模式变革能力；网络未来价值生产需要以价值创新为导向的能力，如激进产业创新能力、网络主导能力等。

（4）企业之间的营销开始以能力为对象，而不再局限于供应商的产品和服务。供应商能力营销有能力转移与销售、能力沟通与促销、能力共享与联盟等三种典型方式，而且各种方式的选择是能力属性、营销双方特性、文化距离、关系质量以及顾客价值和企业价值等变量的作用结果，但这些变量与能力营销之间的作用机理并不相同。

其中，能力属性因素包括知识的默会性（tacit）和能力的复杂性等具体变量，这些变量导致不同能力在营销过程中的传播性和互动性程度不同；营销双方的特性包括双方开展能力营销的意愿和动机、能力接收方的吸收能力和能力供给方的外部嵌入性等，这些变量直接影响企业在能力营销过程中的角色分配和预期价值感知；营销双方的组织文化距离涉及营销双方在个人主义与集体主义、权力距离、不确定性避免、男权主义与女权主义、长期导向与短期导向等具体文化维度的水平差异，它们可以增加资源和技能分配与知识的粘性,影响企业处理信息的方式进而影响能力营销的水平;营销双方的关系质量因素包括正常的业务交易关系和密切的战略合作伙伴关系,关系质量决定合作的层次和深度,从而决定能力学习、转移和共享的不同可能性;顾客价值和企业价值对上述变量与能力营销水平产生调节效应。

(5)供应商能力营销对顾客价值的作用过程受到营销双方的关系质量和被营销方的吸收能力等主体因素的干扰,进而影响不同能力营销方式的成效。其中,营销双方的关系质量关系到客户企业对供应商能力的了解程度和信任水平以及供应商对能力营销方式的选择,从而影响顾客对供应商能力价值的感知;被营销方的吸收能力关系到客户企业对供应商能力的价值判断和接受程度从而影响顾客对与供应商合作的感知价值和意愿。

本书研究结论具有较强的学术意义和理论创新性。以往的顾客价值理论在探讨顾客价值创造时没有考虑企业能力对顾客价值创造的直接作用;往往将顾客价值创造简单归结为产品或服务、顾客关系和品牌,而对能力参与顾客价值创造的内在作用机理却没有重点探讨,特别是很少关注能力的不同营销方式对顾客价值创造的影响。本书将顾客价值创造视为一个与企业能力静态和动态相关的过程,其中,静态相关指的是顾客价值创造与能力类型相关,其基本逻辑是创造不同类型的顾客价值需要不同类型的能力与之匹配;动态相关指的是顾客价值创造与能力的营销方式有关,其基本逻辑是能力的不同营销方式对顾客价值创造的贡献具有差异性。因此,本书采用将能力的"接收"和"发送"相结合的视角,将企业能力、能力营销和顾客价值创造纳入一个研究框架,分析三者的作用机理,这不仅进一步拓展和丰富了企业能力、能力营销和顾客价值管理各自领域的研究,而且利用能力营销视角扩大了供应商能力在产品销售和客户关系中的价值,弥补了企业能力理论和顾客价值理论之间存在的"真空"地带,利用能力营销实现了两者之间的衔接。

另外,本书结论对企业来说具有重要的管理意义。首先,对顾客(企业)来说,为他们从企业能力视角评估供应商未来价值创造潜力并据此选择最佳供应商提供了框架和标准;其次,对供应商而言,为他们提高顾客价值创造水平指出了能力发展和营销的路径和方式。例如,企业可以按照顾客的价值定位来设计和发展公司的价值方案、人力资源、业务流程、组织结构和文化理念等组织要素和能力,将顾客的需要和期望整合到企业关键的流程和管理活动中。总之,根据本书的研究结论,创造顾客价值需要企业建立一个强有力的执行系统、一个高效的运营模式、一个适应的文化支撑体系和采取有效的能力营销方式。

第一章 绪 论

第一节 研究背景

自 20 世纪 90 年代以来,顾客价值(Customer Value,CV)已成为西方营销学者和企业家共同关注的焦点,被视为竞争优势的新来源(Woodruff,1997)。企业唯一的使命就在于创造顾客,正是顾客决定了企业非此即彼(Drucker,1954)。寻找、发现和满足顾客需求是企业最为重要的使命,因为源自顾客的利润是所有公司生存之根本,倘若没有顾客带来的价值,任何公司的生存将难以为继(Grant and Schlesinger,1995)。顾客成为企业战略的基础(项保华,2001),企业给顾客提供优异顾客价值的能力被认为是 20 世纪 90 年代最成功的战略之一(Gronroos,1997)。实践中,今天的企业也都无法回避必须为顾客提供优质价值这一现实,即便是各个垄断行业的企业也概莫能外。但是,许多企业的顾客管理实践遇到了极大的困扰,有些甚至付出了惨重的代价(王永贵,2005)。汤普森(2003)在总结为什么实施顾客导向计划如此困难时指出,以往的顾客价值管理实践较多地把顾客价值看作为一种管理理念,并没有从战略高度渗透到整个企业内部的组织要素和企业能力上,并没有落实到整个企业的具体行为上,现实中的顾客价值管理计划往往与组织要素的设计和变革、企业能力的开发与发展相脱节。

事实上,越来越多的管理实践表明,顾客价值的创造潜力根源在于企业所拥有的能力。Masella 和 Rangone(2000)认为,供应商的资源和能力是产业顾客选择供应商的主要指标。产品和服务是评价供应商当前价值大小的核心要素,而供应商的能力和资源是评估其将来价值创造潜力的关键指标。但在理论上,有关供应商如何利用自己的资源和能力为顾客创造价值的研究却相当少见(Zerbini,Golfetto and Gibbert,2006)。基于此,本研究将顾客价值与企业能力进行有机结合,将顾客的观点整合到企业的关键流程、组织文化、营销活动等企业能力中,从企业能力的形成与营销视角探讨顾客价值的创造和管理问题。

一、组织变革研究和实践中存在的问题

在商业生态系统中,当今企业界和理论界存在着两种最为强烈的呼声:一是变革;二是顾客。这两种声音从 20 世纪 80 年代开始,到现在一直都在日益高涨。为了应对迅速的环境变化和改革企业内部的弊端,组织要素变革成为近十几年来企业管理领域的主旋律。企业再造、结构重组、组织创新、文化重塑、战略调整等各种时尚的概念无时不在轰炸人们的耳眼。但是企业组织变革的整体成效并不显著。

"各类组织机构在过去的 12 年中,花费了数十亿资金用于生产力和效率的提高。统计表明,过去几年中,85%的美国公司都投入到了各种各样的组织再造活动当中。在这些公司当中,有 60%报道说他们并没有获得所希望的生产力,并且有 44%的公司声明他们事实上比以前更糟!在 80%的公司当中,员工工作满意程度

有所降低。面对这些变革方面的失败，以及新指导方针的缺乏，68%的组织机构在一年之内又不得不重新构建组织。通过流程再造所带来的好转也同样是微乎其微。"①

　　管理实践中的大多数变革都是新瓶装旧酒。正如马尔其和西蒙所评论的那样："没有出现多少真正的新东西，所谓的新方法与理念仅仅是一遍又一遍的用不同的语言来表述同一内容而已。"②在企业管理实务中，企业变革存在两个极为普遍性的问题：

　　首先，企业变革的目标多元化。企业在变革中，对变革的期望都很高，希望通过变革既要能提高效率，节约成本，又要能提高质量，增强顾客满意；既要能使组织和环境保持适应性，又要能使组织保持相对稳定性和和谐性。波特认为，在同一市场环境中，企业一般很难同时获得成本优势和差异化优势。因此，这种多元目标特别是近似相互对立的双重目标容易导致变革的低效率和低效益。

　　其次，企业变革的视角过多局限于股东价值和企业内部价值，而忽视顾客价值。Michael Beer 和 Nitin Nohria（2000）在《哈佛商业评论》发表的一文中指出，工商企业的变革实践表明，现实中存在两种变革模式：基于 E 理论的变革和基于 O 理论的变革。其中，基于 E 理论的变革是建立在经济价值基础之上，把股东价值最大化作为变革的首要目标和结果的衡量标准，变革过程中通常使用经济刺激、裁员、机构精简、重组等手段；基于 O 理论的变革

---

　　①　［美］威廉·乔伊斯：《组织变革：世界顶级公司如何以人力资源为基础改进组织结构》，张成译，人民邮电出版社 2003 年版，第 8 页。

　　②　［美］威廉·乔伊斯：《组织变革：世界顶级公司如何以人力资源为基础改进组织结构》，张成译，人民邮电出版社 2003 年版，第 8—9 页。

是建立在企业能力基础之上,以影响和阻碍企业持续成长的内部因素为关注点,把培育组织的持续成长能力作为变革的目标,变革过程中经常采用改变员工态度、提高员工素质与责任感、引导员工共同学习等手段。由此我们看出,现有的企业变革实践都没有将顾客价值作为作为一种视角考虑在内,变革因而缺乏市场导向,变革的结果只能是离市场越来越远,离顾客需求背道而驰,从而注定变革的结果整体不理想。

二、企业能力研究和实践中存在的问题

企业能力研究和建设也一直是战略管理领域研究和实践的热点,出现了诸如资源基础论、核心能力论、动态能力论等许多不同的流派。这些理论都认为,与企业外部条件相比,内部条件对于企业建立并保持竞争优势具有决定性作用。但是,企业能力的研究和实践也出现了众多问题和质疑:

首先,存在事后性,缺乏预测性。许多学者认为,企业能力概念的推导带有明显的事后追溯的特征。Teece 和 Pisano(1997)认为,企业能力往往是通过观察分析企业或者其竞争对手的产品或服务总结而来。Williamson(1999)将企业能力理论归于事后理性,即给我一个成功企业的故事,我将告诉你其成功依赖的核心能力,给我一个失败企业的故事,我将告诉你它缺乏哪种企业能力。事后理性是目前企业能力理论在方法论上最具争议的,很大程度上仍未解决的一个问题。这表明企业能力的创建过程具有非常有限的解释和预测能力。

其次,大多数企业能力研究也主要是基于企业内部的视角或采用“由内而外”的思维模式,并没有从企业外部的角度(如从顾客价

值的角度)或采用"由外而内"的思维方式进行探讨。因为,许多学者的分析表明,企业通过经营活动为顾客创造的价值才是决定竞争优势的基本要素。顾客价值与竞争优势之间存在直接的正向关系,企业资源无论多么独特,只有通过价值生成活动产生顾客价值,才能表现出相应的竞争优势。因此顾客价值是理解企业资源特性与竞争优势之间的桥梁。但现有的企业能力理论中对此并没有给予应有的关注,从而导致为建立能力而建立能力的错误倾向。

再次,企业资源基础观和企业能力观把资源和能力视为组织流程的输入要素或者看作为具有价值性、稀缺性、不可转移性和不可替代性等特征的企业内部要素。这种观点并没有考虑到有关能力在要素市场上如商品交易和展览会上的"能力营销"现象。能力营销从概念上对资源基础观的基础提出了挑战。因为,能力营销在逻辑上将企业的资源和能力从作为组织流程的输入要素延伸到输出要素,认为,一些能力并不像资源基础观认为的那样不可流动,事实上,作为输出要素的营销能力在要素市场上能够购买到。而且,从营销的角度来认识能力基础观,有助于更好的理解能力的本质和它们在垂直关系中被利用和交易的方式(Golfetto 和 Gibbert,2006),从而扩大了能力对顾客价值和企业绩效的作用(如 Barney,1991;Peteraf,1993)。这表明,能力营销为产品营销和销售指明了新的思路。但现有研究还处于起步阶段,实践中供应商用什么方式对能力进行营销、针对不同能力应如何选择营销方式以及不同能力营销方式对顾客价值到底有何作用等一系列的问题急需从理论上进行回答。

最后,企业能力存在的事后理性问题、不可营销的观点与企业能力的长期基于企业内部的研究焦点存在一定的关联性。在某种程度上,这种内部寻找的思维方式限制了企业能力的市场流动性和导致了对企业成功或失败的解释带有追溯性,从而在一定程度上限制了企业能力的价值,特别是可营销性和可预测性的作用,其他企业难以从成功或失败企业中借鉴和汲取真正有意义的经验和教训。基于这个逻辑,本研究认为,改变企业能力研究的内部角度和"向内"思维,从企业外部特别是顾客角度来探讨企业能力能克服这种事后理性弊端。因为,首先,Normann 和 Rafael Ramirez (1993)认为,能力必须与企业的另一项关键资产——顾客相结合,并通过与顾客、知识与关系之间的良性互动才能增强企业的竞争力。其次,顾客价值具有动态性,而且顾客价值的动态性是组织内部各能力要素调整的指挥棒和方向盘。只有以顾客价值为导向,才能根据顾客的观点优化和开发与之相匹配的能力体系,才能构建基于市场的某种竞争优势。再次,从顾客价值来研究企业能力,可以更加细微地识别企业在经营活动中哪些能力的价值更大,应如何营销这些能力,这些能力的作用发挥为何受到限制,也就是说,顾客价值能帮助企业绘制出"企业能力的价值地图和营销路径图",这样就能增强企业能力对企业绩效的解释性和预测性,发挥成功企业和失败企业的借鉴和警戒作用。

因此,本书认为,创造顾客价值应该和企业能力、能力营销结合起来,这不仅能够识别影响顾客价值创造的使能因素,而且能够揭示顾客价值创造的过程,因而有助于供应商为顾客创造不同的优越价值提供新的思路和路径。

三、顾客价值研究和管理中存在的问题

在理想中,每一个企业和企业家都希望成为"顾客导向型企

业"和成为"顾客心目中的最佳供应商",但 Gartner 所做的一项研究发现 55% 的顾客价值管理项目并未产生预期的效果。这表明顾客价值管理中存在许多问题:

首先,企业目标或愿景总是通过自己依照传统的由内而外的思维方式来制定,并不是通过由外而内的思维方式由顾客来设定。哈维·汤普森(2003)在总结为什么实施顾客导向计划如此困难以及为什么许多公司宣称它们的愿景、使命或战略要成为顾客眼中的最佳企业却无法达到的原因时指出,这种由内而外的传统思考方式仍主导着人们的管理行为是其失败的根本原因。他甚至认为,"如果不考虑这个方面,这种根深蒂固的思考方式便会削弱我们为顾客导向目标所做的种种努力,甚至悄悄地将企业拉回原来的出发点"。[①]

其次,企业虽然提倡以顾客为导向,但并没有真正、准确把握顾客的期望和价值,这主要是企业在获知顾客价值和愿景上存在方法问题。IBM 公司发现,传统的顾客问卷调查方法和以问卷形式来寻找顾客需求或识别顾客价值的做法存在许多严重的局限性。该公司认为,问卷虽然可以追踪顾客满意度,但并不能确定:(1)实际影响顾客购买行为的关键因素有哪些?(2)哪些动态的顾客期望是一定要满足的?(3)哪些顾客期望如果没有得到满足就会对公司业务的持续发展产生重大威胁?(4)哪些顾客期望的表现达到产业最佳水准,就会对公司的利润产生重大的影响?(5)如果公司只能改善一项顾客期望,那么应该是哪一项?(6)如

---

① ［美］哈维·汤普森:《创造顾客价值》,赵占波译,华夏出版社 2003 年版,第 19 页。

果公司只能改善两项顾客期望,那么应该是哪两项? 只能改善三项呢?

再次,以往的顾客价值管理研究和实践较多地停留在企业产品或服务属性和单纯地依靠营销部门,并没有从战略高度渗透到整个企业内部的组织要素和企业能力上;较多地只是被看作为一种管理理念,并没有落实到具体的行为上;企业通常采用由内而外的目标管理模式,这种模式对企业开展面向顾客的组织行为产生阻碍。一项对执行过顾客价值管理的管理人员所做的调查表明,为顾客创造价值最关键的两个问题是内部组织问题(53%)和获取相关信息的能力问题(40%)。

最后,在组织上,企业在获知顾客期望价值以后没有用强有力的组织模式、企业能力支撑体系来执行,从而最终影响顾客期望价值的实现。哈维·汤普森(2003)认为,大多数企业实施顾客价值管理的困难在于不能根据顾客的价值对组织进行转型,没有开发相匹配的一系列的企业能力来加以实现。他指出,长久以来的垂直型组织结构、管理系统、衡量标准、诱因和资讯管理造成了组织部门各自为政的现象,这就破坏了需要跨部门协调为顾客服务的整个流程。

因此,由上述可知,有效的组织变革需要从顾客价值的视角出发,围绕顾客价值创造而系统开展;解决和克服企业能力的事后弊端,发挥企业能力的营销作用也离不开顾客价值;同样,有效的顾客价值管理需要企业在准确获知顾客价值期望的前提下,真正把顾客价值上升为企业愿景,并围绕这个愿景通过全面而系统的组织变革、企业能力培育以聚集所有努力来实现顾客的价值期望。总之,本研究认为,组织变革、企业能力和顾客价值应该统一起来,这不仅能解决各自所存在的问题,更能为顾客创造更大的优质价值。基于此,本研究将顾客价值与组织要素、企业能力进行有机结合,通过组织要素的设计与变革、企业能力的培育与营销来探讨顾客价值的创造问题。

第二节 研究意义

本研究在现有研究成果的基础上,特别是就顾客价值战略达成共识的前提下,主要从企业能力的角度,探讨顾客价值战略的具体实施和执行问题,内容涉及顾客价值与组织要素、企业能力的关系以及基于顾客价值的组织要素设计、组织要素变革和企业能力营销等,总的来说,论文对此领域的研究具有重要的理论价值和实践意义。

(1)从理论上分析了组织要素、企业能力与顾客价值的相互关系,指出:

首先,企业能力来源于组织要素或组织系统。组织要素是企业能力测量的维度。其次,就企业能力对顾客价值的作用而言,企业能力作为组织的主要资产,不仅可以作为一项输入要素,通过转化或蕴藏于产品或提供物中间接影响顾客价值,成为顾客价值的间接来源,而且还可以作为一项输出要素,作为一项可交易的市场资产,通过交易和转移,成为顾客价值的直接来源。最后,组织要素通过企业能力决定顾客价值的创造和实现程度。企业组织要素的数量与质量,以及这些要素的组合方式对能力的形成产生重要影响,决定了企业能力的大小、强弱和特性,也最终决定了顾客价值的创造水平。

这些结论和观点突出了价值创造过程,强调了组织要素和能力在价值创造中的作用,克服了传统顾客价值认识中的缺陷,例如,关注价值创造的结果,认为价值蕴藏于产品或提供物之中,而对价值创造过程特别是供应商与顾客合作所开展的价值创造活动并没有强调;以狭隘的资源基础观为基础,认为价值来源于产品或提供物,并没有指出能力在价值创造中的作用。因而这补充和完善了传统顾客价值的认识,为全面认识顾客价值具有重要意义;同时,对供应商与顾客的价值创造活动具有更强的指导性。

(2)实证测度了组织要素、企业能力与顾客价值的关系强度,发现和识别出驱动顾客价值的企业能力因子和组织要素因子,并构建了顾客价值与企业能力的匹配框架,这有助于企业实施顾客价值驱动的组织变革和企业能力发展战略。

本研究以组织要素理论和企业能力价值理论为依据,探讨企业能力与顾客价值之间的内在关系,从而构建影响顾客价值的组织要素和企业能力一般框架,并通过实证分析,发现并识别出对顾客价值相对作用大小的企业能力因子和组织要素,为企业管理层的组织和管理决策提供可靠的依据。这些结论对企业来说具有重要的管理价值。首先,对产业顾客来说,为他们从企业能力和要素的角度来评估供应商未来价值创造潜力并据此选择最佳供应商提供了工具和标准;其次,对供应商而言,为他们提高顾客价值创造水平指出了发展何种能力和优化哪些要素最为关键和有效。

(3)以往的顾客价值理论在探讨顾客价值创造时没有考虑企业能力对顾客价值创造的直接作用;往往将顾客价值管理和创新简单归结为产品或服务、顾客关系和品牌,而对能力参与顾客价值创造的内在作用机理却没有重点研究,特别是很少关注能力的不同营销方式对顾客价值创造的影响。

本研究将顾客价值创造视为一个与企业能力静态和动态相关的过程,其中,静态相关指的是顾客价值创造与能力类型相关,其基本逻辑是创造不同类型的顾客价值需要不同类型的能力;动态相关指的是顾客价值创造与能力的营销方式有关,其基本逻辑是能力的不同营销方式对顾客价值创造的贡献具有差异性。因此,本研究将顾客价值创造能力、能力的不同营销方式和顾客价值创造纳入一个研究框架,分析三者的作用机理,这不仅进一步拓展和丰富了企业能力、能力营销和顾客价值管理各自领域的研究,而且利用能力营销扩大了供应商能力在产品销售和客户关系中的价值,弥补了企业能力理论和顾客价值理论之间存在的"真空"地带,实现了两者之间的衔接。

(4)本研究在现有能力营销研究成果的基础上,系统探讨企业能力的营销方式以及方式选择的影响因素,并从综合的角度分析这些因素是如何影响能力营销的,最终汇总各种变量的逻辑关系构建一个企业能力与能力营销方式的作用机理模型。这主要解释和展示了企业能力的营销过程,打开了能力从输入到输出这个"黑箱子"。这是对企业资源基础观的进一步挑战,也是对能力营销现有研究成果的进一步拓展和推进。

(5)本研究基于顾客价值对组织要素进行优化和变革以培育与之匹配的企业能力,然后依据能力属性、营销双方特性等变量选择有效的能力营销方式,这种将顾客需求整合到企业的组织设计与变革中,把顾客愿景与企业的关键流程、基础建设和营销活动相结合的方式,不仅有助于企业提高战略资源配置和使用的效率,而且为建立和维持企业的顾客价值优势、成为一个"顾客心目中理想的供应商"或"顾客驱动型企业"指明了路径。

第三节　研究逻辑与结构

一、研究逻辑

本研究的目标,一方面是基于组织要素理论识别和测出影响顾客价值创造的驱动企业能力的组织要素因子,并围绕顾客价值创造对这些因子进行优化和变革;另一方面,基于能力营销理论,构建企业能力、能力营销与顾客价值之间的作用模型,探讨如何通过营销企业能力来为顾客创造价值。基于此,本研究在写作逻辑上采用了"关系分析"——"因子选择"——"因子优化"的先探索、后验证和再探索的研究思路。

"关系分析"部分主要是对顾客价值与组织要素、企业能力之间的内在关系进行探讨。这部分本研究在有关组织要素、企业能力文献综述的基础上主要分析了三对关系:组织要素与企业能力、企业能力与顾客价值、组织要素与顾客价值。探索性分析之后,本研究发现组织要素、能力与顾客价值三者之间在理论上存在显著的相关关系,从而为下一步工作即识别和找出影响顾客价值的最大组织因子创造了逻辑前提。

"因子选择"部分主要是通过实证分析,一方面验证组织要素、企业能力与顾客价值是否存在相关关系,从而对第一步"关系分析"所推出的命题进行检验;另一方面,识别和测度影响顾客价值的最大组织要素和企业能力因子,为下一步研究工作即围绕顾客价值对这些影响最大的因子进行优化和变革。

"因子优化"部分是根据实证分析所识别出的最大影响因

子,在基于顾客价值的基础上对这些因子进行优化和变革。这部分主要探索了企业人员、价值流程、价值创新和组织文化四个因子的管理问题。为了给顾客创造和传递最大化的优质价值,企业在人员管理、业务流程、价值创新和文化塑造等方面应该如何作为,怎样的路径或四个因子处于何种状态才能使顾客价值处于最佳水平。

值得一提的是,这三部分在研究方法、全文地位和功能是不同的。"关系分析"部分主要利用了文献综述和探索式的理论研究方法,是后两者研究的逻辑前提;"因子选择"部分主要采用了实证分析和验证式的研究方法,是对前者结论的验证,同时也为后者的研究规定了内容;"因子优化"部分采用了理论探索式的研究方法,尝试性地提出了一些优化和变革方式,其中一些内容还举了一些案例进行说明。这部分是前面两部分的最终归宿,是本研究的主体部分。

二、内容结构

全书共分为 15 章,其结构如图 1-1 所示。

第四节 研究方法与技术路线

顾客价值与企业能力的有机结合和匹配问题,既是一个理论性的问题,也是一个实践性的问题。它涉及人类社会的诸多方面。因此,对顾客价值与企业能力关系问题的研究,需要借助多学科的知识,并使用多种研究方法,这样才能对所提出的问题给予一个有理有据的结论以指导实践。

第一章：绪论
第二章　顾客价值理论研究
第三章　顾客价值驱动因素研究

第四章　企业能力与顾客价值关系的理论建构：组织要素的视角
第五章　企业能力与顾客价值关系的实证检验：组织要素的视角

第六章　企业能力与顾客价值的关系：能力价值的视角

第七章　能力营销的基本理论
第八章　能力营销的方式及其选择机理
第九章　企业能力、能力营销与顾客价值的关系模型建构

企业执行（能）力

企业运营（能）力

企业支撑（能）力

能力营销策略

第十章　基于顾客价值的员工管理

第十一章　基于顾客价值的价值创新

第十二章　基于顾客价值的流程设计与优化

第十三章　基于顾客价值的组织文化培育与变革

第十四章　基于顾客价值的能力营销：客户推荐营销策略

第十五章　总结与研究展望

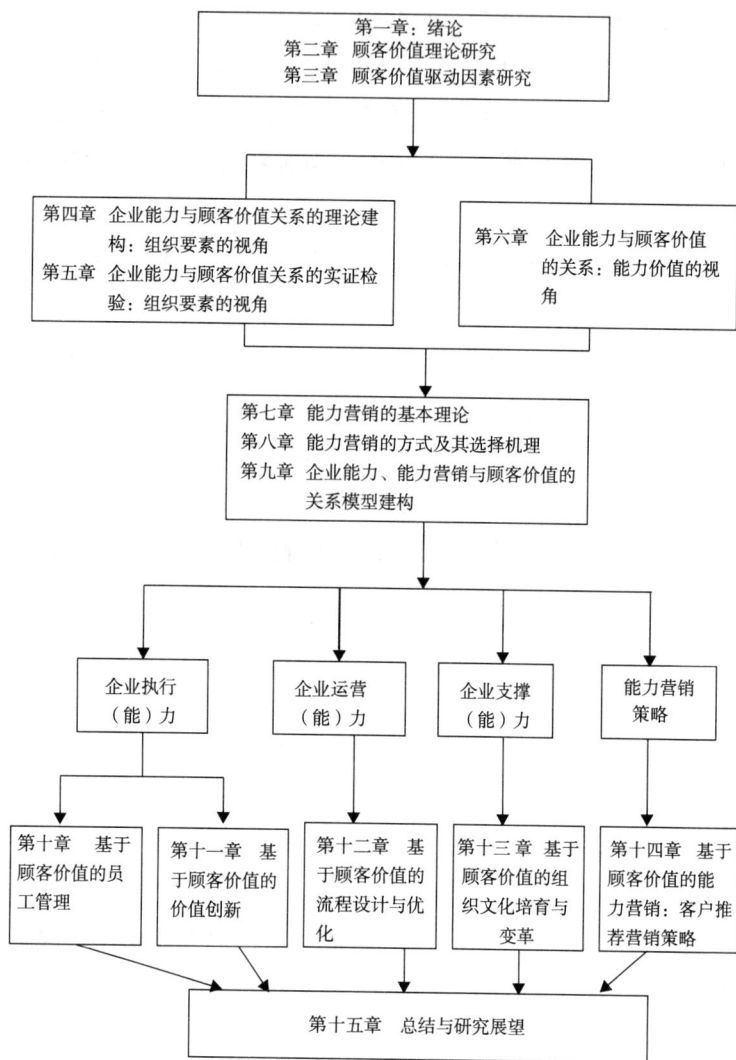

图1-1　本研究的结构框架

1.跨学科的研究方法

对顾客价值问题的分析,是一个跨学科的研究领域,本研究在使用跨学科的研究方法时,主要是从经济学、管理学、营销学、组织行为学等学科借用概念与理论,并采用数学和统计学的一些分析方法和工具,来分析顾客价值与企业行为问题。这些不同学科的概念和理论被用于顾客价值分析的不同侧面。例如,从营销学中借用消费者行为理论分析顾客价值对消费者行为的影响,从管理学和组织行为学中借用组织系统概念、组织要素和企业能力来分析顾客价值与它们之间的关系等。

2.顾客角度研究与企业角度研究相结合的方法

目前顾客价值和顾客价值管理研究主要是从顾客角度进行的,也就是主要分析顾客的需要和如何为顾客创造价值,很少分析顾客对企业的价值和如何充分开发顾客的价值,这与企业追求利润最大化的本质不相符合。本研究除了主要从顾客角度对顾客价值和顾客价值管理进行研究外,还从企业角度对它们进行了研究。例如,在顾客价值文献综述以及顾客价值与组织要素、企业能力的关系分析以及实证分析部分采用顾客角度,在围绕顾客价值进行业务流程优化和再设计等内容上除了以顾客观点为主,同时也结合了企业的观点,这样更能切合实际的需要和企业的理解。

3.规范分析与实证分析相结合的方法

在目前的顾客价值和顾客价值管理研究中,主要以定性和规范研究为主,虽然也采用了定量和实证研究的方法,但是,将数理分析一以贯之的运用到企业能力与顾客价值研究中尚不多见。本研究采用规范研究与实证研究相结合的方法。例如,本研究对顾客价值的定义以及前人的研究成果进行规范分析和定性阐述,对顾客价值与组织要素、企业能力之间的内在关系进行定性和规范分析,同时又采用实证分析的方法对它们之间的关系通过问卷调查和数理统计工具进行了论证,最后就基于顾客价值的组织要素变革和企业能力优化进行规范和定性分析,同时,其中一些内容,如价值创新等还采用了案例分析的方法。

4.技术路线

技术路线是引导本研究研究从选题、构思一直到得出结论的总体性研究规划。本研究采用的技术路线可以归纳为如图1-2所示。

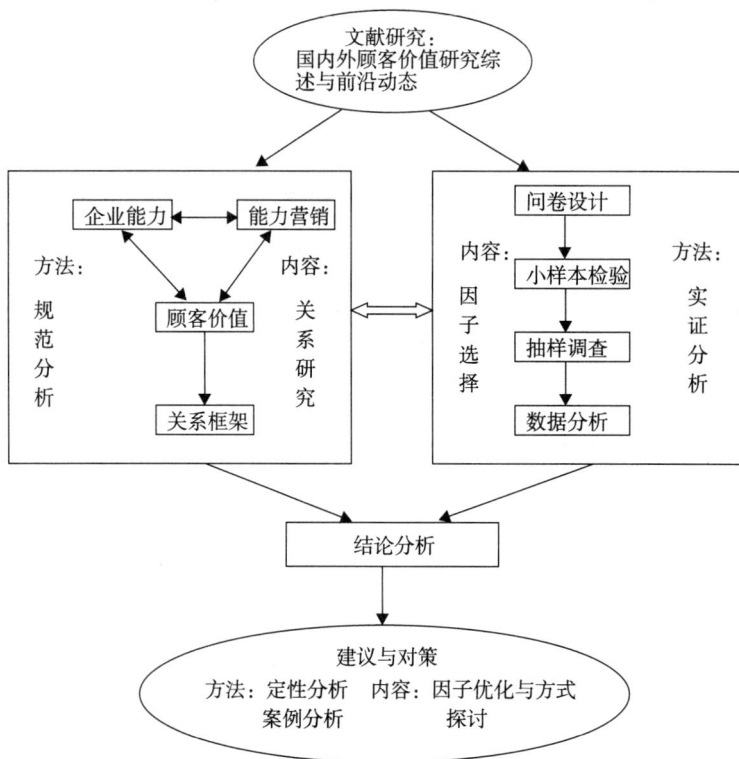

图1-2   本研究的技术路线

在研究工作中,我们始终坚持实证研究与规范分析、定性分析与定量分析相结合的原则。首先,在广泛文献查阅的基础上,综述顾客价值及其相关理论的研究动态与实践应用,总结以往研究成果的主要贡献与不足,形成本研究的焦点问题、研究思路与研究方法。其次,分析顾客价值与组织要素、企业能力之间的内在关系,探讨它们之间的一般概念框架。再次,进行问卷调查和数据分析,进一步以系统的观点考察顾客价值与企业能力、组织要素模型的合理性和科学性,并得出本研究的结论,并指出论文研究结论的学术价值和实践意义。最后,在前面分析的基础上,就基于顾客价值的组织要素、企业能力优化和变革提出具体的对策和建议。

第五节　理论创新

本研究的主要观点是顾客价值创造应当和组织要素的设计与变革、企业能力的开发与营销相结合。只有将顾客价值与组织要素、企业能力联系起来,将顾客的观点整合到企业的关键流程、组织文化、企业人员、企业执行力、企业运营力等组织要素和企业能力中,才能真正从企业内部探讨顾客价值的创造问题。根据文献查阅所知,本研究从组织要素设计与变革、企业能力开发与营销的视角来研究顾客价值的创造问题,这种研究思路在顾客价值管理文献中甚少,而且,这种将顾客价值等企业外部的变量延伸到企业内部的能力和组织要素等概念上的研究具有很强的理论价值和现实意义,因此,从这一意义来说,本研究的研究视角和主题具有一定的创意。从内容来看,本研究包括以下创新观点:

1.组织要素、企业能力与顾客价值具有内在一致性首先,企业能力来源于组织要素,组织要素是企业能力测量的维度。组织要素的数量和质量以及组织要素的组合方式决定企业能力价值的供给水平。企业能力是以组织知识为核心、以组织结构为载体和以组织文化为支撑的知识、结构和文化三个因素相互作用的结果。企业能力根植于组织要素的各成分或组织系统的各子系统的互动过程之中,组织要素或组织系统是企业能力的载体。企业组织要素(如企业的知识与技能、企业的结构、流程、制度以及企业的文化、历史传统等)的数量与质量,以及这些要素的组合方式对能力的形成产生重要影响,决定了企业能力的大小、强弱和特性,也即决定了企业能力建设的供给水平。

其次,就企业能力对顾客价值的作用而言,供应商能力是产业顾客选择供应商的主要依据,是顾客评估供应商将来价值创造潜力的关键指标;能力不仅可以作为一项输入要素,通过转化或蕴藏于产品或提供物中成为顾客价值的间接来源,而且还可以作为一项输出要素,通过交易和转移,成为顾客价值的直接来源。就顾客价值对企业能力的作用而言,顾客价值决定企业能力价值的需求水平,是企业能力建设的基点和导向,决定了企业能力建设的方向;可以解决企业能力建设存在的问题,例如事后理性、缺乏可预测性以及内部思维导向等。对企业能力价值的衡量既可以从企业的角度进行,也可以从顾客的角度进行,但顾客价值是企业能力价值的最终衡量指标。

最后,组织要素通过企业能力决定顾客价值的创造和实现程度。企业为顾客创造价值的能力以及对顾客需求的满足程度在很大程度上取决于企业所拥有的组织要素数量、组织要素建设的投入力度和利用效率以及根据市场变化而对组织要素进行优化、变革和整合的水平。企业对组织基础要素建设投入的力度越大,利用率越高,特别是能针对顾客价值的变化对组织基础设施进行变革和整合的技能越高,则为顾客创造价值的能力就越强,对顾客的满足程度就更高,企业能力的价值也就越大。

2.本研究以构成企业能力的不同组织要素为依据,对企业能力进行不同的分类,并从顾客价值的管理角度对每种能力类型给予新的定义。

在企业资源观的基础上,本研究根据构成企业能力的不同组织要素分类,将企业能力分为企业执行(能)力、企业运营(能)力和企业支撑(能)力。其中,企业执行(能)力的主体是组织中的人力要素,包括管理者和员工。它是指企业管理者、员工等人力要素对顾客价值创造的努力和贡献状态。企业运营(能)力的主体是组织中的物力要素,如组织结构、业务流程和组织机制(制度)等。本研究将企业运营(能)力定义为企业的组织结构、组织机制(制度)、流程等物力要素对顾客价值的创造是否处于最佳运营状态或与顾客价值是否处于最佳匹配状态。企业支撑(能)力主要来源于组织中的文化要素,如企业理念和价值观等。本研究将企业支撑(能)力定义为企业的价值观或理念等精神要素对顾客价值的导向程度。

3.本研究通过实证分析,验证和测度了顾客价值与企业能力、组织要素具有正向相关性,并发现和识别出影响顾客价值的最大组织要素因子。

就企业能力而言,企业运营(能)力较企业执行(能)力和企业支撑(能)力对顾客价值的影响最大;就组织要素而言,首先,在本研究所列举的 10 项要素中,价值流程对顾客价值创造水平的影响相对最大;其次,员工的意愿、专业知识与责任感和企业人员的价值创新水平通过企业执行(能)力对顾客价值的影响最大,价值流程通过企业运营(能)力对顾客价值的影响最大,以顾客价值为中心的学习导向和市场导向文化通过企业支撑(能)力对顾客价值的影响最大。根据文献查阅结果,这是有关顾客价值与企业能力领域研究中相当少见的,极大推动和丰富了顾客价值与组织行为相结合(而非消费者行为领域,因为有关顾客价值的应用研究主要集中于消费者行为领域)的实证研究领域。这为产业顾客从企业能力和要素角度评估供应商的未来价值创造潜力并据此选择最佳供应商提供了标准。

4.本研究将企业能力、能力营销和顾客价值纳入一个研究框架,分析三者的作用机理。这是本研究的一个重要理论创新。

以往的顾客价值理论在探讨顾客价值创造时没有考虑企业能力对顾客价值的直接作用;往往将顾客价值创造简单归结为产品或服务、顾客关系和品牌,而对能力参与顾客价值创造的内在机理却没有重点研究,特别是很少关注能力的不同营销方式对顾客价值创造的影响。本研究将顾客价值创造视为一个与企业能力静态和动态相关的过程,其中,静态相关指的是顾客价值创造与能力类型相关,其基本逻辑是创造不同类型的顾客价值需要不同类型的能力;动态相关指的是顾客价值创造与能力的营销方式有关,其基本逻辑是能力的不同营销方式对顾客价值创造的贡献具有差异性。因此,本研究将企业能力、能力的不同营销方式和顾客价值创造纳入一个研究框架,分析三者的作用机理,这不仅进一步拓展和丰富了企业能力、能力营销和顾客价值管理各自领域的研究,而且利用能力营销扩大了供应商能力在产品销售和客户关系中的价值,弥补了企业能力理论和顾客价值理论之间存在的"真空"地带,实现了两者之间的衔接。

5.本研究探讨企业能力的营销方式以及方式选择的影响因素,构建一个企业能力与能力营销的作用机理模型,进一步拓展了能力营销理论的研究内容。

以往的企业能力研究往往受到资源基础观的影响,将企业能力视为组织流程的输入要素,认为能力具有不可转移性等特征。可最近几位学者依据企业实践发现,能力是一种可交易的市场资产,可以进行交易和转移,并将其现象定义为能力营销。本研究在接受前人观点的基础上,系统探讨企业能力的营销方式以及方式选择的影响因素,并从综合的角度分析这些因素是如何影响企业能力营销的,最终汇总各种变量的逻辑关系构建一个企业能力与能力营销方式的作用机理模型。这解释和展示了企业能力的营销过程,打开了能力从输入到输出这个"黑箱子"。这是对资源基础观的进一步挑战,也是对能力营销现有研究成果的进一步拓展和推进。

第二章　顾客价值理论研究

　　顾客价值概念从产生至今一直是理论界和产业界研究和关注的焦点,吸引了很多学者和管理者的浓厚兴趣,产生了许多富有前瞻性和可操作性的研究成果和实践精华。本章主要是就这些成果和精华进行分类、归纳、总结和评述,以完善顾客价值理论体系。

第一节　国外顾客价值研究综述

一、顾客价值的研究视角

　　顾客价值(管理)问题一直是营销学界和企业界共同关注的热点。从产生至今,很多营销学者对此进行了不同角度的理论研究和应用研究,企业界许多高层管理者对顾客价值管理也进行了不同程度的尝试,并取得了一定的绩效。随着研究和实践的深入,学者们和管理者们对顾客价值的认识也更加全面和深刻:从最初站在顾客角度,研究企业应该如何为顾客创造优异的价值,到站在企业角度,如何把顾客价值看作是企业的资产和如何利用顾客为企业创造价值,到后来的从企业与顾客关系角度,如何通过关系为企业和顾客双方创造价值。因而形成了顾客、企业、关系这三个不同的研究视角,也产生了目前顾客价值研究的三大流派(如图2-1所示)。

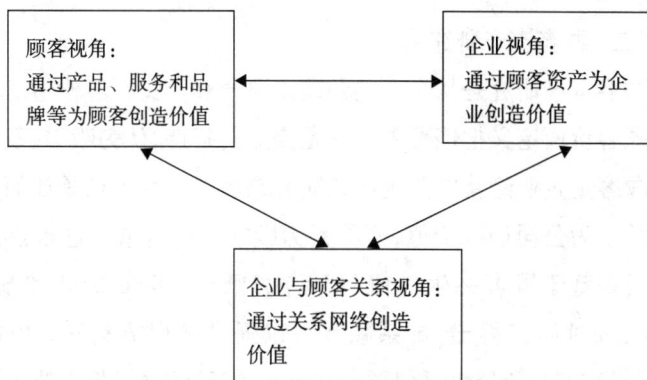

图2-1　顾客价值研究的三种视角

（一）顾客感知价值研究

顾客感知价值研究是从顾客的角度来研究和定义顾客价值。这个研究领域是顾客价值理论中研究者参与最多的，很多学者现在集中于研究和拓展这一理论。其代表人物有：Woodruff 和 Flint（1997）；Anderson etal（1993）；Christopher（1982）；Ravald 和 Gronroos（1996）；Woodruff 和 Gardial（1996）；Zeithaml（1988）。他们都认为顾客价值应该是企业为顾客创造并且能够被顾客感知到的价值，即为顾客感知价值。这里，顾客价值是指向顾客（customer-directed）的概念。该领域的研究重点是企业如何为顾客创造价值以及顾客如何评价他们的供应商相对于竞争者而言所提供的价值。顾客感知价值研究起源于顾客让渡价值、提升产品理念、顾客满意度和服务质量的研究。该研究范畴之所以受到广泛重视是因为它将期望产品或服务属性和表现与使用情况下的期望结果联系起来，还提供了与顾客的目标和目的的关联。但是目前，这个视角的研究绝大部分只是理论研究，实证和应用研究较少。

(二)顾客资产研究

顾客资产研究是从企业的角度来研究和定义顾客价值。该范畴的顾客价值定义把消费者看作是企业的资产,认为吸引、发展和维系顾客是企业经营的关键。该研究领域的研究重点是如何利用顾客关系为公司创造价值,而不是为顾客创造价值。这观点的形成主要是基于顾客终生价值(CLV)的概念。Reichheld 和 Sasser(1990)通过研究得出,维系顾客可以提升净现值利润。Rust 和 Zahorik(1993),Zahorik 和 Keiningham(1995)评估了努力改善满意度和质量对顾客维系与市场份额的影响。Blattberg 和 Deighton(1996)特别强调现有顾客的维系要比获得新客户支付更少的成本。另外,Hallberg(1995)认为不是所有的顾客都是同等重要的,一些细分市场能够获利,一些不获利也不亏损,而另一些还会亏损。因此,增加顾客维系不是总能增加获利性,对不同细分市场顾客终生价值(CLV)获利性和亏损性的理解将使组织能够关注能够获利的顾客和细分市场。除了大部分的理论研究之外,该领域也进行了大量的实证和定量研究。例如,Calciu 和 Mihai 在对顾客资产进行研究时,从顾客关系行为〔保留与转移〕的角度,运用代数和矩阵方法构建了顾客终生价值的计算公式,明确指出了顾客保留与顾客转移过程以及在这个过程中如何使顾客价值最优化。

(三)关系价值研究

关系价值研究是从企业与顾客关系的角度来研究和定义顾客价值,这是顾客价值与关系营销理论相结合的一个最新发展,也是学者们对顾客价值的更深刻认识,这是一种兼顾顾客、企业和利益相关群体的价值观点。该范畴研究的主要观点是企业与顾客通过建立、维系双方关系可以为双方创造和带来价值,因此,该领域研究强调的不是单独为企业或顾客创造价值,而是如何体现持久的双赢。其代表人物和观点如下:早期研究者 Crosby, Evans 和 Cowles(1990)通过对服务销售中关系质量的研究,强调要理解关系中的"质量"因素。Wilson 和 Jantrania(1993,1994)提出了一些关系价值的基本观点,他们认为任何一种关系都为合作双方创造价值;在关系存在期间,价值怎样被分享是一个主要的问题。Tzokas 和 Saren(1998)对于这个问题作了方法性的研究,提出了理解关系价值的基本方法。Ravald 和 Gronroos(1996)指出,关系自身对顾客接受的总价值存在着很大的影响。在这之后许多学者针对这个问题作了更深入的研究,他们发现在一个关系中,"给予顾客的价值不是在货币和产品的交换中体现出来的,顾客感知价值是随着关系的发展而被创造和传递的"。在 Gummesson(1999)所做的进一步的研究中,他提出了关系营销中的许多基本的价值。核心价值成为合作双方和互利价值创造中的重点,而他提出的"总关系营销"理念强调与顾客的长期的双赢关系。这些研究与这之前的研究不一样,它承认企业与顾客之间在时间上持续的相互作用,价值不再被看作个体交易过程中的一部分,价值的创造需要时间,并且很容易受外界如其他的利益相关群体的影响。然而,这一领域的研究工作还处于初级阶段,还需要做更多的理论及实证的研究。

总之,这三个研究领域都有自己的代表人物、研究重点和主要代表观点,而且在研究内容和方法上都存在自己的局限性,不论在理论上还是在应用上都还比较有限,需要进一步拓展和求深。本研究与大多数学者一样,采取从顾客的角度来定义和研究顾客价值,但侧重于顾客价值的应用研究。

二、顾客价值的内涵

一些学者根据研究目的的需要对顾客价值作了不同的定义,这些定义从不同的角度反映了顾客价值的不同内涵。我国学者董大海(2003)、叶志桂(2004)对此也做了很详细的总结,根据他们的研究成果以及国外众多学者的见解,对顾客价值的认识可以归纳为以下几类:

1.权衡说。大多数学者认为顾客价值是顾客感知质量与感知价格之间的一种权衡(Desarbo,Jedidi and Sinha,2001)。其中,感知质量是顾客对"产品总的优越性的判断。"(Zeithaml,1988),而感知价格被定义为对产品客观价格的主观感觉(Jacoby and Olson,1985)。一些学者认为顾客价值是顾客感知利得与感知利失之间的权衡(Ravald and Gronroos,1996;Christopher,1997;Parasuraman,1997;Grewal 等,1998)。Porter(2000)把顾客价值定义为买方感知性能与购买成本之间的一种权衡。Kotler(2000)也把顾客价值定义为总顾客价值与总顾客成本之差。

2.满意说。Reynolds(1983)从顾客满意的角度认为顾客价值是"在最低的获取、拥有和使用成本之下所要求的顾客满意"。

3.情感说。一些学者认为,顾客价值是顾客与产品之间的一种情感联接或纽带。Butz 和 Goodstein(1996)认为,在顾客使用了公司提供的产品后,我们建立了顾客与产品之间的情感联系,并发现产品为顾客提供了附加价值。

4.体验说。Woodruff(1997)认为,顾客价值是顾客在一定的使用环境中对产品属性、属性表现以及由使用而产生的可能对顾客目标或目的的实现起阻碍或促进作用的结果的感知偏好和评价。这个定义强调了顾客价值的主观性,指出顾客价值来源于顾客的感知和评价,并且融合了期望价值和实收价值,同时也把顾客价值与使用情景、顾客目标以及顾客的使用体验相联系。Gardia(1997)也认为该定义抓住了顾客价值的本质。

5.结构说。有些学者从顾客价值的构成对顾客价值进行了定义。Sheth,Newman 和 Gross(1991)认为产品为顾客提供了五种价值,即功能价值、社会价值、情感价值、认识价值和情境价值;Burn(1993)认为顾客价值包含以下四种价值形式:产品价值、使用价值、拥有价值以及顾客在评价过程形成的总的评价价值;Oliver(1997)提出了渴望价值和实收价值两种价值形式。Kotler(2000)在分析顾客价值时,也把总顾客价值分为人员价值、形象价值、产品价值和服务价值。

6.综合说。Zeithaml(1988)在一项探索性研究中根据对顾客的调查总结出顾客感知价值的四种含义:

(1)价值就是低价。一些顾客将价值等同于低价,亦即其价值感受中货币的付出至为重要。

(2)价值是我想从产品或服务中获取的东西。一些顾客把能从产品或服务中获得的收益看成是价值的最重要的组成部分,认为价值就是对顾客有益的东西。在该定义中,价格的重要性远远低于满足顾客需要的质量和特色。

(3)价值是付钱买回的质量。在该定义中,顾客将价值作为付出的金钱与获得的质量之间的一种权衡。持该观点的顾客认为价值就是价格第一,质量第二,价值是可以承担得起的质量。换句话说,价值是优质品牌的最低价格。

（4）价值是由于付出所能获得的全部。该定义认为,顾客在确定价值时,考虑了有关"获得"的所有组成部分,也考虑了"付出"的所有组成部分,如金钱、时间、精力等。

除以上几种不同说法之外,Anderson 和 Chintagunta(1993)对中间顾客的顾客价值作了专门讨论,认为公司顾客的价值是顾客公司付费换取的产品,从而获得的经济的、技术的服务及社会利益的货币价值或货币折算价值。

虽然顾客价值的定义繁多,但通过仔细比较,可以看出这些定义中有以下几个明显的共同特点:首先,顾客价值是以产品和服务为载体,但并非局限于产品和服务;其次,顾客价值是顾客感知的价值,它由顾客决定,而非企业决定;再次,这些感知价值是顾客权衡的结果,即顾客所得与所失的一种比较;最后,顾客价值与顾客满意有着紧密的联系。根据本研究的目的和内容,我们更倾向于把顾客价值看作为基于以上学说的综合,具体地说,顾客价值是顾客对顾客感知利得与感知利失权衡后对产品或服务的总体评价,其中,感知利得主要包括产品价值、社会价值、情感价值和情境价值;感知利失主要包括货币性支出和非货币性支出等。

三、顾客价值理论模型

20 世纪 80 年代中期以来,具有重大影响的顾客价值理论包括 Lauteborn 的 $4C_S$ 理论、Michael Borter 的买方价值理论、Zeithaml 的顾客感知价值理论、Ravald and Gronroos 的顾客关系价值理论、Woodruff 的顾客价值层级认知理论、Phliper kotler 的顾客让渡价值理论、Jeanke,Ron and Onno 的顾客价值差距模型和 Monroe 的顾客价值对比理论。

（一）Lauteborn 的基于顾客价值视角的 4Cs 理论

美国市场营销专家 Lauteborn 是较早认识顾客价值的学者之一。他对顾客价值的阐述主要体现在于 1990 年提出的 4Cs 理论中。针对传统的营销组合 4Ps（产品、价格、分销、促销）理论只是从企业角度出发来制定营销决策，忽视顾客真正的价值需求，Lauteborn 认为，企业在市场营销活动中应该首先注意的是 4Cs，这才是顾客价值的真正体现：

1.顾客问题（Customer problem）。4Cs 理论认为，消费者是企业一切经营活动的核心，企业重视顾客要甚于重视产品。

2.成本（Cost）。4Cs 理论将营销价格因素扩展为企业生产经营全过程，并且认为，消费者可接受的价格是企业制定生产成本的决定因素，企业应首先了解消费者满足需要与欲求愿意付出多少成本，而不是先给产品定价，即向消费者要多少钱。

3.便利（Convenience）。4Cs 理论强调企业提供给消费者的便利比营销渠道更重要。便利，就是方便顾客，维护顾客利益，为顾客提供全方位的服务。便利原则应贯彻于营销全过程。4Cs 理论更重视服务环节，强调企业既出售产品，也出售服务。

4.沟通（Communication）。4Cs 理论用沟通取代促销，强调企业应重视与顾客的双向沟通，以积极的方式适应顾客的情感，建立基于共同利益上的新型企业——顾客关系。因此，4Cs 理论注重以顾客需求为导向，注重了解顾客的价值需求，与站在生产者角度上的 4Ps 相比，4Cs 有了很大的进步和发展。

（二）Michael Borter 的买方价值理论

Michael Borter 从竞争优势角度提出了他的买方（顾客）价值理论。他认为价值是客户愿意支付的价钱。一个公司，可以通过采取提高买方效益或者减少买方成本的方式,为买方创造他们需要的价值。而买方成本不仅包括财务成本,还包括时间或方便的成本。他将买方的购买标准分为两种类型:一种是使用标准,它源于公司影响实际买方价值的方式,更倾向于与公司的产品、发货后勤和服务活动相关联;另一种是信号标准,它产生于买方推测或判断公司的实际价值所使用的方法,常常与公司的市场营销活动有关。Michael Borter 认为使用标准是衡量什么创造买方价值的具体尺度,信号标准是衡量买方怎样认识显现出的价值尺度。

由此可见,Michael Borter 的买方价值理论中价值的内涵是公司收入的概念。对于买方成本,他突破了财务成本概念,引入了时间、方便等因素。就价值创造而言,Michael Borter 只将实际价值与之关联,而信号标准则仅仅作为顾客对实际价值外显的认识、推测及判断的线索。在公司和顾客之间,他似乎更倾向于从公司角度去检视顾客对价值的认识、推测及判断。而且,他将使用标准与信号标准视为价值的"测量仪",这在一定程度上揭示出顾客价值的构成,从而为公司创造实际价值和影响顾客对实际价值的认识确立了方向。然而,Michael Borter 对顾客价值的研究是静态的。

(三)Phliper kotler 的顾客让渡价值理论

营销权威学者 kotler 从让渡价值角度来剖析顾客价值。他认为:"在一定的搜寻成本和有限的知识、灵活性和收入等因素的限定下,顾客是价值最大化的追求者。他们形成一种价值期望,并根据它行动。他们会了解供应品是否符合他们的期望价值,这将影响他们的满意和再购买的可能性。"kotler 提出了"顾客让渡价值"

概念,并把它定义为顾客总价值与顾客总成本之差。如图 2-2 所示。顾客总价值是顾客从某一特定产品或服务中获得的一系列利益,它包括产品价值、服务价值、人员价值和形象价值等。而顾客总成本是指顾客在评估、获得和使用该产品或服务时引起的顾客预计费用,包括货币成本、时间成本、精力成本和体力成本。他认为公司可以通过两种途径提高顾客让渡价值,即增加顾客总价值或者减少顾客总成本。

由此可知,kotler 在提出顾客是价值最大化的追求者时,有一系列假定前提,然而,这些假定前提是比较脆弱易变的。他导入了价值期望,给顾客总成本的定义赋予了预计的内涵,这是顾客价值研究一大进步。他将顾客让渡价值划分为正向调整的顾客总价值和负向调整的顾客总成本,并对顾客总价值和顾客总成本进行了细分,从而充实了顾客价值构成的研究。在公司和顾客之间,kotler 似乎略微倾向于从顾客角度去研究公司让渡给顾客的价值。

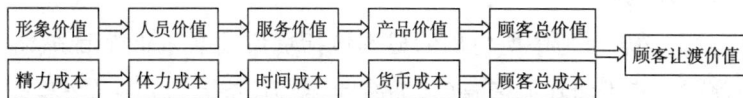

图 2-2　kotler 的顾客让渡价值示意图

资料来源:[美]菲利普·科特勒:《营销管理》,王永贵等译,中国人民大学出版社 2012 年版。

(四)Zeithaml 的顾客感知价值理论

Zeithaml 是从顾客感知权衡的视角来认识顾客价值的。他认为,在企业为顾客设计、创造、提供价值时应该从顾客导向出发,把顾客对价值的感知作为决定因素,在此基础上提出了顾客感知价值模型(见图2-3)。顾客价值是由顾客而不是供应企业决定的,顾客价值实际上是顾客感知价值(Customer Perceived Value,CPV)。他根据顾客调查结果总结出感知价值有四种涵义:(1)价值就是低廉的价格。(2)价值就是我想从产品中所获取的东西。(3)价值就是我付钱买回的质量。(4)价值就是我的全部付出所能得到的全部。他将顾客对这四种价值的表达概括为一个全面的定义:顾客感知价值就是顾客所能感知到的利益与其在获取产品或服务时所付出的成本进行权衡后对产品或服务效用的总体评价。这一概念包含着两层涵义:首先,价值是个性化的,因人而异,不同的顾客对同一产品或服务所感知到的价值并不相同;其次,价值代表着一种效用(收益)与成本(代价)间的权衡,顾客会根据自己感受到的价值做出购买决定,而绝不是仅仅取决于某单一因素。

Zeithaml 通过大量的实证研究得出这样几个结论:

(1)价值中收益成分包括显著的内部特性、外部特性、感知质量和其他相关的高层次的抽象概念。这些特性共同决定了顾客的感知收益判断。

(2)感知价值中所付出的成本包括货币成本和非货币成本。顾客付出货币和其他资源(例如时间、精力、努力)以获得产品或服务。对于一些价格感知程度高的顾客而言,货币方面的付出是关键性的因素,减少货币上的支出即是增加了感知价值;对于那些价格感知程度低的顾客而言,减少时间、精力方面支出更能增加感知价值。

(3)外部特性是"价值信号",能够在一定程度上取代顾客在收益与成本之间进行的权衡。在评定产品价值时,顾客往往依赖于暗示——经常是外来的暗示——"不经意"地形成自己对价值的印象,他们只对已获取的信息进行少量加工便实施购买行为。

(4)价值感性认识依赖于顾客进行估价的参照系统,即依赖于进行估价的背景。总之,顾客感知价值的核心是感知利益(Perceived Benefits)与感知付出(Perceived Sacfices)之间的权衡,这一点得到了众多学者的认同(Ravald and Gronroos,1996;Christopher,1997;Parasuraman,1997)。

可以看出,Zeithaml 通过引入心理学元素(如感知、权衡、评价)和经济学的元素(如收益、成本、效用),丰富了价值概念。他将"价值信号"引入到价值概念中,并发现价值感性认识具有情景特性,同时对收益与成本的成分的细分极大地扩展了顾客价值构成的研究。但是,Zeithaml 对顾客价值的研究仍然是静态的。

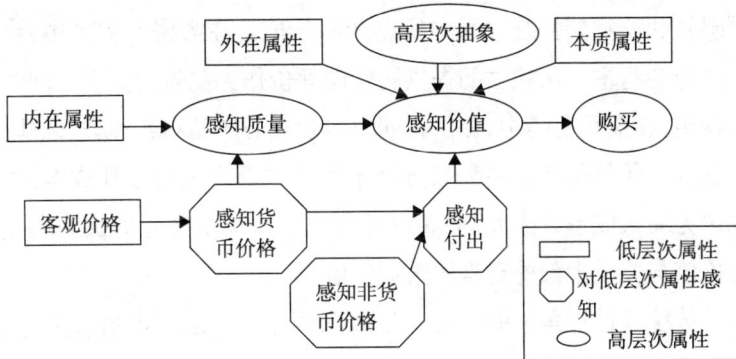

图 2-3 Zeithaml 的顾客感知价值模型

资料来源:Zeithaml,V. A. Consumer perceptions of price,quality and value:a means-end model and synthesis of evidence.Journal of Marketing,1988,Vol. 52,July:2-22.

(五)Ravald 和 Gronroos 的顾客关系价值理论

Ravald 和 Gronroos 从关系营销的角度来认识顾客价值。他们认为,将顾客感知价值定义为顾客根据付出了什么和得到了什么的感知而对产品的效用做出的总评价,这种看法没有考虑到提供物的关系方面,实际上关系本身对总的感知价值可能有重要影响。在紧密的关系中,顾客可能会将重点从独立的提供物转向评价作为整体的关系。如果关系被认为有足够价值的话,即使产品或服务不是最好的,参与交换的各方可能仍然会达成协议。因此,他们认为,顾客感知价值是在公司提供物的核心价值之上以关系中额外要素的附加价值作正向或者负向调整的结果。在关系中,顾客感知价值是随时间发展的,而顾客对附加价值的感知也随着关系的发展而有所变化。由于关系是一个长期的过程,因此顾客价值在一个较长的时间内出现。他们将此称之为价值过程。他们认为,价值过程是关系营销的起点和结果。关系营销就是使顾客必须感知和欣赏到持续关系中所创造的价值。在紧密的关系中,顾客可能会将重点从独立的提供物转向评价作为整体的关系。同时也指出,在关系范畴中,提供物同时包含核心产品和各种类型的附加服务。代价包括价格和某方处于关系中而发生的额外成本,这称之为关系成本。因此,考察顾客价值的方法是区分提供物的核心价值与关系中额外要素的附加价值。

传统营销视角中的扩展产品概念虽然也考虑了增值服务,但仍旧只是与顾客交易互动的一个"情景片段(Episode)",而在长期买卖关系中,需要关照"全情景价值(Total Episode Value)"或"关系价值(Relationship Value)"。Ravald 和 Gronroos(1996)进而提出了测量"全情景价值"以及顾客感知价值的模型(见表2-1)。模型表明与关系本身有关成本和利益都是顾客感知总价值的决定因素。长期顾客关系的价值对于顾客价值的评价研究很重要,同时也增加了价值概念的复杂性和动态性。

表 2-1 Ravald 和 Gronroos 的顾客感知价值模型

全情景价值=(情景利得+关系利得)/(情景利失+关系利失)(1)
顾客感知价值(CPV)=(核心解决方案+附加服务)/(价格+关系成本)(2)
顾客感知价值(CPV)= 核心价值(Core Value)+/-附加价值(Added Value)(3)

资料来源:Ravald and Gronroos.The value concept and relationship marketing.European Journal of Marketing,1996,Vol. 30,No.2:19~30.

在关系中,顾客感知价值是随着时间发展和感知的。在公式(2)中,价格是

个短期概念,原则上在核心产品送货时交付。但关系成本则是随着关系的发展发生的,而且边际成本呈递减趋势。核心产品和附加服务的效用也是在关系的发展过程中体现出来的。公式(3)中也包含了一个长期概念。附加价值也是随着关系的发展而显现出来的。与此同时,他谈到了作为关系营销核心的交互过程和支持关系建立和发展的对话过程对顾客价值实现所发挥的不可或缺的作用。所以他总结到,成功的关系营销战略要求在关系营销计划过程中同时考虑这三个过程。交互过程是关系营销的核心,对话过程是关系营销的沟通侧面,价值过程则是关系营销的结果。交互、对话和价值构成关系营销的三极,其中任何一个如果不加以仔细分析和计划,关系营销的实施就会受到影响。

由此可知,Ravald 和 Gronroos 通过在顾客价值概念中增加关系要素,将顾客感知价值划分为核心价值和附加价值,并且由关系中额外要素产生的附加价值可能强化或者削弱核心价值,所以,他们补充了顾客价值构成的研究。在公司和顾客之间,Ravald 和

Gronroos 似乎更注重平衡用力,从双向角度去观察顾客价值的互动。而且,对于价值过程的重视,使他们意识到了顾客价值动态研究的意义。

(六)Woodruff 的顾客价值层级认知理论

Woodruff 是从顾客价值认知变化的角度来阐述顾客价值的。他认为顾客对价值的认知是随时间而变化。在购买前,顾客首先对价值进行预评价,然后,在预评价的基础上产生购买,购买后又对价值做出评价,同时,这一评价成为下次购买前的预评价。并且,在购买过程的不同阶段,顾客对价值的认知可能存在差异,如当对价值的预评价是正向时,顾客就会购买;而在购买过程中要花费金钱,顾客对价值的评价就可能为负向的。

Woodruff 根据"手段——目的链"的原理,构建了由属性到结果再到最终目标的顾客价值层级。如图 2-4 所示,从最底层往上看,在购买和使用某一具体产品的时候,顾客将会考虑产品的具体属性和属性效能以及这些属性对实现预期结果的能力。顾客还会根据这些结果对顾客目标的实现能力形成期望。从最高层向下看,顾客会根据自己的目标来确定产品在使用情景下各结果的权重。同样,结果又确定属性和属性实效的相对重要性。同时,该模型强调了使用情景在顾客价值评价中的关键作用。当使用情景发生变化时,产品属性、结果和目标间的联系都会发生变化。该层次模型还提出,顾客通过对每一层次上产品使用前的期望价值和使用后的实受价值的对比,会导致每一个层面上的满意感觉。因此,顾客对于产品属性、属性效能、使用结果和目标意图的达成度都会感到满意或者不满意。

显然,Woodruff 不仅以动态的方式来研究顾客价值,而且完全站在顾客角度去考察顾客对价值的认知。他把顾客价值认知变化视为一个由评价(认知)和购买(认知)这两个环节交替出现的连续的过程,并且,以价值层级来反映顾客对价值认知的心理过程,从而进一步深化了顾客价值构成的研究。

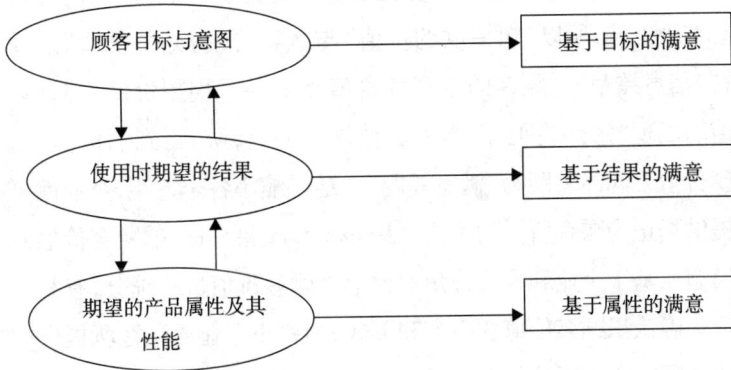

图 2-4　Woodruff 的顾客价值层次模型

资料来源:Woodruff.Customer value:the next source for competitive advantage,Journal of the Academy of Marketing Science,1997,Vol.25,No.2:139-153.

(七)Jeanke,Ron 和 Onno 的顾客价值差距模型

Jeanke,Ron 和 Onno 的顾客价值差距模型(见图 2-5)从供应商和顾客两个角度,描述了随着业务发展,价值从一个模糊的概念到市场上的具体产品的整个过程。对供应商而言,供应商依据他所感觉到的顾客需求以及企业本身的战略、能力和资源,形成"想提供的价值"的概念。由于企业条件或产品开发与市场脱节等原因,企业以"想提供的价值"为基础,设计出以具体产品或服务为载体的"设计价值",两者之间存在"设计差距"。对顾客而言,顾客从自身角度出发希望获得的是"想要得到的价值"。

由于社会环境、科技的发展程度等客观因素的限制,市场上提供的产品不可能与顾客想得到的价值完全吻合,因此在顾客"想得到的价值"和顾客的"期望价值"之间存在"折中差距"。由于供应商与顾客之间存在对于顾客需求的不对称信息,或是企业在顾客需求调查过程中,过多地掺杂了企业自身的思想,对顾客需求的分析未必客观准确,所以"想提供的价值"与顾客"想得到的价值"之间存在"信息差距"。顾客的主观性价值感知,使"期望价值"与设计价值间出现"感知差距"。当顾客使用产品后,所"得到的价值"与期望价值之间的差距为"满意差距"。通过缩小各个差距,企业就可以提供真正为顾客所需的价值。Jeanke,Ron 和 Onno 的顾客价值差距模型在基于企业和顾客视角对比上将顾客价值进行细分,有利于企业正确认识顾客价值的内容和形式,为缩小企业向顾客所提供的价值和顾客所需要的价值之间的差距提供了理论指导。

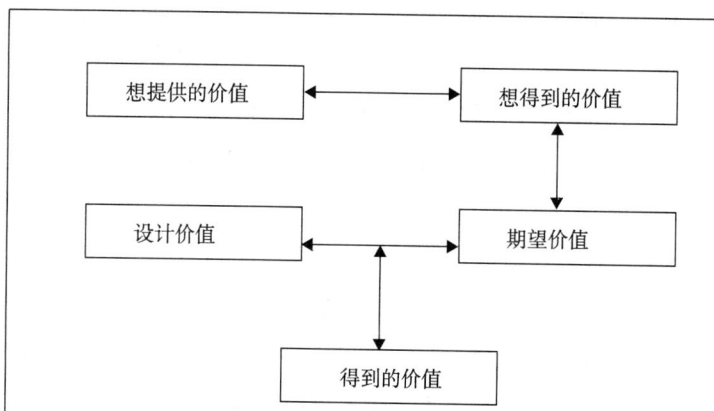

图 2-5　Jeanke,Ron 和 Onno 的顾客价值差距模型

资料来源:Jeankew, VanderHaar, RonGMKenp, Onno(S. W. F) Omta. Creating value that cannot be copied.Industrial Marketing Management,2001,Vol. 30:627-636.

（八）Monroe 的顾客价值对比理论

Monroe（1990）认为顾客感知价值是消费者对比了不同价格的结果，包括销售价格、广告指导价格（更高或规定的价格）以及影响购买者经过处理相关信息所形成的内心指导价格。内心指导价格帮助购买者形成他们的价格期望和对交易的估价。功利主义观点看来，对产品的感知价值是获得价值和交易价值的综合。这两种价值是通过购买者的主观权重和对价值的感知组成的。用公式表示如下：

$PV = V_1(AV) + V_2(TV)$ 其中，

PV（Peceived value of a product）：购买产品的感知价值

AV（Acquisition value of a product）：购买产品的获得价值

TV（Transaction value of a product）：购买产品的交易价值

V_1 和 V_2：购买者对于 AV 和 TV 的主观权重。

"交易价值（支付真实价格的价值）是购买者对内心指导价格和真实价格比较决定的"，而"获得价值是购买者根据其意愿支付的最大价格所感知的利益与支付的真实购买价格的对比"（Monroe，1990）。

Monroe（1990）认为获得价值是最大价格（Pmax：购买者意愿支付的最高价格）与真实购买价格（P）间的差距，而交易价格是指购买者的指导价格（Pref）与真实购买价格间的差额。因此，

$PV = V_1(Pmax - P) + V_2(Pref - P)$

其中，AV = Pmax-P；TV = Pref-P。

应该说，以上 8 种价值理论模型涉及顾客价值的各个方面，首先，在理念上，Lauteborn 的 $4C_S$ 理论和 Michael Borter 的买方价值理论告诉我们顾客价值是由顾客决定而非企业决定，这就为企业经营提出了一种崭新的思维，强调改变传统的由内而外的思维模式，采

用由外而内思维方式的重要性。其次,在顾客价值的本质认识上,
Zeithaml 的顾客感知价值理论、Monroe 的顾客价值对比理论和
Ravald and Gronroos 的顾客关系价值理论告诉我们,顾客价值是顾
客所能感知到的利益与其在获取产品或服务时所付出的成本进行
权衡后对产品或服务效用的总体评价。这为我们准确认识顾客如
何评价价值提供了理论依据和方法。再次,在构成上,Woodruff 的
顾客价值层级认知理论、Ravald and Gronroos 的顾客关系价值理论
和 Phliper kotler 的顾客让渡价值理论指出顾客价值具有层级性和
结构性,认为包括属性、结果和目的三个层次,以及包括人员价值、
形象价值、产品价值、服务价值、关系价值以及货币性支出和非货币
性支出等成分,这为我们对顾客价值的深入认识和应用提供了有意
的帮助。最后,在管理实践上,Jeanke,Ron 和 Onno 的差距模型理论
强调利用比较的方法,对企业所提供的价值与顾客所期望的价值进
行对比以发现差距,这为管理实践提供了一种有效的方法和工具。

四、顾客价值的作用机理

对于顾客价值与购买行为等相关概念的作用机理,文献主要
是通过实证研究的方式进行的,表 2-2 是顾客价值与其他概念相
关研究的文献总结。

表 2-2　顾客价值与其他概念的相关性研究文献

作者、年份	发现的显著性关系（直接或间接的）	研究方法	研究的产品或行业
Brady and Cronin,2001	感知质量→满意→行为意向；感知质量→顾客价值→行为意向	个人访谈	快递业、娱乐公园、录像租借

作者、年份	发现的显著性关系 （直接或间接的）	研究方法	研究的产品或行业
Petrick, Drarte and orman, 2001	满意→感知价值→重购意向； 满意→重购意向	邮件调查	剧院、娱乐中心
Cronin, Brady and Hult, 2000	服务质量→顾客满意→顾客价值→购买意向	定点调查	运动、长途邮件、快餐
Kashyap and Bojanic, 2000	感知价格→感知价值→重购意向；感知质量→感知价值→重购意向	邮件调查	高档商务旅馆
Grewal, Monroe and Krishnan, 1998	质量→获得价值→购买意向； 交易价值→获得价值→购买意向	实验室实验	自行车
Fornell, Anderson, Cha and Bryant, 1996	质量→顾客价值→满意→忠诚； 质量→满意	美国顾客满意度指数全国性调查	医院旅馆
Wakefield and Barnes, 1996	质量→顾客价值→推荐意愿	现场访谈调查	棒球
Chang and Wildt, 1994 Bolton and Drew, 1991 Aaker, 1991；Kim 和 An, 2003；Yoo, 2001	价格→质量→价值→购买意向； 价格→价值→购买意向 满意→质量→价值→购买意向 服务感知质量→服务品牌权益 服务感知质量→服务品牌忠诚关系→服务品牌权益	实验室实验 电话调查 邮件调查 采访调查	个人电脑 电信服务 酒店业

　　顾客价值与顾客忠诚、顾客满意等概念的相关性已被众多学者的实证研究所证明（见表2-2）。总的来说，顾客价值与以下变量存在着直接或间接的作用，即顾客价值会影响顾客的满意度和购买行为。企业提供优异的顾客价值可以提高顾客忠诚度，并提高市场占有率；可以减少企业运营成本；可以影响顾客对品牌的态度；最终将提高企业利润和股东价值（见图2-6）。

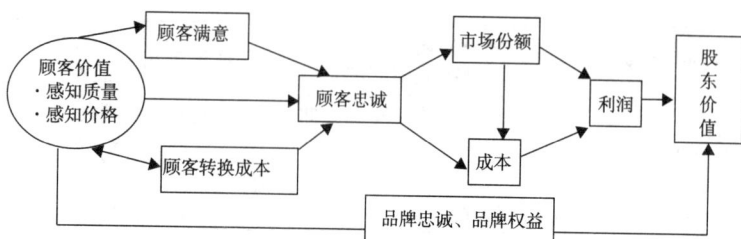

图 2-6 顾客价值的作用机理

1.顾客价值与顾客满意

顾客价值决定顾客满意,已被学术界的若干实证研究证实 (Yang, Peterson, 2004;Athanassopoulos, 2000)。哈佛商学院 Heskett 等(1994)在服务利润链模型中描述,顾客满意是由顾客认 为所获得的价值大小决定的。Ruyter(1997)等学者对博物馆和旅 馆业的顾客感知价值进行了实证研究,并且从过程的视角认证了 价值对顾客满意的影响。McDougall(2000)等人在对典型的服务 行业的研究中进一步论证了顾客价值在经营管理中的重要作用, 得出了顾客感知价值与顾客满意之间存在正向相关性的结论。在 美国顾客满意指数(ACSI)模型中,顾客满意处于模型的中心,感 知质量、感知价值和顾客期望共同决定顾客满意,顾客满意决定顾 客抱怨和顾客忠诚。

2.顾客价值与顾客转换成本

顾客转换成本表明一个顾客更换企业(购买地点、品牌等)的 难易程度(Klemperer,1987)。顾客更换企业,则前期所积累的信 息等就会牺牲,顾客就必须重新开始搜集新企业的有关产品、品牌 等信息,顾客转移成本还包括其中存在的风险。Klemperer(1987, 1995)、Farrell 和 Shapiro(1989)通过对顾客转换成本的构成分析,指出企业提供的顾客价值越高,顾客感知的质量越高,则顾客的转换成本就越大。因为顾客更换企业是为了得到更高的顾客价值(Kotler,2000),现有企业提供的顾客价值越高,顾客搜寻提供更高顾客价值的企业的成本就会越大,即顾客转换成本越大。AnnieH,Bernhardt 和 Leach(1999)的一项研究表明顾客价值与顾客感知的转移成本显著相关,相关系数为 0.43。

3.顾客价值与顾客忠诚

众多文献表明,影响顾客忠诚度的主要因素是一些价值要素,优异的顾客价值可以提高顾客忠诚度。Zins 和 Andreas H.在一项实证研究中证明,高顾客价值企业的顾客忠诚度比低顾客价值企业的顾客忠诚度要高,提供高价值的企业的顾客每年离失率仅为3%,而提供价值低的企业每年有 16%的顾客离失率(Naumann,2000)。

4.顾客价值与市场份额和成本节约

Zins 和 Andreas H.通过对一家企业 4 年的追踪研究,证实了顾客价值与市场份额存在着很强的正相关性,并且发现了顾客感知价值对市场份额的影响存在着滞后性,这为顾客价值对市场份额影响的解释提供了依据。同时,实证研究也表明,提供高顾客价值的企业通常比竞争对手具有更低的运营成本(Naumann,2000)。这可能是由于提供高顾客价值的企业非常重视内部业务流程的重组。高顾客价值企业更关注顾客,善于倾听顾客意见,并将顾客作为其持续改善业务流程的原动力。同时,业务流程的管理和改善反过来将提供更优异的顾客价值和节省成本。另一个可能原因是来自顾客的稳定性。顾客价值越高,顾客转移成本也就越高,从而顾客的忠诚度就越高,企业的营销成本就相对较低。

5.顾客价值与利润和股东价值

高顾客价值企业相对于竞争对手而言具有更好的成长性和更高的边际利润率。美国顾客满意指数（ACSI）调查了数个行业的几百家企业,调查显示提供高顾客价值企业的收益率比提供顾客价值较低的企业要高（Fornell 等,1996）。Buzzell 和 Gale 等人为了确定哪些因素影响企业的利润和收益率,领导了 PIMS（profit impact of market strategies）研究,通过对数千家企业的分析,虽然没有提出顾客价值概念,但研究显示顾客感知质量是主要影响因素。

6.顾客价值与品牌忠诚和品牌权益

Aaker（1991）提出品牌权益是由品牌忠诚、感知质量、品牌认知和其他专有资产组成的,并且通过实证得出顾客感知质量是品牌权益的直接影响因素。Kim 和 An（2003）采用"基于顾客的"和"基于财务的"两种品牌权益测评方法,以品牌忠诚、感知质量、品牌联想和品牌认知等 4 个维度对酒店业的服务品牌权益进行测评,通过因子分析却发现感知质量对品牌权益的载荷最高,得出顾客感知质量是酒店服务业品牌权益最重要的构成维度。Yoo 和 Donthu（2001）通过实证研究也证明了顾客感知质量与品牌忠诚之间存在显著关系,其相关系数为 0.384。

五、顾客价值管理框架

虽然顾客价值方面的研究十分丰富,但是在应用中目前却缺少一个完整的框架。顾客价值管理就是试图综合有关顾客价值的研究成果,系统的开发顾客价值以提高顾客赢利率的管理框架。不过,不同的研究者对顾客价值管理的含义、内容和运作方式等相关内容有不同的界定,本节通过文献梳理归纳和综述了几个具有代表性的顾客价值管理框架或模式。

(一)Gale 的顾客价值管理框架

1.顾客价值管理架构

Gale(1994)以市场认知的质量和顾客价值为出发点,从企业创造卓越的顾客价值的角度,详细阐述了企业如何度量和分析市场认知的质量和顾客价值,并将这一认识与企业典型的战略管理体系和重要管理问题整合起来,形成了他的顾客价值管理思想。他认为,顾客价值管理就是将整个组织、人员和流程与目标市场不断演进的需求一致的协调起来的管理过程。它要运用顾客价值分析来确定价值主张,追踪竞争状况,集中组织的能力和安排投资的优先顺序以创造卓越的顾客价值。

在 Gale 的顾客价值管理架构中,顾客价值是提供物的市场认知的质量根据提供物的市场认知的相对价格调整的值。市场认知的质量则是顾客在与竞争者的提供物相比较的基础上对企业提供物的认识。Gale 以 PIMS 数据库为基础论述了市场认知的质量推动销售回报率的提高,并引述顾客价值管理专家 Kordupleski 和 Vogel 在 AT&T 的研究结果,即顾客价值是市场份额的领先指标,根据他对市场认知的质量和价值的定义,得出卓越的顾客价值是企业竞争优势和出色绩效的关键的结论。他提出了一个创造卓越的顾客价值的管理架构,也就是顾客价值管理框架,见图 2-7。

在这一架构中,Gale 将 STP 营销、企业内部流程、4Ps 营销策略与企业绩效和股东价值通过顾客价值联系起来。例如,理解目标顾客的需求就涉及市场细分;有效的质量设计本身要针对目标顾客,因而涉及目标市场的确定和市场定位,也涉及营销中的产品策略;产品策略又同广告等营销沟通策略联系起来;低的质量成本与总体成本领先和企业内部流程又相互关联。总之,他的这一架构是以顾客价值为中心的整体管理方案。

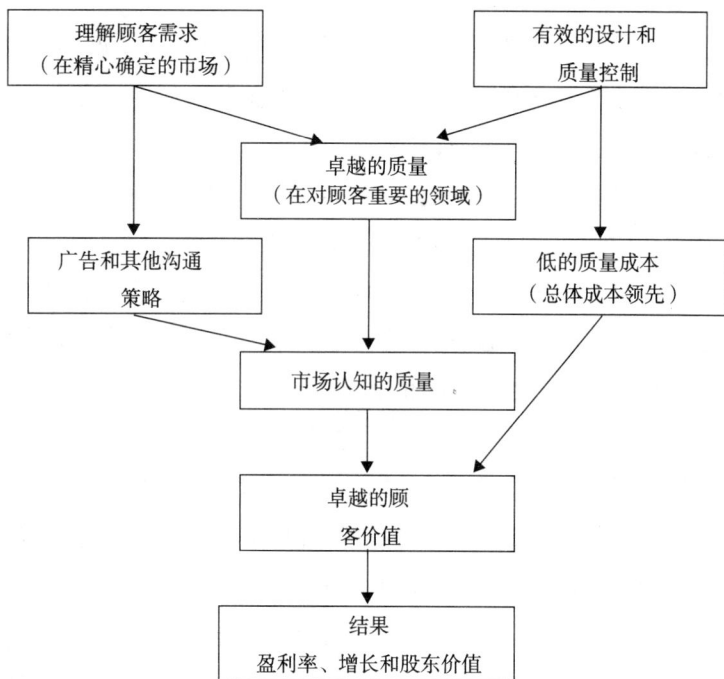

图 2-7　Gale 的顾客价值管理框架

资料来源:Gale,B.T.Managing customer value:creating quality and service that customer can see.New York:the Free Press,1994:25-54.

2.顾客价值管理的重点

在 Gale 的顾客价值管理框架中,顾客价值分析占有重要地位。通过顾客价值分析,企业能够准确理解顾客需求,认识自己在市场中相对于竞争者的地位,从而能够做到精确定位和正确开发相应的产品或服务,安排和控制相应的流程,制定正确的战略决策和营销策略,向市场提供卓越的顾客价值。为了进行准确的顾客价值分析,企业需要有一套有效的信息收集和分析系统,还要调整企业组织和运作方式,高效率收集、分析、传播、共享和利用有价值的信息。只有这样,企业才能做到及时把握顾客价值和竞争信息,创造卓越的顾客价值,不断地根据顾客价值的演进动态调整整个组织,始终保持企业卓越的价值创造能力和市场领导地位。

3.顾客价值管理的意义和实质

Gale 认为,顾客价值管理能让企业更完整的把握战略问题和企业的整个业务,选择企业能够成为质量和价值领导者的领域进行竞争;能够使企业将其业务流程与顾客的购买和消费决策紧密联系起来,从而真正创造顾客认知和欣赏的有竞争力的顾客价值,有效地提高企业的竞争地位,从长期来看这将为股东、顾客和社会创造最大的价值。可见,Gale 的顾客价值管理就是以卓越的顾客价值的认识和创造来驱动企业战略决策和运营以达到卓越绩效和市场领导地位的管理方法和体系。

(二)IBM 的顾客价值管理框架

IBM 的哈维·汤普森负责开发出了 IBM 的顾客价值管理框架。这一管理框架是以理想的顾客价值创造为中心,将企业的关键流程能力的开发和基础设施的投资决策整合在一起,高效的识别和创造理想的顾客价值,以提高顾客忠诚度,增加顾客赢利率,最大程度的开发顾客潜在价值,并进一步增强企业竞争力。见图2-8(哈维·汤普森等,2003)。

1.界定理想的顾客价值

顾客价值分析是顾客价值管理的出发点,主要包括两个方面:

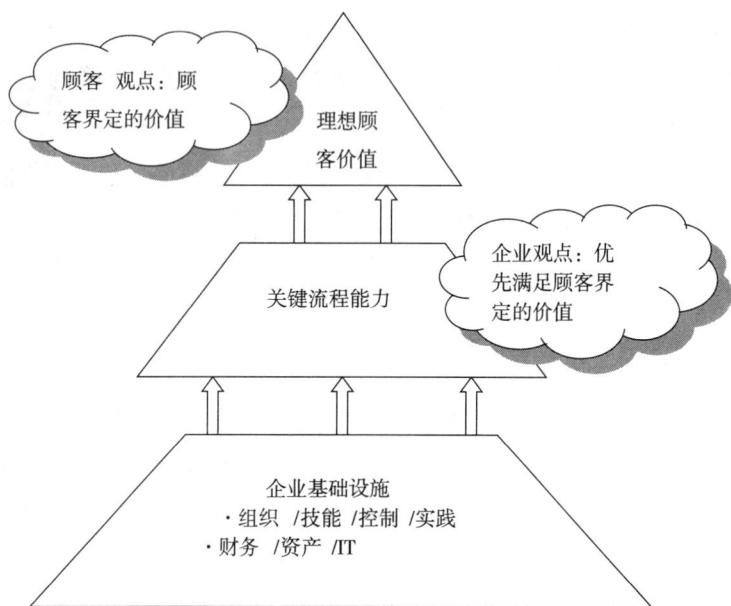

图 2-8   哈维·汤普森的顾客价值管理框架

资料来源:[美]哈维·汤普森:《创造顾客价值》,赵占波译,华夏出版社 2003 年版。

一是分析顾客在每个"潜在价值时刻"的需求,确定顾客看重的价值和对价值方案的看法,也就是确定顾客的观点——顾客"界定"的价值;二是分析顾客对企业的价值,从而确定企业的理想顾客,并进一步精确这些顾客对最佳价值的看法,开发价值方案,也就是形成企业观点。要准确进行顾客价值分析,企业要持续进行如下几项活动:

(1)市场细分

企业必须实施基于赢利率的市场细分,确定哪些是高价值顾客,哪些是低价值顾客,确定他们对企业的价值。在价值细分后,企业还要对其进行进一步的缩小,可以通过购买行为特征细分,这是一个持续的过程,直到确定精确目标。

市场细分必须以顾客的终身价值为出发点,因为它涉及企业集中投入其资源的目标市场的选择问题,这是关系到企业发展的战略性决策。这意味着企业要全面认识和评价顾客的生命周期价值和顾客网络价值。在 IBM 的顾客分析中,顾客既包括终端顾客,又包括渠道成员。企业在市场细分时,必须对价值链的每一个层次进行细分,并精细分析他们对顾客价值

和企业绩效的影响,在此基础上选择关键的价值链环节和相应的顾客细分市场作为顾客价值管理的重要对象。

(2)市场研究

市场研究的目的是找出影响顾客行为的认知模式,识别影响顾客对价值的看法的关键变量,从而确定企业的价值方案,并将企业有限资源用到真正影响顾客行为的方向上。这既涉及定性研究,又涉及定量研究。前者要求企业找出这些关键变量,这往往表现为顾客看重的一系列用以衡量价值的属性,它们就是关键的顾客价值驱动因素;后者则为顾客对这些属性各自相对重要性的权衡。在实际操作中,往往要采用构建模型的方法,反复进行模拟,逐次逼近顾客的真实认知模式。

要准确把握顾客的认知模式,找出真正影响顾客行为的内在驱动力量,企业需要掌握顾客全方位的信息,发展对顾客的完整认识;还要考虑激烈的竞争会对顾客的需求产生深刻的影响,不断的影响他们的认知模式。因此,市场研究既要全面深入,又必须持续进行,跟上变化。

(3)设立基准

基准是企业创造顾客价值的最低标准和衡量企业内部各个部

门表现的尺度。基准的设立,有赖于对顾客认知模式的把握,因为基准总是基于顾客对价值的各个属性的认识而设定的。基准应该根据行业标准、竞争对手的表现和企业目标来确定,还要考虑到经济全球化因素,因为顾客可能把在其他行业得到的良好服务标准理所当然的带到对本行业的预期中来。由于环境和顾客需求在不断变化,所以,基准也必须不断调整。

在设立基准的基础上,企业就要通过有效的顾客调研的方法来确定企业在关键的顾客价值驱动因素方面的绩效表现,并与竞争者相比较。这是企业顾客价值方案设计的重要依据和关键流程能力改进和开发的出发点。

(4)跨部门研讨

为了开发和推出有竞争力的价值方案,企业各个职能部门应该集体讨论如何向顾客提供理想价值方案,形成跨部门的协作和共识,创造和尝试不同于以往的满足顾客需求的新方案,这是一种价值链的创新和优化,可以为顾客带来全新的体验,为企业带来强有力的竞争力。

跨部门研讨还应贯彻于整个顾客价值管理过程中。通过跨部门研讨,企业可以更为准确的细分顾客、认识顾客价值和把握顾客的认知模式,从而使企业各个部门产生对顾客的完整和一致的认识,有助于企业形成卓越的价值方案,并使各个部门高效协作。

2.开发关键的流程能力

在 IBM 的顾客价值管理架构中,流程被当作顾客价值管理的具体实施中的一种战略能力,关系到企业能否创造富有竞争力的顾客价值。为了高效率地创造和传递顾客价值,在不断变化的环境中最大程度的把握和发掘顾客潜在价值,顾客价值管理要求企业必须开发关键的流程,并对其进行大力投资,将它转化为具有高度竞争力的战略能力。在动态的竞争环境中,具备这种流程能力的企业将在速度、一致性、敏锐性、灵活性和创造力方面表现卓越而在竞争中通过以动应变制胜(乔治·斯托克,2001),之所以会如此,是因为流程能力的开发以充分发掘顾客潜在价值为导向。由于流程能力的开发和形成需要大力投资,而且关系到企业的整个业务和市场的开发,跨越企业的各个职能部门,因此,它的开发也必须确保企业能最大程度的抓住市场机会,获得最大的顾客潜在价值。否则,企业将因无法获取足够的顾客价值来回收在流程上的投资而在竞争中处于被动地位,考虑到流程能力形成的长期性和关系到企业整体运营的全局性,这往往意味着在竞争中优势地位的丧失和失败。

IBM 公司认为关键流程能力的开发要以顾客价值分析的结果为依据,具体方法是采用质量功能发展(Quality Function Deployment, QFD)来进行分解和递推。在分析出了关键的顾客价值推动因素和由顾客评价企业相对于主要竞争者的表现差距后,由企业从改进的收益和需要投入的成本两方面来进行综合权衡,确定改进或增加相关流程是否能为企业创造价值,从而确定要开发或改善的关键流程能力。

3.制定基础设施投资决策

这里的基础设施指为企业的关键流程能力提供支持以使之为顾客创造卓越价值从而为企业赢得最大顾客投资回报的平台,包括物流系统、信息系统、财务系统、人力资源系统、客户关系系统等。它们跨越各个职能部门,为众多流程所共享,而且,一旦形成就会对企业的关键流程能力及其顾客价值创造力产生长远的影响,因而会对企业的市场竞争力产生深远的影响,所以企业的基础设施投资决策是一个风险巨大而又关系重大的决策行为。基础设施投资决策本质上是一系列技术和管理工具的选择,如管理系统软件和职工期权计划。由于技术的进步日新月异和制度创新的不断涌现,企业很难在众多的选项面前做出正确决断,因为每一项选择都因投资巨大和影响深远而充满风险。

顾客价值管理的目的是最大化的开发顾客潜在价值,因而企业的一切基础设施必须服务于这一目的。所以,企业的基础设施投资决策的出发点是分析和明确在顾客价值创造方面造成显著差异的关键流程能力,而不是试图抓住最新的技术和管理创新。一旦企业的基础设施对企业的关键流程能力形成强大和持久的支持从而使之能向顾客创造和传递优异的价值时,企业就获得了竞争优势。同样,基础设施投资决策也是采用 QFD 进行的。在企业明确要改进或增加的关键流程能力后,就可以递推出要投资的关键基础设施。

因此,IBM 的顾客价值管理是从开发最大化顾客潜在价值出发,通过顾客价值分析明确其理想顾客界定的价值,形成其顾客价值方案,然后通过价值方案将其关键流程能力的开发和企业基础设施投资决策整合起来,使企业的战略决策和日常运营在开发最大化顾客价值上达到了高度整合。

(三)Grushkin 的顾客价值管理观念整合框架

Grushkin(2001)认为,顾客价值管理是一套观念的整合,围绕潜在顾客价值的最大化,它涉及以下 6 个关键方面。

1.基于顾客的赢利观

顾客价值管理以顾客而不是以产品为导向,表现在赢利性的测度上,它以单个顾客或顾客细分市场为单位来衡量企业的绩效。根据威廉·谢登的 80/20/30 法则,企业应该识别真正有利可图的顾客并保持住他们;而对于无赢利的顾客,则应设法将他们提升为赢利性顾客,否则,就应鼓励他们离开企业。这样,企业就能提高顾客投资回报率。

顾客价值管理的赢利观关注顾客潜在终身价值和价值提升。前者要求企业开发出有效的手段测度顾客的潜在终身价值,并着眼于发展长期的顾客关系。在顾客价值测量方面,目前有 ABC 法(Activity-Based Costing,ABC)、RFA 法(Recency,Frequency,Amount Purchased)等。价值提升则要求企业能测算出顾客的价值能够提升多少。对于非营利顾客,企业可以采用交叉销售提高顾客赢利度,也可以为他们开发不同的价值主张和产品服务组合。顾客价值管理的赢利观继承了客户关系管理的思想,但同时却更关注顾客关系投资的回报。

2.持续的顾客认识观

顾客价值管理着眼于获取最大化顾客价值,这要求企业开发出既能满足顾客需求,又能获得最大顾客回报的价值主张和方案,其前提是对顾客需求和其价值的准确认识。顾客认识包括市场细分、价值评估和需求分析。市场细分可以通过顾客行为或人口统计变量进行细分;价值评估就是衡量顾客或顾客细分市场对企业的价值贡献,它必须满足企业设定的目标;顾客需求分析应以顾客对企业提供物的潜在兴趣和行为为重点,以确定企业的产品或服务是否符合顾客界定的价值。这需要企业在这一分析过程中构建顾客行为模型。这是一个不断持续的过程,随着企业掌握的顾客数据的不断丰富,企业应不断调整和精确对顾客的细分和评估,环境的变化和竞争的演变也要求企业更新对顾客的认识。这样企业才能做到营销活动的有的放矢。借助于网络技术和数据库技术，目前已发展出了许多在线顾客分析模型，可以对顾客行为进行在线实时分析，这为企业及时回应顾客需求提供了技术基础。

3.全方位的顾客认识观

最大化顾客潜在价值意味着最大化把握顾客机会，这要求企业以更为广阔的时间视野和空间视野来认识顾客的价值。这包括：把每一次顾客互动当作认识他们的机会，加深对他们的了解；分析和把握顾客生命周期价值；深入顾客的关系网络评价顾客的关系价值。为此，企业应该从各个渠道收集顾客信息，加以分类和储存，以认识顾客的各个属性。随着信息的积累，企业就加深了对他们的了解，可以发展出个性化的价值方案，大大提高顾客满意度，提高顾客保持率，不断巩固和扩大顾客关系，提高顾客回报率；企业可以从丰富的信息中识别市场机会，不断推出有竞争力的价值主张和价值方案。

4.流程观

顾客价值管理要求高效率的创造和传递顾客价值，这就需要企业的各个部门高度协同运作，及时感知顾客的需求变化，把握顾客界定的价值，开发富有竞争力的价值方案，高效率的向顾客提供价值。这与互相推诿、效率低下的职能分割思维格格不入，它需要的是以交流、合作和协作为特征的流程思维。顾客价值管理的流程观认为，流程是以最高效率和最有效的方式组织起来，为顾客创造和传递价值的任务和活动。在流程化企业里，顾客价值创造取代部门利益统驭企业的运作，各部门都是企业调用的资源，它们必须高度协作，共同开发最大化潜在顾客价值。

5.组织学习观

学习观念源自于顾客价值管理的目标和所处的变化的环境。为认识和把握最大化潜在顾客价值,企业必须不断深入和扩大对顾客的认识;为创造和传递有竞争力的顾客价值,企业必须在顾客知识、内部运营知识和外部协作知识等方面不断积累和更新。组织学习的必要性还来自于企业必须以保持变革的敏感心态来回应不断变化的环境。21 世纪的商务环境以变化为最显著的特征。全球化、信息技术革命推动竞争的白热化,竞争加剧了环境的变化频率和程度。这意味着顾客在全球化体验中其需求和价值标准在不断变化和升级,竞争则打破一切壁垒将所有企业卷入其中。这要求企业通过整个组织的学习不断开发和积累自己的能力来回应外部的挑战,否则顾客随时都有流失的危险,威胁企业的顾客投资回报目标。

6.全方位的顾客回应观

全方位的顾客回应观包括两个方面:确保向顾客传递的所有信息相互一致,不相冲突,如同是用一个声音说话;对于与顾客互动中的信息及时做出战略性的回应,以把握机会,或者消除不利影响,从而提高顾客投资回报。因为信息的不一致会导致顾客认知的混乱,削弱顾客对企业所提供的产品或服务的认知价值,这一点与整合营销的理论异曲同工。由于每一次顾客互动中都有可能存在价值创造机会,企业应保持高度的敏感,发掘和利用每一个价值创造机会。这要求企业对顾客有全方位的认识,当价值机会出现时,能基于对顾客价值的准确把握,及时推出相应的价值主张和方案以抓住转瞬即逝的机会。

以上是顾客价值管理的 6 个关键思想,它们是以开发最大化顾客潜在价值为中心组织起来的整合认识框架;它从识别和获得最大化顾客潜在价值出发,通过持续的和全方位的顾客认识从而获得对顾客价值的全面和准确把握,调动高效率的业务流程全方位地回应顾客,从而创造和传递最佳顾客价值;并且,通过组织学习不断积累和更新企业关于顾客、竞争和运营等方面的知识和能力,不断提高企业创造顾客价值的潜力。如果缺少其中任何一个观念,最大化顾客潜在价值的核心目标就不可能实现。

(四)Phil Allen 的顾客价值管理框架

Phil Allen(2002,2003)经营一家位于瑞士苏黎世的营销和顾客价值管理咨询服务公司 MarketAbility。该公司为化工和能源领域的众多客户提供服务,其客户遍及全球。Phil Allen 本人则在化工和塑料制品原料领域有 30 多年的营销和销售实践经验。他创办了卓越顾客价值管理协会,这是一个为所有参与管理顾客价值和建立顾客忠诚的从业者或对之有兴趣的人提供学习和知识共享的组织。他还与人合著了有关顾客价值管理的著作。在 2002 年和 2003 年,他应邀在 C&I 和 Constructon Marketer 上撰文,详细阐述了顾客价值管理的思想。Phil Allen(2002a)认为,顾客价值管理就是一个企业与顾客通过开发互利双方的可持续的市场机会而创造价值的营销过程。这一过程要求企业与顾客之间进行经常性的互动。他把这一过程分为五个步骤:理解顾客价值、向顾客承诺、创造顾客价值、取得顾客反馈、衡量和改进。

1.理解顾客价值

理解顾客就是从顾客的角度来观察和理解,要能够见他们所见,而且还要以他们的方式来进行。Phil Allen(2002b,2002c)认为,理解顾客是通过顾客价值管理赢利性经营的第一步。在这一

阶段,企业要完成五个任务:

(1)识别顾客

识别顾客就是要明确在企业的整个价值创造过程中有哪些重要的参与者,如分销商就可能是企业的顾客之一。企业要从价值链的终端——最终顾客开始往上进行递推分析,将那些所有直接或间接购买你的提供物或影响对你的提供物的购买的价值链成员都包括在你的分析范围内。

(2)找出顾客偏好

顾客的需要是由一系列期望的价值选项构成的。找出顾客偏好的方法是运用替换分析法对每个选项的利益及其相应的成本对顾客的重要性进行分析,通过这种分析,企业能确定每个选项对顾客的吸引力,进而确定能带来最大价值的最优选项组合。

(3)发掘顾客价值

发掘顾客价值就是通过市场细分发现企业有可能为其顾客创造价值的细分市场。以顾客的偏好为基础,先将具有相同的需求和行为驱动因素的顾客归并为一个细分市场,他们有相同的价值驱动因素;然后,找出他们未满足(或未很好的满足)的需求。这样企业就界定出了一个顾客价值细分市场,如果不能找出这样一个细分市场,就要重新进行细分。企业要在价值链上的每个层次进行顾客价值的发掘工作,为开发富有竞争力的价值主张打下基础。

(4)明确竞争地位

企业在选择的细分市场应该具有竞争力,所以要认真分析相对于其他竞争者的相对地位。不过,分析的焦点应该是能否为顾客创造可持续的卓越价值并因此获利,也就是以顾客来判断自己的地位,而不是过分依赖竞争者来给自己定位。

(5)选择顾客价值细分市场

企业要根据以下两个标准选择目标顾客价值细分市场:企业的关键能力能否创造目标顾客所要求的卓越顾客价值;企业能否因创造他们要求的卓越顾客价值而获得目标利润率。如果企业不具备关键能力又期望占领这一目标细分市场,就要发展相应的能力;企业必须深入分析获得顾客和保持顾客的成本,也就是要计算基于顾客的赢利率。

2.向顾客承诺

所谓向顾客承诺就是为他们创造一个富有诱惑力的价值主张和提供物,后者必须能为他们创造能够真正满足他们的需求的价值。Phil Alen(2002d)认为:(1)顾客价值主张必须独特而又卓越,其关键在于差异化,要以顾客的语言表达出来。这样企业的顾客价值主张才能有助于顾客做出选择企业提供物的决策,而且不断强化他们对企业的偏好。(2)顾客价值主张必须可持续,也就是说,企业能够稳定地、可靠地和可赢利地为顾客创造价值。(3)必须为价值链上的每一个层次上的顾客开发价值主张,这样才能形成一个成功的营销战略。(4)必须在企业内外传播企业的价值主张,让员工和顾客理解,获得他们的认同。(5)要为顾客价值主张开发关键绩效指标(KPIs),该指标应该反映顾客的价值评价标准,而不是企业的内部评价标准。

Phil Allen认为,企业的顾客价值细分市场战略必须能够在增长、维持和收获之间维持平衡。目标和战略还要随着顾客价值趋向(customer-value-set)和市场动态的演变而变化,而战略中最基础部分就是顾客价值主张的确定。

3.创造顾客价值

创造顾客价值就是有效的、一贯的把价值主张付诸实施,为顾客创造价值。Phil Allen(2002e)认为,创造顾客价值涉及五个主要方面。

(1)塑造顾客导向的文化

企业中的所有员工,不论其是否面向顾客,都必须为创造顾客价值负有一定责任。向员工传达这一观念的最有效的方法是在每个工作描述中加入顾客价值的因素,这要求企业相关领导界定每个工作对顾客价值的贡献。

(2)确定创造顾客价值的所有流程

这些流程将确定企业有效和赢利性的服务于其目标顾客价值细分市场所要求的组织结构和所要完成的重要任务。这些流程一般包括:理解顾客、开发满足顾客需要的提供物、评估和选择市场渠道、制定基于价值的价格、开具账单和获得回款、获得顾客反馈和改善顾客价值等。

(3)为流程配备人员

为使流程真正创造价值,需要为流程配备具有合适技能、权力和责任的人员,这要求企业对他们给予足够而合适的授权和激励。

(4)建设关键的顾客价值基础设施

这些关键的顾客价值基础设施主要包括渠道、信息和传播系统。这一系统用于向顾客传递企业为之所创造的价值,并使之认知和接受。这一系统要以顾客价值主张为前提。然而,实际运作中,往往是企业在确定这一系统的顾客价值创造中的任务前就确定了它们的系统。

（5）有效的实施

为真正使企业的运作以顾客价值的创造为导向，企业的所有活动都应该与顾客价值主张有密切的联系。企业要制定一个以顾客价值主张为联系纽带的活动计划，所有的活动应该在顾客眼中是一致的；要有明确的责任人为每一个流程负责；确保一切重要的任务得以完成；关键接触点要得到有效的管理。

4.取得顾客反馈

企业要获得顾客对其提供物的真正看法，掌握他们对企业提供的服务方式的认知。企业最好通过内部接触和外部独立的第三方同时获得顾客反馈。Phil Allen(2003)认为，这一步的关键是四个方面：

（1）分析得失的业务

这是从顾客的得与失来综合评价企业与竞争者之间的差异，明确企业在满足顾客需要方面的业绩，认识企业在竞争中的优势和劣势。其关键是这种认识必须是独立和客观的，因此应该任命一个独立于实际营销的高级管理者来进行评审。

（2）充分利用关键性接触

关键性接触主要是企业与顾客的直接互动，如销售人员的现场销售或例常访问等。企业通过利用和管理关键性接触可以获得一系列重要信息，如：企业的提供物的绩效表现、对顾客的业绩的影响、对顾客业务运作的影响，在与企业有联系的哪些地方顾客遇到了挑战，在哪些方面进行改进将有助于顾客，在未来将有哪些变化会影响他们对企业提供物的使用等。

（3）管理抱怨和查询

在大部分企业里都没有一个明确任命的全权人员来处理这方

面的问题,这些问题往往会逐级上升到管理高层,这时顾客已经失去信心和耐心而转向竞争者。所以,企业一定要指定专门的人员全权处理这一问题。

(4)定期和独立的进行顾客满意度研究

这是企业获得稳定的顾客反馈的重要来源。企业要确保顾客能够无约束的表达他们对企业的观点,这样才能真正使这种研究具有客观性和有效性。对顾客反馈应该进行整体分析,识别企业表现与顾客期望的差距,在此基础上进行顾客价值创造性的改进。同时,企业也应该改进其反馈流程。

5.衡量和改进

通过分析和利用反馈的信息,企业就可以用前面界定的关键绩效指标来衡量自己在顾客价值创造方面的表现,然后确定应该改进的领域进行改进,以不断的提高向顾客传递的价值。这些改进主要包括:以更有效的方式细分和理解顾客,发展更为有价值和竞争力的顾客价值主张,更高效地创造顾客价值,并获得不断改善的回报。

Phil Allen 的顾客价值管理架构主要集中于三个方面:通过有效地细分和理解顾客,发展差异化的顾客价值主张,高效地将这一价值主张实施而为双方创造卓越的价值。

(五)评价

通过对以上四种顾客价值管理框架的归纳和总结,我们可以发现,不同的顾客价值管理系统存在着一些相同的观点和方法。首先,它们都认同顾客价值关系到企业的财务绩效和市场绩效;其次,认为顾客价值管理都包括认识价值、创造价值、交付价值以及评价价值等流程和内容,强调理解、界定和选择顾客价值是一切战略决策的基础和前提;再次,在顾客价值分析中,应该将顾客需要的理想价值与顾客对企业的价值结合起来,强调既要为顾客创造卓越的价值,同时这些卓越价值也要能为企业带来理想的价值;最后,都主张在创造顾客价值中,将顾客价值与企业流程、组织、人员以及其他基础设施结合起来,一切管理活动应该以顾客价值创造为导向。

但同时也可以看出以上顾客价值管理系统还存在一些不足。首先,尽管指出了顾客价值应该与企业的流程、组织、人员等要素相结合,但并没有进一步探讨这些组织要素如何基于顾客价值进行具体变革,更没有从企业能力上为获得和保持顾客价值优势进行相关能力的开发和培育;其次,在研究方法上,以上顾客价值管理文献主要采用了规范分析方法,停留在理论研究层面上,并没有就顾客价值与组织要素的关系进行实证分析,也没有将案例研究作为主要的分析手段和检验方法;最后,没有为企业具体实施顾客价值管理开发可操作性的有效的管理工具和方法,从而使得顾客价值理论难以用于实际。

六、顾客价值的测量

顾客价值测量研究是顾客价值理论和方法论研究的重要内容。随着顾客价值研究焦点的逐渐转移和对顾客价值应用的强烈关注,顾客价值测量问题成了营销学者和企业界人士共同关注课题,因此,在过去 20 年里,顾客价值测量研究整体上取得了初步的研究成果。

在 20 世纪 80 年代,SRI（斯坦福国际研究所）的 Mitchell（1983）提出了基于价值观和生活方式（VALS）的顾客价值评估方法,他用统计方法和有效的理论对 24 个问题(这些问题包括各种具体的和笼统的价值陈述问题和一些人口统计问题)进行识别,综合马斯洛需求层次理论和美国社会学家戴维"驱动说"两个视角把美国人群细分归类为 9 种生活方式的细分群体。VALS 提出来以后,在欧美许多企业得到了广泛的应用。在 VALS 被提出的同一期间,密西根大学提出来了可替代 VALS 的价值清单(LOV)方法。LOV (Veroffetal, 1981 ; Kahle, 1983) 是 Feather, Maslow 和 Rokeach 在价值研究的理论和社会适应理论的基础上发展起来的。主题是一个有 9 种价值的清单,具体包括:拥有感、与他人良好的关系、自我实现、被很好的尊重、生活中的趣味和娱乐、安全、自我尊重、成就感。LOV 法是采用了等级排序或者对各种价值进行两两评价的评估方法。

VALS 与 LOV 通过对顾客价值观的研究来追踪与识别顾客在产品与服务需求及消费中所追求和体验到的价值项目。事实上,这些价值项目也就是顾客价值测量中的价值要素。但 VALS 与 LOV 并没有进一步地识别出这些顾客价值要素归属的价值维度,也没有对各个要素之间的联系做出进一步的指示和说明。但是,它们都是通过对生活形态、价值观、社会分层结构范式等的研究来挖掘顾客的价值意识,从而来确定顾客价值要素。然后,通过满足这些顾客最为看重的价值清单来实现顾客价值的最大化,从而来获得顾客忠诚。因此,在确认细分市场方面(Beatty etal, 1985 ; Kahle,1986;Beatty etal, 1991),在销售人员调查方面(Weeksetal, 1989;Weeks and Kahle, 1990),在衡量社会变化方面(Kahle, 1984 ; Kahle and Kennedy, 1988)和其他的市场营销实体方面,许多学者都认为它们是一个普遍而又实用的工具。

20世纪90年代以来,顾客价值测量问题出现了研究的热潮。James and Dipak(1993)在对过去有关顾客价值评估方法研究的基础上,总结出了在实践中广泛应用的九种顾客价值评估方法,这些方法主要是从产品的属性和特征角度评估顾客价值,主要应用于工业品中的顾客价值评估。Gale(1994)采用质量和价格两个属性,让顾客给予权数,通过一个简单的顾客感知价值图来测量各品牌的感知价值.Indrajit和Wayne(1998)采用三维结构(品牌、属性、细分市场)测量各种品牌市场空间中的品牌的感知价值,提出了顾客价值评价的价值图(Value map)模型。Parasueaman(1997)认为随着顾客从第一次购买到短期顾客再到长期顾客的转变,他们的价值评价标准可能会变得越来越全面、抽象,并提出了一个系统观测模型。Flint等人(2001)认为顾客紧张是导致顾客期望价值变化的主要现象,而影响力、期望广泛程度、临时冲动、环境变化驱动力和能力驱动力将造成顾客紧张,并开发了顾客期望价值变化指示模型。Hogan(2001)提出了通过价值中心的识别、不确定性的评估、建立关系模型和分析关键变量四个步骤来测量预期关系价值。Jillian和Geoffrey(2001)提出了一种包括19项指标的价值量度体系——PERVAL,用以评估一个消费者的顾客感知价值,这四维价值体系包括情感、社会、品质/表现、货币价格。

从上述概述可以看出,理论界对于如何有效评价顾客价值进行了不同程度的研究,其中具有代表性的、被广泛采用的是Parasuraman、Gale、Woodruff、Sweeney和Soutar以及国内董大海教授等人的研究。

(一)Parasuraman 的顾客价值观测模型

Parasuraman(1997)通过将顾客区分为"初次购买者"、"短期顾客〔重复购买者)"、"长期顾客(忠实顾客)"、与"沉寂顾客(流失的顾客)"四大类,建立了一个具有很强的可操作性(周廷锐、陈叔青)的"顾客价值观测模型"(参见图2-9)。如图中右下方每个小方框代表一位顾客,由左至右,如果这位顾客没有成为"沉寂顾客(虚线方框)"的话,将会逐渐由"初次购买者"变为"短期顾客",最后变成"长期顾客"。利用这样的顾客分类,结合 Woodruff 的顾客价值层次理论,分别观察不同顾客类型在"消费属性"、"消费结果"与"消费目标"等三消费阶段的顾客价值。他认为初次购买者所偏爱的消费属性,代表吸引顾客首次上门的关键因素;短期顾客所重视的消费结果利益点,代表顾客在拥有消费经验后愿意进一步再度光临的关键因素;而忠实顾客在消费目标上的偏好,则代表顾客所珍爱的长期价值,也是厂商的定位利基所在。

　　Parasuraman 利用这样的顾客分类,结合 Woodruff 的顾客价值阶层模型,建议观测顾客价值的基本策略应该是:(1)吸引新顾客的有效策略是观察"初次购买者"与"沉寂顾客"对商品或服务原始属性(Attributes)的偏好,进而将顾客特征与商品属性加以连结,以强化产品定位策略。(2)如果要有效改善顾客消费经验,那么就需要观察"短期顾客"与"沉寂顾客"对消费结果(Consequences)的观感,借以调整目前所使用的行销策略。(3)如果目标是要加强与顾客的关系,那么由"长期顾客"与"沉寂顾客"所获得的关于消费心理目标(Goal)与价值的信息将有重大帮助。(4)而要避免顾客流失,自然要由"沉寂顾客"着手,去了解顾客流失的真正原因。(5)最后如果要提升未来的竞争能力,则应该针对顾客交易历史进行行销研究,记录每一个时间点上四种类型顾客的消费行为与心理特征,将这样的序时资料加以累积,便可以分析顾客价值如何随着时间流转变迁,才能真正掌握顾客价值。

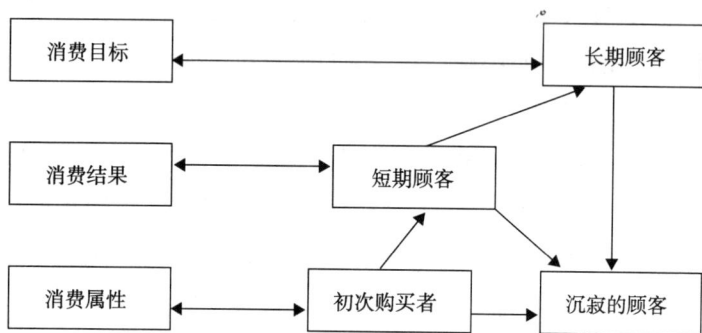

图 2-9　Parasuraman 的顾客价值观测模型

资料来源:Parasueaman.Reflections on gaining competitive advantage.Journal of Academy of Marketing Science,1997,Vol. 25,No.2:154-161.

(二)Gale 的两维度测量

Bradley T.Gale(1994)基于"顾客价值是相对于一定价格的质量"这样的顾客价值定义,提出了一个基于质量与价格两个维度的顾客价值度量方法,其中,质量维度包括促使顾客进行购买的产品属性;价格维度包括顾客支付的真实的成本和认识到的成本。其具体的度量方法可归纳为以下步骤:

第一步,细分质量与价格两个基本维度。细分方法是通过焦点小组访谈等方法探察顾客关心质量和价格中的哪些方面。

第二步,为消费者关心的价值要素赋予权重。采用的方法是,让被访的消费者把 100 分分配到上一步探察到的顾客价值要素上。

第三步,测量消费者对各个品牌在各个价值要素上的绩效的感知。方法是请被访消费者在总分为 10 分的前提下为各个品牌在各个价值要素上的绩效表现评分。

第四步,计算本企业产品相对于竞争者企业在质量每一分维度上的相对得分,即:

某一分维度上的相对得分=本企业在这一维度上的得分/竞争者在这一维度上的得分

第五步,运用同样的方法对价格进行测量,最终得到本企业在价格每一分维度上的相对得分;

第六步,计算本企业提供的顾客价值

顾客价值=$\sum$(某一质量分维度上的相对得分×这一维度的权重)/$\sum$(某一价格分维度上的相对得分×这一维度的权重)

在以上测量的基础上,Gale以质量和价格分别为横、纵坐标,绘制了价值图(如图2-10),依据行业中每一企业提供的质量与价格比将其定位在图中。在图2-10中,45度的斜线表示质量与价格相等的点,落于左上区域的顾客价值较低,落于右下区域内的顾客价值较高。

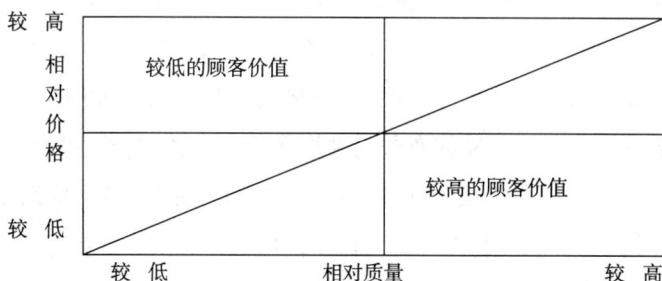

图2-10　Gale的顾客价值图:市场感知的质量与价格比

资料来源:Gale,B.T.Managing customer value:creating quality and service that customer can see.New York:the Free Press,1994:25-54.

Gale的顾客价值测量方法其主要贡献在于提供了一种直接

比较企业与竞争对手提供顾客价值的方法——价值图,这弥补了顾客满意测量缺乏竞争指导性的缺陷,同时,以企业相对于竞争者在质量和价格上的得分来代表企业提供的顾客价值的方法,实现了顾客导向与竞争导向的结合。但是,在 Gale 的研究中,质量和价格两个维度的划分难以体现顾客真实的心理过程,忽略了除产品属性以外的顾客价值的影响因素,同时也只停留在理论假设层面,还未得到实证,而对于质量和价格下的若干分维度的确定,Gale 并没有给出详尽的方法描述;在具体的操作中,Gale 让顾客对不同品牌进行打分的方法是不可取的,因为在通常情况下,同一顾客不可能对所有品牌都有使用的经验。因此,其理论假设和实践操作还有待于进一步修正和完善。

(三)Woodruff 等人的三维度测量

Woodruff(1997)等人提出了一个顾客价值确定系统,这个系统主要是帮助企业在市场机会分析中选择和鉴别顾客价值维度。他们将顾客购买决策的“手段—目的链(Means-end Chain)”理论引入到顾客价值测量之中,提出顾客价值是由具有递进关系的三个层级组成,分别为产品属性层、结果层和目标层。如图 2-11 所示,顾客首先是对产品的有关属性形成预期和感知,然后这些属性使顾客在消费产品的过程中产生使用的结果,而正是这些结果的产生实现了顾客一定的需求目标。同时,顾客依据结果对最终目标的贡献可决定不同结果的重要性,即权重,依产品属性对结果的贡献可决定不同属性的权重。Woodruff 等人认为产品属性层往往是更高层级——结果层和目的层的实现手段,不从结果层和目的层去分析顾客,就不会了解顾客为什么需要这些属性、是否还需要其他属性等深层问题。因此,企业在进行市场机会分析时,要准确掌握顾客价值就必须更深入地挖掘顾客对高价值层的看法和评价。Woodruff 将此挖掘过程比喻为"剥洋葱",并提供了多种富有创见的"剥洋葱"的方法。

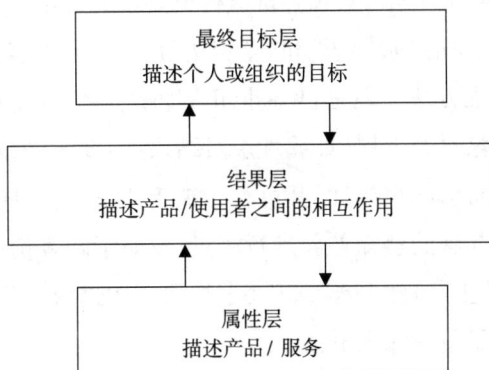

```
┌─────────────────────────────┐
│          最终目标层          │
│      描述个人或组织的目标     │
└─────────────────────────────┘
            ↑      │
┌─────────────────────────────┐
│           结果层             │
│   描述产品/使用者之间的相互作用  │
└─────────────────────────────┘
            ↑      │
┌─────────────────────────────┐
│           属性层             │
│        描述产品 / 服务        │
└─────────────────────────────┘
```

图 2-11 Woodruff 的顾客价值层级结构

资料来源:Woodruff, B. R. and Gardial, S. F., Know your customer: new approaches to understanding customer value and satisfaction. Blackwell Publishers Inc. 1996:157-190.

Woodruff 等提出的顾客价值测量方法可分为两个阶段进行:

第一阶段的目标是按照顾客价值构成的层级结构,对顾客价值的构成要素进行揭示。采用"剥洋葱"的方法,由顾客常会自然谈及的产品属性层开始,利用阶梯访谈法(即层层追问法)、全程法(即分析顾客购买或使用的全程)等定性方法进行深度访谈,最后便可得到顾客关心的属性层、结果层和目标层中的各个价值要素。并对所得到的顾客价值要素进行定性归并和整理。

第二阶段的目标是测量顾客对企业在价值要素上绩效的感知。将得到的经过整理的顾客价值要素形成问卷中的条款,利用顾客满意测量方法进行问卷测试,让顾客对企业在各个顾客价值要素上的绩效表现进行评价,然后通过回归分析或判别分析得到各价值维度的权重,进而求出企业所提供的顾客价值。

　　Woodruff 等人提出的顾客价值层级结构,丰富和发展了 Gale 的价值测量维度。同时,Woodruff 等在揭示顾客价值要素阶段提出的"剥洋葱"的比喻,对顾客价值构成要素的揭示具有一定的启发意义,其应用的"阶梯法"和"全程法"成为揭示顾客价值层级结构的有效定性方法。但是,Woodruff 等将顾客价值要素的权重定义为这一要素对其上层(如属性层对结果层)要素的重要性,而非对总的顾客价值的重要性,其可行性缺乏实证检验,同时,没有就顾客对不同品牌的感知差异进行测量,忽略了顾客价值中的竞争导向;在方法上,虽然 Woodruff 在定性研究中进行了积极的探索,但并未将定量研究深入下去。

(四)Sweeney 和 Soutar 的四维度测量

　　Sweeney 和 Soutar(2001)在一项研究中,运用焦点小组访谈、专家访谈、问卷测试和统计分析等一系列定性、定量方法,仿照 Parasuraman 和 Zeithaml(1988)生成 SERVQUAL 量表的做法构建了 PERVAL(耐用消费品顾客感知价值)量表,该量表包括 4 个维度,即感情、社会、质量和价格价值,涉及 19 个要项,用于测量顾客对耐用消费品的感知价值。其研究步骤为:

　　(1)根据 Sheth(1991)等提出的 5 个价值维度——社会的、感情的、功能的、美感的和环境的,并结合质量、价格两大维度的观点,初步认定顾客感知价值包括以上 7 大维度;

　　(2)利用焦点小组访谈等定性方法生成 97 个条款;

　　(3)邀请专家将 97 个条款分配在 7 个维度下,删除了专家们认为不必要的条款和维度,得到 4 个维度下的 85 个条款;

　　(4)将上述 85 个条款制成问卷,进行了两次测试;

（5）对测试数据进行分析，归稽和筛选条款，得到 4 个维度下的 24 个条款；

（6）将上述 24 个条款制成问卷，将其应用于更为分散的样本测试；

（7）通过数据分析，得到由 4 个维度、19 个条款构成的 PERVAL 量表。

Sweeney 和 Soutar 的研究提出了包括感情的、社会的、质量的和价格的四个维度，并开发了顾客价值测量量表，较 Gale 和 Woodruff 等人的研究，更进一步丰富了顾客价值的维度，提高了顾客价值测量的准确性。但是，量表没有就顾客对不同品牌的感知差异进行测量，忽略了竞争导向。

（五）董大海的 DEVAL 量表开发

DEVAL（柴油机顾客价值测量量表法）是大连理工大学力迪市场营销研究所所长董大海以中国的柴油机市场为背景，以 D 厂、K 厂、X 厂、Y 厂四家企业分布在全国东北、华北、华中、华南、西北、西南和华东共 7 个地区的柴油机最终顾客为数据来源，所构建的量表方法，在我国的顾客价值研究领域具有领先意义。这种方法主要由五个步骤组成。

首先，进行顾客价值因素的鉴别和整理。顾客价值构成要素的探测要经过一个由探查到描述的过程，具体可划分为：

（1）确定研究目标和研究对象。确定本次研究的目的是探测柴油机顾客的期望价值构成要素。研究的对象是那些自己购车、开车、车上装柴油机的卡车司机。研究的最终目标是形成顾客对柴油机企业的期望价值构成要素的层级结构。

（2）探查研究。在对报刊、杂志、一家柴油机企业内部数据等所有可得的二手资料分析的基础上,获得了对柴油机产品顾客期望价值构成要素的感性认识,并拟定了访谈提纲,组织了3次各有7位卡车司机参加的焦点小组访谈。在此基础上归纳出一个包括48个表述的顾客期望价值构成要素列表。在两次深度访谈的基础上,对上述48个表述进行了分类和合并,得到一个精简的由32个表述组成的列表。将上述的各个表述作为变量放入顾客期望价值测试问卷中,进行预测试。问卷中对32个变量采用7级尺度量表测量,并将"车的归属"作为控制变量。预测试得到78份符合研究对象特征的问卷。根据78份数据,对32个变量分别计算其均值、方差,进行频次统计,将那些期望程度较低、方差很小、数据较集中的表述删除,得到一个有25个变量的列表。这25个变量就是探查阶段最终获得的顾客期望价值构成要素的集合。

(3)描述研究。①数据搜集。这一阶段问卷的形式基本与预测试阶段采用的问卷相同。仍采用7级尺度量表对探查研究阶段生成的25个变量进行测量,并设计了"行驶环境"、"行驶路况"等多个细分变量。将置信水平设定为95%,误差水平为2%—3%时,确定最终有效样本量为1600份。根据分层抽样的原理,将2000份问卷依各品牌柴油机在各省的保有量在省间分配。共回收有效问卷1650份,抽取其中符合研究对象特征的1600份问卷作为数据分析的样本。②统计分析。通过对25个变量相关系数的计算发现,任何变量与其他变量之间均低度相关,因此保留所有25个变量进行因子分析。③分析柴油机顾客期望价值构成要素的层级结构。通过前述分析最终得到柴油机顾客期望价值构成要素的层级结构,柴油机企业可应用这一结构中的一级因子和二级变量作为指标对卡车司机的期望价值进行衡量。

其次，进行顾客价值市场调查。市场调查主要获得以下数据：①顾客对各个价值因素的期望；②顾客对各企业在各价值因素上的绩效感知评价；③总体期望价值和总体感知价值。

第三，参数估计。①利用多元回归分析，得到顾客对各个价值因素的看重程度——各价值要素的重要性。②分别计算在每一个价值因素上，顾客对四大品牌的感知评价的平均分数。③计算每一价值因素上，四大品牌中最高感知得分与顾客价值的差值。

第四，进行数据分析，挖掘竞争性因素。

①竞争差异分析。差异是竞争优势存在的基础。这一步工作基于这样的认识：顾客认为非常重要，又能够感知到竞争者的差别因素，会对顾客的行为产生很大影响。因此根据顾客对各个价值因素的看重程度和顾客感知的竞争者在每一个价值因素上的差别程度构成一个四分矩阵图（见图2-12）。姑且认为非常重要的，同时认为各个竞争者的差异很大的因素，是目前行业竞争优势的决定因素，能够在这些因素上表现出色的企业拥有竞争优势，而不能做到这一点的企业处于劣势位置。对顾客的重要性不是很高的因素，如果顾客感知各个企业的竞争差异很大的话，说明各个企业目前的绩效水平对顾客有一定影响，虽然它们不能为企业带来竞争优势，但是可以使顾客区分各个企业，因此这些因素成为企业特色因素，对企业形成竞争优势起到辅助作用。如果顾客认为不重要的因素，也没感到或意识到各个企业的差别，它们不能对顾客行为产生明显影响。可以暂时不予考虑。

②行业绩效分析。通过考察行业中绩效最好的企业感知得分与顾客期望值的比较情况，鉴别待检验的因素对顾客激励作用。如果顾客的期望远远高于企业的绩效，说明行业在这些因素上的

总体水平都很低,顾客需要被满足的程度很低,因此顾客对这些要素的渴望程度要比其他因素要高,也就是说这样的因素是顾客最期望有所改善的激励因素,如果企业能够努力脱颖而出,将对顾客产生非常显著的正激励作用;如果企业平均的绩效与顾客的期望值相差很小,也就是目前行业水平基本能满足顾客要求,顾客对这些要素的业绩改善渴望程度不高,又由于各个企业的差别极小,因此这些因素对顾客没有强烈正激励作用。但是,如果哪个企业做得不好,就会对顾客产生较强的负激励作用,顾客在选择品牌时就不会考虑这个企业,这些因素属于行业竞争标准因素。

	待分析要素: · 行驶速度 · 水温 · 起动性	竞争优势要素: · 油耗 · 接电话人的态度
高 重要性 低	无战略重要性要素: · 对牢骚和投诉的态度 · 维修人员的服务态度 · 维修人员的职业道德 · 三漏 · 联系服务人员的难易 · 爬坡性能	竞争特色要素: · 噪音 · 电话咨询的帮助 · 对投诉的处理 · 维修人员的技术水平 · 维修人员的移情性 · 加速性 · 服务人员到现场的 速度

低　　　　　　　竞争差别　　　　　　　高

图 2-12　顾客价值要素权重与竞争差别矩阵

资料来源:董大海:《基于顾客价值构建竞争优势的理论与方法研究》,大连理工大学
　　2003 年博士学位论文。

最后,确定关键顾客价值要素并进行比较。①根据前述方法的量表数据及分析,确定柴油机行业的顾客价值要素。②目前竞争优势因素分析。分析企业在目前竞争优势因素上的绩效表现。如果企业绩效低于行业最高水平,使用本企业绩效与最高绩效作分析;如果企业绩效已经处于领先位置,则选取本企业绩效与位列第二的企业绩效。③竞争特色因素分析。竞争特色因素,是顾客要求不高,但却未被满足的因素,本企业如果能超过其他企业,就能引起顾客的注意和兴趣,提高顾客对本企业的顾客价值。④将各个企业的表现与顾客价值要素进行对照,并与竞争对手的表现进行比较,得出企业在哪些方面已处于领先地位,哪些方面还有待加强,并以此为依据制订日后的竞争战略。

DEVAL 量表法借鉴了 SERVQUAL 的开发过程和方法,具有行业针对性,它对中国柴油机行业制定发展战略提供了有力的依据,也为刚刚起步的中国营销界的实证研究提供了很有价值的参考,具有积极的现实意义。

(六)总结与评价

纵观现有的文献,对顾客价值评估的模型很多。每种方法认为的顾客价值驱动要素都有所差异,测量研究所依据的理论和采用的研究方法有所不同,从而最终所得到的研究成果也存在区别(见表 2-3)。Parasuraman 通过对顾客的四种分类以及结合顾客价值的阶层理论,提出了顾客价值观测模型,为企业识别和比较顾客的价值变化以及据此采用合适的顾客维系策略提供了分析工具;Gale 依据质量和价格两个维度,通过顾客调查开发了两维度的顾客价值测量量表和价值图,为企业从竞争和顾客视角认识自己为顾客所创造的价值提供了一个有用的分析工具;Woodruff 利用顾客价值的三层次结构,针对每个层次揭示价值因素,丰富了顾客价值维度和要素,为企业全面认识顾客购买行为过程提供了一个有效的框架;Sweeney 和 Soutar 以及董大海等学者利用 Parasuraman 和 Zeithaml(1988)生成 SERVQUAL 量表的做法分别从消费品和柴油机行业构建了 PERVAL 量表和 DEVAL 量表,他们进一步丰富了顾客价值的维度和要素内容,告知了如何进行行业顾客价值测量的研究,揭示了测量研究一般的过程和程序,为理论界就顾客价值测量研究的深入和拓展提供了方法指导,为企业界特别是为消费品行业和柴油机行业的顾客价值测量提供了一个系统的分析工具。

表2-3　顾客价值测量研究归纳

代表人物	指导理论	研究成果	主要研究方法
Parasuraman	Woodruff 的顾客价值三层理论和顾客分类	顾客价值观测模型	逻辑推理和分类、比较等定性方法
Gale	顾客价值由质量、价格两大维度构成	给出了竞争导向的顾客价值计算方法	顾客对各分维度定量测评
Woodruff	顾客价值的属性、结果和最终目标层级结构	对顾客价值构成要素的揭示	访谈等定性方法
Sweeney 和 Soutar	顾客价值包括感情的、社会的、质量的和价格的四维度	得到了耐用消费品顾客价值测量量表	访谈等定性方法、问卷测试等定量方法
董大海	Woodruff 的顾客价值三层次理论和 Parasuraman 等的 SERVQUAL 模型	开发了柴油机行业顾客价值测量量表	深度访谈、问卷调查等定性和定量方法。

总之,顾客价值测量研究进一步揭示了顾客价值的内在结构,丰富了顾客价值研究的已有成果,为企业界识别、比较和了解顾客

价值提供了许多有效的分析工具。但从上述内容可知,测量顾客价值的维度和要素内容都只涉及产品、服务、关系、品牌等绩效的结果变量,而没有包括识别、创造和传递顾客价值等运营内容的过程变量,如组织结构、流程、高层管理者的领导和决策、员工满意与投入、组织文化、市场与学习导向程度等。因为,如果将顾客价值的衡量标准从市场结果和产品服务绩效等外在因素延伸到企业运营和企业理念等内在因素,将顾客对绩效结果的最终感知和产生、传递顾客价值的过程联系起来,有利于企业围绕顾客价值将其他一切因素组织起来,将战略决策和战略运营有机联系起来,从而能提高企业分配和利用战略资源的效率,最终能更快有效地提供优异的顾客价值。因此,顾客价值测量研究在研究内容和方法上还有待于进一步深入和革新。

第二节　国内顾客价值研究状况

与国外相比,国内顾客价值的研究起步较晚,20 世纪 90 年代末期,有关顾客价值的书籍开始引进国内,因而国内学者对顾客价值的概念逐渐有了初步的认识和了解,并开始对顾客价值进行研究。国内对顾客价值的研究文献大都局限于介绍国外研究成果和对理论进行初步的探讨,很少有文献做较为深入和系统的研究,研究内容也较为零散,而且实证研究非常缺乏。经过梳理和归纳,其研究内容可以分为以下几个方面:

一、国外顾客价值研究成果的介绍

一些营销学者介绍了国外有关顾客价值的基本理论和相应的

研究成果,如董大海(2003)、叶志桂(2004)对顾客价值的不同定义进行了综述,较为全面地总结了国外学者对顾客价值的不同认识。王成慧(2002)从企业建立竞争优势和市场营销观念发展的视角分析了顾客价值研究在西方兴起的缘由,并介绍了目前西方几种具有代表性的顾客价值理论。白长虹(2001)综述了西方学者有关顾客价值的概念和内涵方面的一些研究成果,主要介绍了Zeithaml,Woodruff,Gronroos 等国外学者有关顾客感知价值的一些观点。

二、顾客价值本质、构成及测量的研究

李扣庆(2001)对顾客价值及相关概念进行了阐述,认为目前人们对如何理解顾客价值远未取得一致。杨龙,王永贵(2002)对顾客价值的构成进行了分析。马秀芳等(2002)提出了一种顾客期望价值构成要素探测模型,并对实际产品的顾客期望价值进行了测定。荆冰彬等(2000)认为顾客价值可理解为顾客从某种产品所能获得的总收益与在购买时所付出的总代价的比值,并从产品功能和成本角度描述了顾客价值的构成。王晓玉(2003)对顾客绩效的测定进行了研究,认为顾客价值是顾客对企业所提供产品的主观评价,企业的顾客价值绩效是指企业产品(或服务)的顾客价值在竞争性产品(或服务)中的相对地位,并给出了从产品属性角度来测定顾客价值绩效的方法和步骤。李德海(2002)在研究品牌认知结构和品牌资产核心的基础上,根据满足顾客需要的内在力量的重要性排序,建立了顾客效用层次模型,该模型包括产品属性、顾客利益和顾客价值三个结构层次。白长虹(2002)等针对服务企业,运用 Parasuraman 顾客关系与顾客价值感知动态模

型,分析从初次顾客到短期顾客、再到长期顾客的关系发展对顾客价值感知的动态影响。

三、顾客价值与相关概念的关系研究

一些学者对顾客价值与顾客满意、顾客忠诚、购买决策等概念的关系进行了较为广泛的研究,如陈明亮(2003)在对客户重复购买意向决定因素的实证研究中,提出了客户认知价值的概念,认为客户认知价值是对"可替代关系比较水平"的直接借用,被定义为"客户对供应商提供的相对价值的主观评价"。并通过实证研究得出了客户认知价值、客户满意和转移成本是客户重复购买意向的三个决定因素,其中,客户认知价值是核心决定因素,对客户购买意向影响最大。梨虹(2001)对企业服务成本和顾客成本的构成与关系进行了分析,认为顾客的购买决策取决于顾客让渡价值,因而顾客成本将会影响到顾客的购买决策。白长虹等(2002)探讨了品牌和顾客感知价值的相互关系,认为品牌是影响顾客价值的重要因素,不论有形产品品牌还是服务品牌,都可从三个方面给企业带来价值:首先,帮助顾客解释、加工和存储有关产品或服务的信息,从而简化其购买决策,降低购买成本;其次,良好的品牌有助于降低顾客的购买风险,增强购买信心;最后,独特的品牌特性可以使顾客获得超出产品功能之外的社会和心理意义。杨永恒等(2002)从顾客价值、关系价值和信息技术等三个方面探索了客户关系管理的合理内涵,认为企业为顾客创造的价值越多,越可能增强顾客的满意度,提高顾客忠诚度,从而实现顾客挽留,有利于增强顾客为企业创造的价值,使企业收益最大化。客户关系管理的目的是实现顾客价值最大化和企业收益最大化之间的平衡。裴洁

等(2001)从价值理论角度对顾客忠诚的驱动因素进行了阐述,认为顾客忠诚是由价值驱动的,要使顾客忠诚,必须深入了解顾客的价值结构,然后向顾客提供最符合其价值观的产品,这样只要顾客价值观不变,则该顾客就会保持忠诚。段艳红等(2001)对顾客让渡价值理论的内容作了阐述,认为通过提高顾客让渡价值可以提高顾客满意度。

四、顾客价值创新和管理研究

近年来,价值创新作为一种新的战略逻辑,已经引起了理论界和企业界的广泛关注。而价值创新的实现要以顾客的需求为导向,因为顾客需求是企业创造价值的动因和来源,只有以顾客为中心,企业才能对顾客的价值所在及其变化有更深的理解。所以价值创新的核心是顾客价值,通过价值创新来极大的提升顾客价值。一个企业只有为顾客创造出得到顾客认可的新价值,而且这种新价值不是竞争对手能够轻易模仿的,这个企业才有竞争优势(白长虹,2001)。项保华等(2002)提出了顾客价值创新的概念,认为顾客价值创新是企业获得竞争优势的源泉。罗青军等(2002)提出了顾客价值创新的四种模式,包括现有业务活动方式基础上的跳跃式及渐进式创新,以新业务活动方式为基础的跳跃式及渐进式创新。石伟军(2002)认为从长远来看,企业的核心能力不仅取决于与竞争对手的竞争,更取决于为顾客所提供的核心价值,提出了顾客价值创新的四种途径。项银仕(2001)提出了企业创造和扩大顾客价值的六种价值创新机制,即产品创新、成本创新、营销创新、质量创新、品牌创新和组织创新。白长虹等(2002)提出了基于顾客关系的价值创新途径。马云峰等(2002)分析了顾客价值的提升和创新对总顾客价值曲线产生的影响。

此外,一些知名企业开始有了以顾客价值为导向的经营理念,甚至有些公司在战略中直接喊出了为顾客创造价值的口号。如TCL提出了创造顾客价值的经营宗旨;海尔以注重质量、服务和创新来达到顾客价值领先的目的;联想通过顾客体验来创造顾客价值;宝洁提出了"价值定价"的口号等。此外,2004年后,一些文献开始聚焦于顾客价值分析,探讨顾客价值在建立企业竞争优势方面的价值创新策略制定。还有一些文献分析了企业的营销战略,探讨竞争战略方法与模型。

五、评价

综上所述,顾客价值理论经历了一个不断发展的过程,理论界与企业界对顾客价值的认识也在不断深化。综观国内外的研究成果,顾客价值理论研究主要集中在以下三个方面:

(1)在内涵与本质认识方面,很多国内外学者从不同角度借用不同学科中的概念对顾客价值下了许多定义,国内一些学者并对这些定义进行了归纳和总结,值得一提的是,到目前为止,学术界对顾客价值的认识还没有形成一致统一的看法。

(2)在顾客价值的构成因素与形成机制方面,很多学者探讨了顾客价值的组成,但并不系统,也没有形成一种比较认可的要素组成框架,这部分将在本研究的第三章加以详细总结和论述。

(3)在顾客价值与相关概念的关系方面,很多学者探讨了顾客价值与顾客购买行为、顾客满意度、顾客忠诚度、股东价值、企业绩效与竞争优势等关系,揭示了顾客价值对企业的生存和持续发展的重要作用。

（4）在顾客价值管理方面,很多学者对顾客价值管理过程、测量、创新和应用进行了探讨,形成了一些具有代表性的管理框架,探讨和总结了价值创新的模式,开发了一些简单有效的管理工具。

（5）在研究视角方面,随着对顾客价值认识的深入,出现了从顾客、企业以及企业与顾客关系三个角度的研究,在三个研究领域并相应的产生、形成和出现了自己的核心概念、基本观点和代表人物。

（6）在研究方法方面,在20世纪90年代中期以前,主要是采用定性和规范研究的方法,研究顾客价值的定义、内涵和驱动等问题;20世纪90年代中期以来,主要是采用定量和实证研究的方法,探讨顾客价值的测量、与其他变量之间的关系以及管理等问题。

然而,由于顾客价值自身的复杂性、权变性、动态性和主观性等特点,加之人们对顾客价值的认识和研究时间还很短,因而顾客价值研究领域内尚未解决或亟待深入研究的问题还很多,有关顾客价值的研究仍处于探索阶段,顾客价值仍是未来营销领域的重要研究方向。因此,顾客价值研究在研究内容和方法上还有待于进一步拓展和深化。

（1）有关顾客价值形成机理的研究还很薄弱。顾客价值是如何形成的,影响顾客价值的内生变量和外生变量有哪些,以及这些变量和顾客价值存在怎样的内在关系等,目前这些领域的研究成果相对较少,几乎还是空白。

（2）有关顾客价值测量的研究相对较少,研究成果比较零散。文献中对顾客价值的测量研究偏重于定性和规范分析,实证和定量分析特别是数理建模形式较少,几乎是空白。

（3）在顾客价值管理上，有关顾客价值与组织设计、变革和企业能力开发相结合的研究较少。特别是如何将顾客价值渗透到企业内部，将顾客价值与组织流程、人员、结构和文化等要素相结合，基于顾客价值如何设计和变革组织、如何从企业能力的角度来保持持久的顾客价值优势这样相关主题的研究较少，几乎是空白。

（4）在研究方法上，整体来说，定性和规范分析较多，有针对性的定量和实证研究较少。文献虽然对顾客价值与顾客满意、顾客忠诚、顾客转换成本和市场绩效等概念之间的关系进行了大量的规范分析和一些实证研究，但在研究设计上需进一步突出专业化和针对性。例如，在变量关系分析上，应考虑行业、企业规模、企业生命周期、顾客特征等外部参数的影响，这样更能准确地了解不同类型顾客对不同行业、不同生命周期阶段和不同规模企业的价值。

鉴于此，本研究将从顾客的角度，采用规范分析和实证分析相结合的方法，对顾客价值与组织要素、企业能力的关系进行探讨，发现和识别影响顾客价值的最大组织要素因子和企业能力因子，并基于顾客价值对这些关键影响因素进行设计、优化和变革。

第三章　顾客价值驱动因素研究

如果说第二章是告诉我们什么是顾客价值及其相关理论内容,则本章主要是揭示顾客价值受到哪些因素的驱动和影响。其目的和作用在于从理论成果中识别和选择影响顾客价值的组织要素和企业能力因子,为后面的顾客价值与组织要素、企业能力关系的规范分析和实证分析提供理论依据。

企业创造和管理顾客价值的活动要受到企业内外众多因素的驱动和影响,同时,顾客价值的来源和构成也存在多样性。根据影响顾客价值因素或顾客价值来源渠道的静态性和动态性,可以将顾客价值的驱动因素或来源因素分为属性驱动因素、行为驱动因素和环境影响因素。其中,属性驱动因素是指企业内部驱动顾客价值变化的各种静态因素,主要包括质量、产品或服务、价格、关系、品牌等;行为驱动因素是指企业内部驱动顾客价值变化的各种动态因素,主要包括组织结构调整、业务流程再造、组织创新、组织学习以及企业文化变革等;环境影响因素是指影响企业顾客价值创造和管理的各种企业外部一般因素和具体因素。

第一节　属性驱动因素

20 世纪 90 年代中期以来,众多学者对顾客价值的驱动因素进行了不断深入的研究。文献中居主导地位的共同认识是,顾客价值主要是由产品质量、服务质量和价格因素驱动的(Parasuraman,2000)。但一些学者认为,在工业品市场中,价格因素在顾客价值体系中的地位有相对降低的趋势。正如 Laric(1980)所说的那样:工业品市场营销中的价格问题已越来越重要,是顾客购买决策的一个重要因素,但根据情况不同,工业品市场上常常有一些比价格更重要的问题。近期的研究认为,随着买卖双方紧密合作的加强,价格的相对重要性在下降。Dion 和Banting(1988)认为,更加合作、更加开放的价格协商可能成为标准的做法,旧的讨价还价的零和博弈典型正在逐渐消失,更加合作的买卖关系模式逐渐被采纳。Newman 和 Mckeller(1995)研究指出,随着顾客和供应商之间的关系发展得越来越紧密,双方变成了合作关系甚至是战略联盟,买卖双方的合作越来越广泛,有关价格的争议便会减少,价格不再是双方协议的主要问题,甚至可能进一步降低招标成本和活动成本。Simpson(2002)最近的一份研究表明,价格不再是影响采购决策的主要因素,在所有公司中仅有四分之一把价格因素纳入供应商的评估系统中。

　　Wolfgang Ulaga(2001)通过实证研究,发现顾客价值的驱动因素可以分成 3 类:产品相关特性,如产品的一致性、产品特征、产品范围、便于使用;服务相关特性,如供应的可靠性与敏捷性、技术支持、快速响应、产品创新、技术信息;与促销相关特性,如形象、个人关系、公司的可靠性、公共关系、上游整合等。例如,在他们对德国的冷冻食品(如奶制品、冰激凌与方便食品等)制造商的研究中,通过对供应商进行顾客价值内部审计发现,从企业的角度看,在驱动顾客价值的各项因素中,价格与质量处于同等重要的地位,而在构成质量的各项因素中,产品相关特性的重要性最大(51%),其次是服务相关特性(34%),最后是促销相关特性(15%)。而在驱动顾客价值的各项具体要素中,产品的技术特征(20%)、产品范围(14%)和技术支持(13%),快速服务与响应(10%)和交货的速度与可靠性(8%),被认为是顾客判断价值大小并进而作出决策的主导因素。而在对顾客的调研中发现,从顾客的角度看,在顾客价值的驱动因素中,质量的主导作用要远远大于价格的驱动力量,前者是63.3%,后者是36.7%。也就是说,在工业品市场中,顾客更看重的是质量,而对价格的敏感性则比较低。而在构成产品质量的各项具体要素中,产品的一致性具有最强的驱动力量,为19.8%,其次是产品的技术特性、使用方便性和使用范围,分别为18.4%、4.9%和3.0%;在服务相关特性中,交货的速度与可靠性具有最强的驱动效果,为7.8%,其次是技术支持与运用、快速服务与响应、产品创新和技术信息提供,表明其驱动能力的重要性为6.8%、6.5%、3.7%和2.3%;而在促销相关因素中,公司的可靠性驱动能力最强,重要性为6.9%,其次为个人关系和ISO9001认证,重要性分别为4.1%和2.9%。

同时,Berry(2001)认为品牌权益(Brand Equity)也是一个日益重要的顾客价值驱动因素。对顾客来说,品牌名称和品牌标识可以帮助顾客解释、加工、整理和储存有关产品或服务的识别信息,简化购买决策;良好的品牌形象有助于降低顾客的购买风险,增强购买信心;个性鲜明的品牌可以使顾客获得超出产品功能之外的社会和心理利益,从而影响顾客的选择和偏好。对服务业来说,企业品牌形象远比包装产品的品牌形象更有影响,强势品牌可以帮助顾客对无形服务产品做出有形化理解,增进顾客对无形购买的信任感,消减顾客购前难以估测的金钱、社会和安全的感知风险,甚至顾客感知的价值就是企业品牌本身(白长虹,范秀成,2002)。对产业市场而言,Dion和Banting(1995)研究表明,工业品市场上购买企业相对于供应商本身来说明显更加忠诚于产品品牌。对此可能的解释是一些产品品牌含有购买企业运作需要所依赖的特有的功能和特性,在这种情况下购买企业更换品牌会面临转换成本和采购风险的问题。然而,虽然工业品市场采购风险较高,在他们的研究中发现仍然有24%的购买者在寻找替代供应商。Mndambi,Doyle和Wong(1997)认为,对于工业品市场上的顾客而言,供应商品牌和声誉(这两者通常是相得益彰的)常常比产品价格更有影响力,而且工业品供应商通过人际关系、强化售后服务和品牌效应,可以维持相当的价格差。

此外,在顾客价值驱动因素的研究中,最重要的一个发展是关系营销视角或理论范式的研究。Gronroos(1997)认为,顾客在感知价值时除了关注企业供应物以外,还关注相互间的整体关系;顾客价值不仅来源于核心产品及其附属服务,还应包括维持关系的努力,企业可以通过发展良好而持续的顾客关系来创造顾客价值。Gwinner,Gremler and Bitner(1998)认为,关系利益是客户从长期关系中得到的超越核心服务之上的利益。具体包括:(1)社会利益,包括熟识情感,人际认知,友谊,客户与雇员之间的高度人际接触、和谐和社会支持。(2)心理利益,包括对对舒适和安全的感知,信任和较低的焦虑。(3)经济利益,降价、免费服务项目、非货币的时间节省。(4)特殊对待利益,如优惠待遇、附加的服务。一些学者还对顾客与供应商的关系发展提出了许多看法。

　　例如,Kumar 等人(1997)认为,供应商的可靠性(Reliability)和友善(Benevolence)是在信任和义务的基础上发展关系的两个关键因素。通过可靠性和表现出来的友善可以提高供应商创造顾客价值的能力。Fred 和 Kjell(2000)所做的研究指出,情感反应在买卖双方的关系中存在,并且供应商可靠性和友善的情感和满意的反应强烈影响顾客对供应商忠诚的行为目的。他们认为,供应商的可靠性强烈影响满意,随后购买者希望保持关系并且倾向于为供应商做口头宣传。缺乏可靠性会造成消极的情绪,使顾客产生消极影响(即不喜欢),随后减少忠诚的动机。与可靠性相比,供应商友善呈现出不同种类的反应,它只是间接产生积极影响并由此影响忠诚行为。Richard(1997)指出,感知可靠和友善是一个潜在的创造积极影响的"促进因素"。Biong(1997)等人认为,现在大部分的公司强调发展可靠性是由于 ISO 认证过程的需要。然而,在工业品市场上,友善的行为体现了顾客的价值,友善的影响与可靠性的影响同样强烈。因此供应商应该注意在买卖关系中管理可靠性和友善行为。Fred 和 Kjell(2000)认为,加强友善的一种方法是,第一线销售人员有权力灵活处理顾客的问题;另一种方法是建立重视友善行为的企业文化。供应商无需遭受损失,只是要试图灵活地创造性地找到好的解决方案使双方受益。重要的是要让顾客感受到供应商在关注他们的问题,并且他们以类似朋友的方式来积极帮助顾客。

　　国内一些学者也对顾客价值的影响因素进行了探讨。例如,马云峰,郭新有则给出了顾客价值的一级驱动因素、二级驱动因素和三级驱动因素,如表 3-1 所示。

表 3-1　顾客价值的三级驱动因素

	一级驱动因素	二级驱动因素	三级驱动因素
顾客价值	产品因素	质量	实物产品、服务产品、服务提供、服务环境
		价格	价格竞争、折价减价
		便利性	地理位置、方便使用、可获得性
	品牌因素	品牌认知	传播信息、传播媒体、传媒组合
		品牌态度	信息沟通、特殊事件、品牌延伸、品牌合作、产品展示、名人签名
		品牌道德	公益事业、隐私保护、环境保护、善待员工、产品承诺
	关系因素	情感氛围	特殊奖赏、特殊对待
		情感联系	联谊活动、记忆价值、经历价值
		转移成本	常客回报、学习曲线

资料来源：马云峰、郭新有：《论顾客价值的推动因素》，《武汉科技大学学报》2002 年第 4 期。

第二节　行为驱动因素

从上述内容中可以得知，顾客价值的属性驱动因素可以总结为五个部分：质量因素、服务因素、成本因素、品牌因素和关系因素。但随着有关顾客需求、顾客价值实践等活动的开展，以及顾客价值研究特别是顾客价值测量与管理研究的不断深入，很显然，在创造和传递顾客价值的过程中，单纯地依靠提高产品质量、改善服务、降低成本、发展品牌和建立关系等方式是远远不够的。企业必须通过对顾客需求及其偏好的深入理解以及与顾客持续的互动，从多角度进一步探讨顾客价值的不同来源。事实上，许多其他的多维结构包括企业的市场导向、结构与流程、组织学习、管理授权、组织创新以及价值链等行为要素都与顾客价值存在着不同程度的相关性。

Slater 和 Narver(1990)指出,为了持续创造卓越的顾客价值,企业必须建立有利于培植其核心能力的市场导向的企业文化。Simpson 等人(2001)认为市场导向的行为目的是为了向顾客创造优异的价值,而顾客价值创造过程中的活动或行为也会影响顾客感知利失和顾客感知利得,进而对顾客价值产生正面或负面的驱动作用,而优异的顾客价值往往可以促使顾客更大程度的投入、更强烈的合作意愿和满意度,从而使企业获取更有价值更深入的顾客价值驱动因素的信息和增强其交付优异顾客价值的能力。因此供应商的市场导向活动构成了顾客价值的行为驱动因素之一。

美国生产力与质量中心(APQS)研究 100 多家企业后,发现不断系统的组织学习,善于集成和运用知识,可成为创造顾客价值、获取顾客价值的重要来源。知识这里泛指顾客和组织相互间促使消费的经验的积累,它包括顾客的消费经历和体验的累积,也包含组织为顾客服务经验的累积。知识的最大特点就是其学习性,顾客可以通过这种知识的学习提高他们对于价值的判断,加强自身消费的过程性体验;而企业则可以通过这种知识的学习提高和改善为顾客服务的质量,增强顾客价值的创造力,完善顾客价值的传递效果。

具体而言,有五条基于知识的途径可用以建立顾客价值。①知识直接作为产品,例如顾问服务、数据库;②知识转换,如学习绩效优异单位的最佳经验;③围绕顾客的知识集成,如数据采集、运用数据库信息,对顾客要求的个别化反应;④基于知识的个人责任,授权一线服务员工拥有必要的信息和能力去解决顾客问题;⑤智力资产管理,运用专利、特许权和技术专长为顾客和公司创造价值。另外,顾客对消费体验的自我学习,也会从顾客价值的创造和传递的对立面驱动顾客价值。因为顾客消费知识的增强,提高了他们的价值判断水平和需求,使得他们越来越挑剔,这种信息传递给组织,就迫使组织来系统学习顾客价值的变化趋势,以此来适应顾客价值的变化。这种驱动模式实际上还是以组织为主,顾客学习只是起到一个推动的作用,是组织学习的驱动力量。实际上,只有一个重视、善于研究顾客学习的组织,才知道组织自己该学习什么,才能创造卓越的顾客价值。

为了摆脱对价值的狭隘理解,美国管理咨询委员会在1997年的一份报告中提出了价值的四个来源:

(1)使商业流程最优化并且将时间视为一种有价值的顾客资源。比如,企业的顾客服务流程的合理性、企业内部各组织部门在价值传递中的协调性等等。

(2)授权给员工使他们能够很好地为顾客服务。比如,培训好客户服务部的员工使他们能更有效更好地处理顾客的投诉问题。

(3)产品、服务和技术的竞争特性与收益,降低生产故障。比如,提供系列产品,或者提供具有独特特点和性能的产品。

(4)支持随时为顾客提供帮助。比如,信贷、交货或修理等等。

一些学者认为,企业内部因素的外化会很大程度上影响服务价值的创造。企业文化、经营理念以及员工的知识水平、业务能力、工作作风具有外化特性(见图3-1),而这种外化会影响顾客对服务价值的感知,从而影响服务价值的传递效果。其可能的原因是,服务价值需要以企业的员工作为载体实现传递,而企业的员工却又要受到企业文化、企业的经营理念影响。在此基础上,一些学者认为企业的创新能力和活动,如组织创新、文化创新、技术创新、知识创新和管理创新对顾客价值具有间接驱动作用。

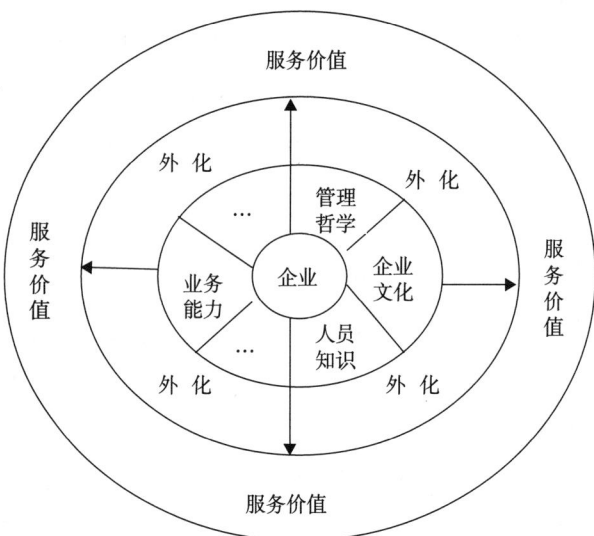

图 3-1 企业内部因素的外化

班瓦利·米托,贾格迪青·谢兹是最早研究顾客价值结构的学者,他们从顾客价值的构成来认识顾客价值的影响因素,并提出了顾客价值的空间模型。顾客价值空间模型将顾客价值分为价格、效用和个性化三个子空间,每个子空间内又进行了拓展,将其细分为很多价值要素活动和能力。如表 3-2 所示。

表 3-2　顾客价值提升空间的驱动因素

顾客价值提升空间		
效用价值空间	价格价值空间	个性化价值空间
质量驱动因素 ·从顾客的角度定义质量 ·为质量部署科技实行持续改进计划 ·对人力资源加以投资 ·对优异表现加以奖励和回馈 创新驱动因素 ·勇于创新的文化 ·鼓励并奖励小组研发 ·研究与实用结合 ·强烈的未来导向 个人化驱动因素 ·拥有深入的顾客相关知识 ·大量定做的产品流程 ·员工广泛的技术基础	合理价格驱动因素 ·为目标成本而设计 ·较佳的原料来源与国外采购零件 ·供应商伙伴 超值驱动因素 ·低成本厂址 ·资产利用管理 ·零库存的生产方式 ·产制程序再设计 ·自动化与科技发展 ·大量定做	容易取得因素 ·无所不在的据点 ·全天候营业 ·各种接触渠道 ·零等待时间接触 快速回应驱动因素 ·第一线信息系统 ·训练完善、授权充分的服务人员 ·顾客满意度调查 ·弹性资源 关系培养驱动因素 ·以留住顾客为导向 ·将顾客数据库信息化的能力 ·决不投机的行为伦理标准 ·社会连接

　　Simpson,Siguaw 和 Baker(2001)根据顾客价值是顾客感知利得与感知利失之间的权衡,认为顾客价值的驱动因素主要包括两大类:感知利得和感知利失,从供应商的市场导向行为和价值导向行为具体阐述了增加顾客感知利得和减少顾客感知利失的路径,并且从供应商角度上构建了顾客价值驱动模型(如图 3-2)。

　　一些学者还对顾客价值的驱动因素与其动态性之间的关系进行了研究。Flint 和 Woodruff(1997)等人提出了一个顾客价值变化的驱动因素模型。他们认为,顾客价值之所以具有动态性的特征,都是由驱动因素所引起的。他们将价值概念区分为价值观、顾客期望价值和价值判断,提出不同的驱动因素导致不同

供应商的价值导向活动
· 相关因素
忠信行为、伦理价值
合作规范、职业道德
及时、智能化的沟通
紧密的经营接触
· 产品/质量/价格因素
可靠高质量的产品
竞争性定价与生产能力
有利可图的产品
技术领先的革新性设计
新的/改进的产品生命周期
对竞争的快捷反应
· 营销因素
高效的分销设施管理
迅速、准确的订货处理
快捷而可靠的送货管理
及时供货和周转
广阔的分销覆盖面
强大的促销支持
客户关系的管理质量

供应商的市场导向行为
· 获取顾客和竞争对手信息
· 实现内部的信息共享
· 理解和运用市场信息
· 提供定制化的产品与服务

顾客感知利得的增加
顾客价值
顾客感知利失的减少

顾客感知价值的结果
· 顾客投入的增加
· 顾客协作的增加
· 顾客满意度的增加

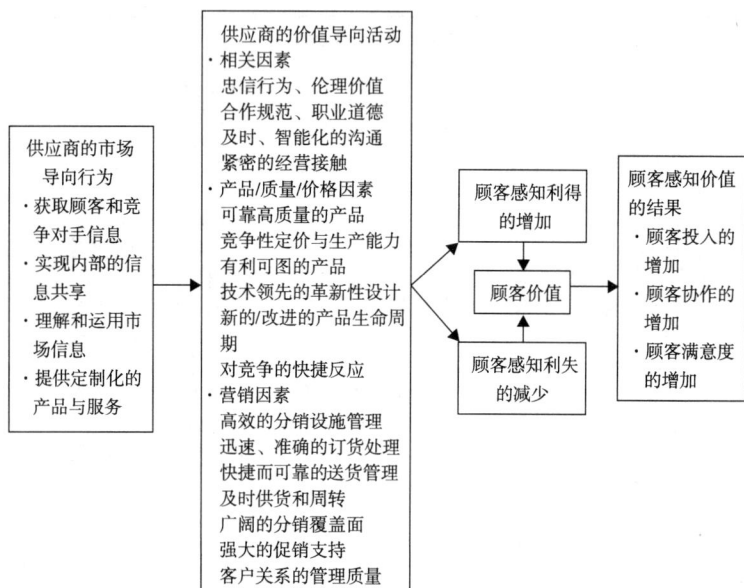

图 3-2   价值驱动行为模型——基于供应商观点的考察

资料来源:根据 Penny M.Simpson,Judy A.Siguaw and Thomas L.Baker.A model of value creation:supplier behaviors and their impact on reseller-perceived value.Industrial Marketing Management,2001,Vol.30:123.杨龙、王永贵:《顾客价值及其驱动因素剖析》,《管理世界》2002年第6期等相关资料绘制而成。

价值概念的变化,进而导致顾客满意及顾客忠诚的变化。在驱动因素模型中,他们把所有因素划分成三大类:供应商的变化、顾客的变化以及环境的变化。他们认为,由于环境、组织的动态性而导致顾客产生压力,而压力正是导致顾客期望价值变化的主要原因,因为顾客压力将会使得消费者依赖于供应商来减缓这种压力,当这种需要越来越紧迫时,他们就可能会改变原有的期望价值。

第三节 环境影响因素

市场经济条件下,任何经济实体都生存于一个相互联结的社会网络之中。企业为顾客创造价值的努力必须得到相应的环境支撑。外部环境对顾客价值创造的影响,其内容主要概括为两个方面:一是一般环境要素对顾客价值的影响,如政治因素、经济因素等;二是具体环境要素对顾客价值的影响,如供应商、竞争等。

首先,顾客价值要受到人口、经济、自然、科技、政治、文化六个方面的影响。其中,人口因素对顾客价值的影响比对其他方面的影响更为直接,随着人口寿命的延长,人口老龄化趋向越来越明显,值得企业更多的关注,整体地看,顾客价值更多地指向同老年人相关的产品和服务。另外,家庭结构的变化,大家庭的不断减少,三口之家数目的不断增多,都使顾客价值相对以前有了显著的变化。在经济因素中,经济繁荣时,人们普遍收入提高,对产品价格的承受能力增强,愿意也能够付出更多的顾客成本,对高档商品的需求增加。而当经济衰退,人们收入减少时,对顾客成本的敏感度提高,更愿意购买低价商品。自然环境也越来越多地受到人们的关注,空气和水的污染对人体健康的影响已经被明显感觉到,另外温室效应、臭氧空洞等问题也在引起人们的焦虑,可持续发展成为企业行为的导向,这一切都使企业在提供产品价值的方式方面越来越考虑对环境的影响。文化因素对顾客价值的影响尤为直接,人们成长于特定的社会中,文化环境塑造了人们的价值观和基本信仰。而价值观和信仰是通过人们对外界环境的看法表现出来的,反映在消费产品方面,表现为不同的价值取向,如美国人有钱之后喜欢周游世界,而中国人更喜欢把钱储蓄起来,备不时之需,不能说哪种价值取向更好,但企业应根据顾客不同的价值取向供应不同的产品,来获得顾客的选择。科技进步对产品成本的影响至关重要,降低产品成本意味着产品价格的降低,意味着可以有更多的人能够消费此产品,满足需要。政治环境对顾客和企业都有影响,特别是政治环境中的法律因素对顾客和企业的行为既起着保护的作用,也起着限制的作用。企业和顾客都应该学会利用法律保护自己的合法权益,同时避免走入法律的禁区。

其次,外部具体环境要素,如企业的外部利益相关者对企业的顾客价值创造也会带来一定的影响。例如,企业的供应商情况影响企业产品的效率和性能,顾客对产品的使用环境影响产品价值的正常发挥,企业面临的市场竞争状况影响顾客的购买成本和服务质量等。

第四节　总结与评价

从以上综述可以看出,顾客价值创造要受到属性要素、行为要素和环境要素的驱动和影响。其中,属性驱动因素包括:质量因素、服务因素、成本因素、品牌因素和关系因素等;组织行为驱动要素包括:市场导向的组织文化和活动、组织学习与顾客知识管理行为、价值流程、组织结构、员工的知识水平、业务能力和工作作风、企业的创新能力和活动以及企业在厂址选择、采购、研发、生产、物流供应、库存、营销和服务等环节所表现的价值创造能力和活动;环境影响要素包括一般环境和具体环境因素等。

顾客价值影响因素的探讨较为全面地揭示了顾客价值的构成

和与其他概念之间的关系,为创造和管理顾客价值提供了理论指导。但是,以往顾客价值影响因素的研究也存在许多不足之处。

首先,从研究视角来看,尽管涉及企业和社会视角,但主要侧重于从供应企业角度来探讨和分析,未将顾客的个人因素充分考虑进去,不是从顾客角度进行定义和认识,而是从企业角度进行识别,这就可能导致顾客价值识别的偏差,即企业所识别的价值并不一定是顾客所感知的价值,那就可能和顾客实际感知的价值不一致,甚至可能是价值识别的失败。因为顾客的感知价值是顾客的一种主观的心理感受,这种感受不完全是有企业说了算,还需要顾客来判断企业提供的产品或服务是值还是不值,对处于不同行业、不同地区、不同收入水平、不同教育程度及文化、不同成长环境的顾客,即使面对相同的产品或服务,其感知是不可能是完全一样的,甚至可能会采取完全相反的行为。所以本研究认为顾客感知价值离不开顾客个人特性的影响,当然也不否认企业行为对顾客感知价值的作用。

其次,从企业角度来认识顾客价值,主要考虑了产品、服务、品牌、关系等属性因素以及组织学习、创新、价值活动等行为因素,并没有系统思考这些因素后面的决定因素,即组织要素和企业能力要素,更没有系统分析组织要素和能力要素与顾客价值之间的关系,也没有指出影响顾客价值的关键企业能力,因而以上分析对企业创造和管理顾客价值难以产生持久的、有效的和根本性的作用。

第四章　企业能力与顾客价值关系的理论建构:组织要素的视角

第一节　概念界定

为了了解顾客价值与组织要素或组织系统之间的相互关系,首先必须认识和了解企业组织以及企业组织的构成(这里包括构成要素或子系统)。只有充分认识和识别企业组织的性质和具体组成,才能进一步分析组织要素、组织系统与企业能力的关系,探讨组织内的各个要素对顾客价值的相对影响。

一、企业组织要素

(一)企业组织的构成要素

传统组织理论认为,虽然不同的企业组织表面差异很大,但却具有共同的构成要素:活动、技术、制度与目标。其中,活动就是一种变换,即接收某一种类型的输入,在某种规则控制下,利用某种转换方式,经过变换转化为输出,可表示为:活动={输入、处理规则、转换方式、输出}。技术就是活动执行过程中的转换方式。不同的企业组织具有不同的技术,即使同一企业组织中的技术也多种多样,但任何企业组织都存在着特定的主导业务技术。制度是决定人们在活动中相互关系的任何形式的制约,它是活动执行中的处理规则,它包括正规制约(如书面的规章制度)和非正规制约(如习俗和行为准则)。组织是制度的载体,即制度通过组织而体现,组织是在一定的制度下设立的,并通过一定的制度而运作。目标是组织奋力争取达到的未来状况。任何一个组织都围绕着一定的目标而建立,组织目标是组织活动的动力,组织则是实现组织目标的有效方式。

随着商业环境的不断变化和日益复杂以及管理思想的不断发展,组织构成的四大基本要素在表现形式或内容上有了新的变化和发展。例如,"活动"除了以前所包括的价值链内容以外,现阶段特别突出了流程优化与再造、组织设计与再设计、组织学习、文化重塑与管理重组等内容;"技术"也不在限制于以前的生产环节,现在更注重在采购流通、售后服务等环节的技术开发与应用,出现了诸如 CRM、BTOB、BTOC、SCM 等新的技术工具,不仅注重技术、技能和工艺的开发,而且关注组织知识的积累、共享和运用;"制度"在现阶段特别突出制度的软性成分,如培育企业文化、以人为本的管理理念等;"目标"以前侧重于企业利润,如投资回报率、资产报酬等财务指标,现在许多企业把利益相关者的利益同企业利益相结合起来,采用平衡记分卡考核思想来实现各种多元化目标。

(二)构成要素之间的关系

活动、技术、制度与目标四个基本要素是相互联系、相互影响的,它们在相互作用中联成一个有机整体,即形成实际运行的企业组织。其中,技术体现了一种及物(产品)的关系,在把资源从投入向产出的转化过程中,技术体现为这种转化的效率。核心技术作为企业组织存在的关键,其特性决定了企业组织的性质,规定了企业组织中人与物的关系。制度是活动执行中的处理规则,它保证了组织中人与人之间的关系。在技术与制度之间,存在着一种二项对立关系:一方面,一定的技术要求一定的制度与之相配,不相配的制度会影响技术潜能的发挥;另一方面,技术的变更和进步会推动制度的改进,一种优化的制度总是要通过技术的最充分使用才能体现(钱平凡,1999)。在此二项对立中,活动是联系它们的中介或第三项,实现了它们之间关系的转换。在企业组织中,活动总是遵循一定的制度,运用一定的技术,为一定的目标服务,活动是制度和技术的载体或体现;同时,它也直接或间接与目标相关联。目标在组织中居于核心地位,它与其他诸要素活动、制度与技术都形成一种二项对立关系:一方面,活动、制度与技术并非总是最优化的,它们与目标又并非总是处于和谐状态,往往影响目标的实现,并使目标产生自我调节。另一方面,由于企业外部环境的变化而引起目标根本性的改变,那么就会导致整个系统的解体与重新建构,这时不仅是目标变了,而且技术、制度、活动都要变,系统就会成为一种新的系统结构,企业组织也就会成为一种新的组织形态。根据上述分析,我们可以建立活动、目标、制度和技术之间的结构关系,如图4-1所示。

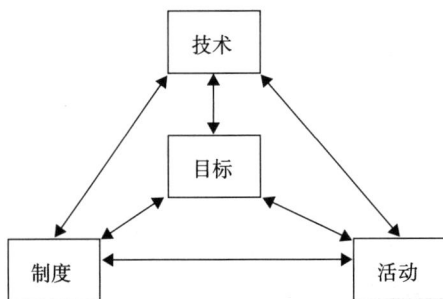

图4-1　企业组织整体结构模式

二、企业组织系统

企业组织首先是一个系统,并且是一个开放的动态系统①(饭野春树,2004)。企业组织的这一固有特性要求必须用系统分析方法来认识与研究组织系统(钱平凡,1999)。在组织领域中用系统方法进行研究的代表主要有:巴纳德、卡斯特和罗森茨韦克以及帕特尔特、纳德诺和屠斯曼等。

巴纳德把组织定义为"两个或两个以上的人有意识地协调各种活动或力量的系统"②。巴纳德认为,作为协作系统的正式组织,其成立必须具备:协作的意愿、共同的目标和信息的联系三个基本组织要素。所成立的系统必须在环境中维持有效性(effectiveness)和效率(efficiency),有效性是组织目的的达到程度,效率是组织成员动机的充足程度。巴纳德认为,正是因为组织三要素以及效率和有效性的共同作用,才能使不同的组织成员参加到一个组织中来,并且为实现组织的目标而作出贡献,从而使组织成为一个完整的整体。

卡斯特和罗森茨韦克把组织系统看作是环境大系统中的一个子系统,同时自身又由多个分系统组成。组织从环境超系统中接受能源、信息和材料的投入,通过转换,并向外部环境输送产出(如图4-2所示)。

---

① [日]饭野春树:《巴纳德组织理论研究》,王利平译,上海三联书店2004年版,第60页。巴纳德认为,系统是持有各部分与包含于其中的其他全部部分相互依赖的关系,因此应该把系统视为一个整体。这样就可以知道系统并不是简单的各部分的合计,而是一个全新的整体。此外,虽然在传统理论中有时也把组织简单地表现为"工作系统",但是在传统理论中并不存在系统的观点。

② [日]饭野春树:《巴纳德组织理论研究》,王利平译,上海三联书店2004年版,第60页。

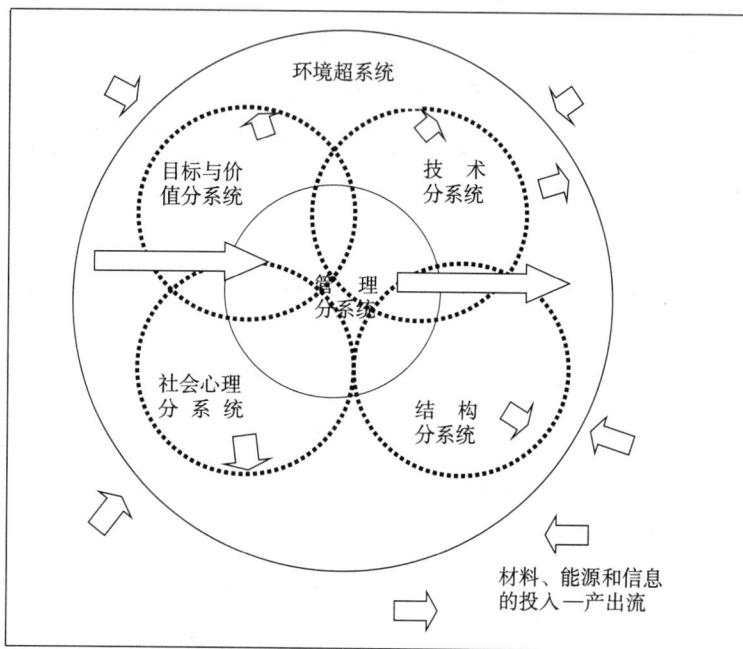

图4-2　卡斯特和罗森茨韦克的组织系统示意图

资料来源：[美]F.E.卡斯特、J.E.罗森茨韦克：《组织与管理——系统方法与权变方法》，傅严译，中国社会科学出版社2000年版，第134页。

卡斯特和罗森茨韦克认为，组织的目标和价值分系统是这些分系统中较为重要的分系统之一。组织的很多价值观来源于较为广泛的社会文化环境。因此，作为社会分系统的组织必须达到某些由更为广泛的系统所决定的目标。技术分系统是指完成工作任务所需要的知识，包括在将投入转换为产出时所运用的各种技术。它取决于组织任务的要求，而且随特殊活动的变化而变化。社会心理分系统由相互作用的个人和群体所组成。结构分系统关系到组织工作任务分工（差异化）和协作（整体化）的方式方法。组织的结构分系统是技术分系统和社会心理分系统的联系纽带。管理分系统联系着整个组织,它使组织与外部环境发生联系。

帕特尔特(T.A.Petlt)把组织系统看作是由技术子系统、组织子系统和制度子系统构成的,他以此建立了他的组织系统模式,如图4-3所示。

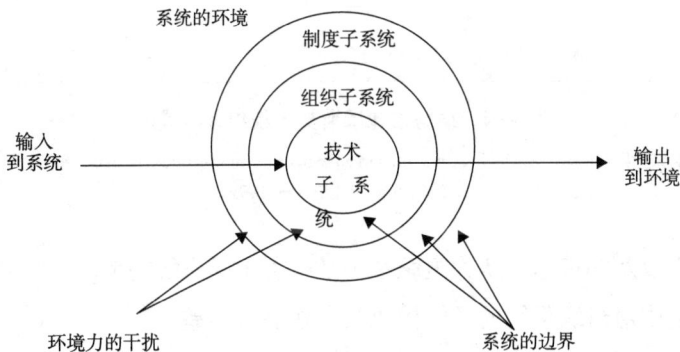

图4-3　帕特尔特的组织系统模式

资料来源:T.A.Petlt,A behavioral theory of management,Academy of Management Journal,1976,No.10,P.349.

美国三角咨询集团(Delta Consulting Group)总裁纳德诺(Nadler)博士和哥伦比亚大学教授屠斯曼(Tushman)博士在分析20世纪90年代组织变化时提出了一个组织系统模型,如图4-4所示。他们把组织看作是由工作、人、非正式结构和流程以及正式组织安排四个要素构成的一个相互联系相互作用的系统,它们再与环境进行相互作用从而构成一个动态、开放的社会系统。

以上学者都把企业组织看作是一个开放系统,但在具体构成上存在认识差异,基本上可以划分为两类。一类是巴纳德、纳德诺和屠斯曼认为组织系统是由要素构成的,另一类是卡斯特、罗森茨

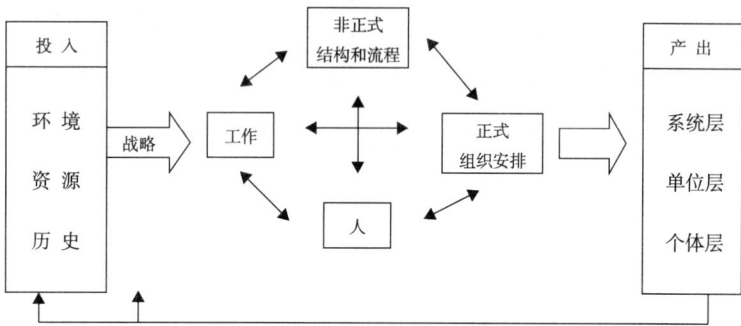

图4-4 纳德诺和屠斯曼的组织系统模型

资料来源：David A. Nadler, et al. Organizational architecture：designs for changing organization.Josser-Bass Inc.,Publishers,1992,P.54.

韦克以及帕特尔认为组织系统是有若干子系统构成的。而且在每类中对组织系统的具体构成又存在显著的差异。

巴纳德特别强调组织系统中人的要素,而忽视了其他要素的存在。将技术因素、工作本身、结构和流程等都是组织系统不可或缺的要素从组织系统中排除出去,认为组织的三个基本要素是协作意愿、共同目的和信息联系,因此他以部分代替整体来进行分析,未能把握住组织系统的本质。纳德诺和屠斯曼的组织系统模型中纠正了巴纳德的缺陷,认为组织系统包括人和物的因素,而且将组织中的物的因素确定为工作、非正式结构、流程和制度,将组织概念具体化,对现代企业组织的设计和变革具有重要意义。

卡斯特、罗森茨韦克从组织系统的理想化状态或从理论角度来看待组织系统,将组织系统理想地分成五个子系统,这种分析方法全面而系统地认识到组织的复杂性,但不易于实际运营和管理;而帕特尔从组织系统的实际运作角度来考察组织系统,把组织系统分为三个子系统,这种分析方法有助于理解组织系统的运行机理,但无法把握住组织系统的本质。

三、企业能力

现代企业能力理论认为,企业是一个能力系统。每个企业在生产经营过程中,都会建立起一定的能力系统,并运用该系统生产产品或服务来满足顾客的需求,为顾客创造价值。不过,不同企业的能力系统的功能、性质是千差万别的,其适应环境的能力也各不相同。为保证企业能力与顾客价值之间的匹配,建立或维持竞争优势,必须根据顾客需求的变化,对企业能力结构进行动态的调整。

(一)企业能力的结构

企业能力的结构,就是指企业能力系统的空间和时间网络。Henderson 和 Cockburn(1994)认为,企业能力系统包括两个方面的能力:元件能力和构架能力。从能力的知识特征来看,元件能力是指元素知识,是关于企业所涉及的各层次构成元件(如环境元、子公司、职能、技术元等)的知识,这是企业能力系统的基本构成要素,是掌握与运用能力的基础。构架能力是构架知识,它包含两重意义:一是关于企业所涉及的各层次构成元件之间(如环境元之间、各职能之间、各技术元之间等)的关系的知识,二是各层次能力元之间的相互关系的知识。也就是说,它既包括有关各层次构成要素之间关系的知识,也包括运用能力元的能力,能够以创造性的方式整合它们,发展新型能力元与能力构架。

Collis(1994)等人认为,企业能力是分层级的。Winter 和 Helfat 及 Peteraf(1982)早期的研究将企业能力描述为实践惯例的层次,由低层次、操作层次的组织知识和技能,以及协调这些知识和技能的高层次的机制组成。与这种分层相类似的还有对于"静态惯例"(复制先前一定任务的能力)和"动态惯例"(指导学习和新产品及流程开发)的区分。

在此认识上,Winter 和 Helfat 及 Peteraf(2003)后来将企业能力划分为动态能力(dynamic capabilities)和运作能力(operational capabilities)两类。Winter 认为运作能力是"零水平"的能力,它帮助确定企业能够做什么,它存在于企业的固定流程中,能够确保一定的组织绩效水平。运作能力往往在很大程度上依赖于组织现有的知识基础,动态能力更多的是依靠及时的、反映环境变化的新知识。根据 Teece 等的定义,动态能力是指"企业整合、建立与重构内外部竞争力以引导快速变化的环境的能力①"。动态能力反映了组织适应环境变化的能力;相比之下,运作能力则反映了组织维持正常运行的能力。因此二者之间是一种相互依赖相互补充的关系,对于任何企业而言两者缺一不可。

王毅、陈劲、许庆瑞(2000)等人在扩展 Henderson 构架概念的

---

① Teece,Pisano 和 Shuen(1997)以组织过程、位置和发展路径三个要素来过构建其动态能力理论框架。(1)组织和管理过程(Organizational and managerial process),即企业处理事情的方式和惯例、当前实践和学习的模式。他们认为,组织过程具有整合、学习、重构和转变等三个重要作用。(2)位置(Position),即企业当前所拥有的技术、智力产权方面的禀赋、客户基数、与上游和供应商关系等。一个企业的能力不仅取决于其组织过程,而且取决于其特定的资产。这些资产在很大程度上都是企业内生的,是企业在经营过程中积累起来的。(3)发展路径(Path),即有利于企业的战略选择和未来发展机会的吸引力。企业能力的发展具有路径依赖性,路径依赖的实质是承认历史的重要性。企业能够向哪里发展受制于它目前所处的位置和前方的路径,而它目前的位置又是它过去走过的路径塑造的。换句话说,一个企业的历史制约着它未来的发展。

基础上,从能力载体和综合程度的角度,把企业能力分为三个层次:技术整合层能力、企业层能力和经营环境层能力。技术整合层又可以分为学科知识、技术、产品和产品核心四个亚层。经营环境层能力就是对环境的认知与反应能力,即识别社会与技术发展动态,积极利用政府、供应商、用户、竞争对手、替代品制造商、大学、研究所等与他们进行有效合作,营造良好的企业生态环境的能力。企业层能力包括战略管理能力、管理意识、核心人才管理、企业研究开发能力、制造能力、营销能力等。

波特认为,企业是一个价值创造系统,而企业能力是实现这一过程的核心,任何企业都是一个通过一系列的价值创造过程来满足顾客的需要,同时获得自身利益的系统,都是在设计、生产、销售、发送和辅助其产品的过程中进行种种活动的集合体。所有这些活动都可以用一个价值链来表示,价值活动可以分为基本活动和辅助活动两大类。王锡秋博士(2003)从价值创造视角,利用波特的价值链提出了企业的能力结构图,参见图4-5。他认为,不管是基本活动还是辅助活动,都是企业价值创造过程中不可或缺的必要环节,企业要进行这些活动,就必须具备相应的能力。由于企业的价值创造活动包括基本活动和辅助活动两大类,相应地,企业能力也可以分为基本能力和辅助能力两大类。基本能力包括研究与开发能力、供应链管理能力、生产能力、营销能力、物流能力和服务能力;辅助能力主要是人力资源管理能力、财务能力和企业基础设施管理能力(即除了人力资源管理和财务管理以外的其他辅助能力)。

每个企业,都是通过整合、运用各种能力来实现某些功能。当然,各种功能的重要程度并不相同,那些关系到企业生存和发

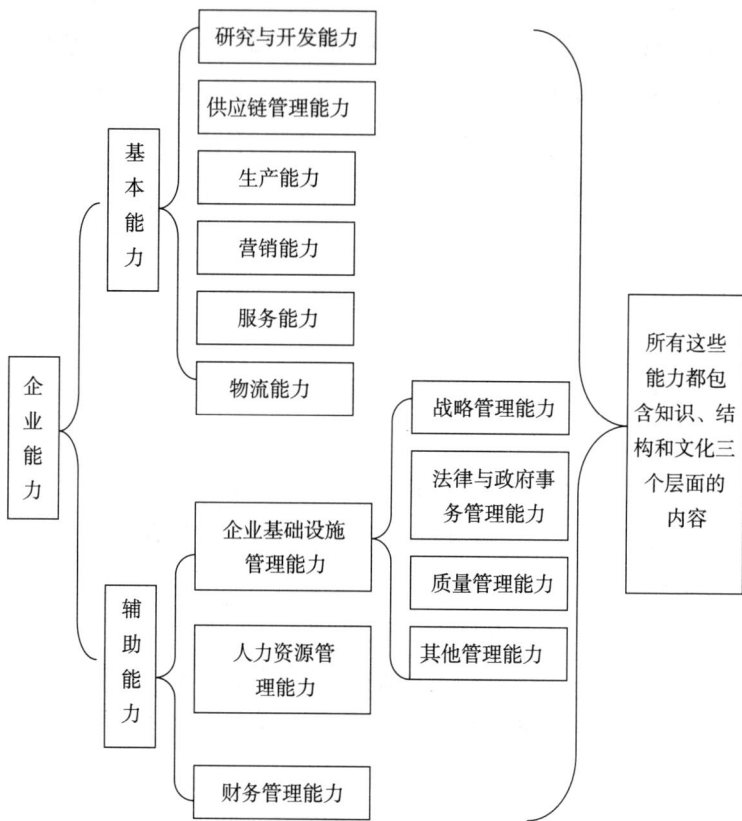

图 4-5 企业能力结构体系

资料来源：王锡秋、席酉民：《企业能力创新与国有企业改革》，《学术交流》2002 年第 1 期。

展的功能可以称为核心功能。企业要实现的功能特别是核心功能不同，需要的能力结构也就不同。当企业面临的环境发生变化，或企业目标发生变化时，企业的功能就会发生变化。即使功能不变，在新的环境下，为实现同样的功能，往往也需要新的能力结构。

关于企业能力结构的变化,结合王锡秋、席酉民(2002)的观点①,本研究认为,从企业能力结构的功能的角度,可以将企业能力结构分为四种类型:

(1)以生产为核心的能力结构。这种结构主要存在于计划经济体制和卖方市场格局中,在这种背景下,企业不是市场的真正主体或者企业不需要关注市场的需求变化,不需要担心产品的销售和流通环节,企业的核心功能是完成上级交给的任务或提高生产效率,因而企业能力结构的核心是生产能力。

(2)以销售为核心的能力结构。随着企业体制改革的推行和深入,以及生产力的发展,社会产品的越来越丰富,市场逐步从卖方市场向买方市场的转化,市场竞争越来越激烈,许多企业开始重视产品的销售和推销能力的培养,逐渐形成了以销售为中心的能力结构。

(3)以营销为核心的能力结构。随着买方市场格局在广度和深度上的进一步扩大和推进,以及国外资本的大量进入,企业竞争日益激烈,竞争手段也层出不穷;另一方面,消费者购买心理和行为的不断成熟和理性化以及消费偏好的个性化、多样化。在这种新的环境下,以销售为核心的能力结构无法保证企业的生存和发展,企业必须改变竞争理念,调整经营方式,从漠视市场到重视顾客满意,逐渐形成了以营销为指导的能力结构。

(4)以顾客价值为核心的能力结构。随着顾客时代的到来,顾客权力在商务市场中得到进一步增强,现代企业之间的竞争逐

---

① 王锡秋、席酉民(2002)等以波特的价值链理论为基础,通过对中国企业能力结构的演化过程分析,将企业能力结构分为:以完成任务为核心的能力结构、以销售产品为核心的能力结构和以追求顾客满意为核心的能力结构。

渐凸显为顾客之争。现代营销理论认为,顾客价值是现代营销理论的核心,影响顾客购买决策的关键因素在于顾客价值,顾客价值是顾客选票投向的决定指标。因此,争夺顾客,更大程度上取决于企业为顾客创造和传递价值的多少。另外,Kim 和 Mauborgne(1997)认为,顾客价值理念能帮助企业走出传统的竞争思维陷阱,关注"做不一样的事",为企业战略创新和价值创新开辟新的空间,摆脱竞争"红海"。为此,许多企业开始意识到顾客价值对企业生存和持续发展的战略意义,逐渐改变和调整以往的战略目标,培育新的能力体系,将为顾客创造优越价值置于能力结构的核心。

(二)评价

综上所述,在有关企业能力结构的研究文献中,Henderson 等人对企业能力结构的划分,主要从空间和时间的角度考虑了企业能力结构;基于波特理论对企业能力结构的划分,主要是从价值的角度出发考虑企业的能力结构问题。这两类对企业能力结构的分析,基本上都属于一种内在的分类方法,即从企业自身的角度,按照企业能力结构的构成要素的类型,对企业能力进行了分类,这种分类有利于企业对能力进行内部的管理和整体把握。但这些分类方法没有将企业能力与顾客价值连接起来,因此,我们无法从企业的能力结构中看出企业的各项能力在满足顾客需求、为顾客创造价值的过程中所扮演角色的重要性,因而在对企业能力进行管理的过程中,难以准确把握管理的重点。席酉民、王锡秋的分析,考虑到企业能力结构与市场之间的联系,但没有对能力结构本身进行剖析,也没有对能力结构进行量化的分析和研究。因此,对企业的能力结构进行分析的目的,是要确定企业能力结构与顾客价值之间是否匹配,如果存在不匹配,就应分析原因,并采取相应的措施改善或改善企业的能力结构,以实现两者之间的匹配。

第二节　企业能力与组织要素的关系

一、企业能力来源于组织要素

企业能力理论将资源、能力、知识、资产、惯例等要素都作为其分析对象,相继诞生了一些新的概念,如核心能力、动态能力、独特流程、组织惯例、组织学习和组织知识等等。但是,长期以来,理论界对企业能力的来源并没有统一的定论。

Durand(1997)提出,能力不仅包括组织中可以获得的各种资产、才能、知识、技术诀窍、技能与设备,还包括以上资产与技能的协调配置。协调是能力的关键要素,协调配置代表具有整合作用的能力元。他认为,能力包括以下五个要素:卓越资产,包括各种有形与无形资产,如设备、软件、品牌等,它们不需要转移人力资源或重要的认知输入就可以获得或出售;认知要素,包括个人与群体知识与技术诀窍、个人技能、技术与专利等,它们部分为显性的,部分为隐性的;程序与常规,使组织运行的协调机制,把个人行动融合于集体职能之中;组织结构,它或加强或妨碍企业适应变化的能力;行为与文化,企业共享的价值观与信念、习俗、禁忌等,企业文化是融合个人与群体的粘合剂,它也许是企业能力的关键因素,而且认为程序、组织结构、文化都是对资产和技能进行协调的机制,这是一个有价值的理论观点,值得充分肯定。

Teece等(1997)认为,所谓企业能力同时包含了一些相对动态或静态的特定要素,如知识、技术、信息、制度、财务、声誉、机构、地理位置等；以及由此类要素而组合的某一经营环节或者独特流程，如生产制造、产品开发、技术开发、市场营销等，它们对资源进行了重新的配置，在要素与产品的转换过程中起到骨架和肌肉的作用；还包括动态管理资源、利用资源、积累资源的路径，如持续的资源甄选、组合与淘汰机制，进而不断地更新资源，以致最终保留那些最具有活力的、能够在市场竞争中持续创造价值的资源。

Henderson 和 Cockburn（1994）认为，企业能力由元件能力和构架能力构成。元件能力是局部能力与知识，是日常解决问题的基础；而架构能力是运用这些元件能力的能力。构架能力以新的灵活方式把元件能力整合起来，发展新的架构与元件能力。

Clayton M.Christensen 和 Michael Overdorf（2000）在《哈佛商业评论》发表的一篇文章里指出，企业能力存在于资源、流程和价值观之中①。

杜兰德认为，能力包括两类主要因素：企业的资产和资源；个体和组织的技能、知识、过程、惯例和文化。换句话说，企业能力中基本上不进行人力资源转移的前提下就可以购买和交换的部分（无形的和有形的），可称为非社会性资产和资源，而很难购买得到、很难模仿的那一部分，即与资产和资源的协同配置有关的部分则是组织的技能、知识、过程、惯例和文化。这两部分合在一起，构成企业能力。

---

① Christensen 和 Overdorf 认为，企业能力的转移也就是从资源向流程、价值观方向的转移。在一个组织的初创阶段，能够做到的事情大多数要归因于它的资源——尤其是人员。一些关键资源的去留能够对组织的发展产生很大的影响。然而随着时间的推移，对企业能力的关注转向了它的流程和价值观。当人们做着重复的工作时，流程就成为确定的东西。当商业模式形成，而且能够清晰确定哪种类型的业务需要给予最高的优先权变时，价值观便结合到一起形成一个整体。

Leonard-Barton(1995)认为,当某种能力包含了企业的独特知识,而这种知识无法从公共渠道获取,并且比竞争对手更高明时,这种能力就成为核心能力。他指出,任何能力都包括以下四个构成维度:(1)雇员的知识和技能:这是能力最明显的层次;(2)物理技术系统:技术的竞争力不但在个人头脑中积累起来,而且随着时间的推延在物理系统中积淀下来,比如数据库、软件程序;(3)管理系统:为了引导和管理雇员积累起来的知识而建立的教育、奖励系统;(4)价值和规范系统:该项决定了何种知识将受到支持,何种知识将会被容忍或鼓励。价值起到知识筛选和控制的作用。四个维度的部分知识是可以被其他企业仿制的,但它们在企业组织中所占比重以及它们如何被整合起来,却是其他企业所无法仿制的,这就是企业竞争优势的源泉。

从上述观点可以看出,企业能力主要来源于组织中的积累性学识、互补的技能和知识的有机组合、卓越资产、技术系统、组织结构、流程、程序与常规或管理机制、价值规范和企业文化等。根据黄津孚(2001)关于企业能力是一种作用力的观点,并借鉴杜兰德、巴顿等关于能力应该包括认知、行为和文化三个相互作用的方面的观点,因此,本研究认为,严格说来,企业能力是知识(Knowledge)、结构(Structure)和文化(Culture)三个方面相互融合所产生的结果。其中,知识既包括明晰知识也包括模糊知识,这是能力产生和作用的基础。知识反映了企业能力的认知层面。结构代表某些社会的和物质的条件,包括公司组织结构、公司治理结构、公司业务流程以及各种管理制度等等,这些条件是企业获得和使用知识及其他资源的组织保障。按照产业组织理论中结构决定行为的观点,公司的结构反映了企业能力的行为层面。文化代表着价值、信念和规范等等,这些东西支撑和证明上述模式的合理性。因此能力包含了三个层次,核心是知识,第二层是结构,第三层是文化。作为一种作用力,企业能力根植于知识、结构和文化这三个层次的互动过程之中。

结合前面的组织要素和组织系统的构成观点,可以看出,企业能力与组织要素或系统具有内在的一致性。

首先,企业能力来源于组织要素或组织系统。根据上述结论,企业能力是以组织知识为核心、以组织结构为载体和以组织文化为支撑的知识、结构和文化三个因素相互作用的结果。而"知识"属于组织的技术要素或组织系统中的技术分系统,"结构"属于组织的制度要素或组织系统中的结构与管理分系统,"文化"属于组织的目标要素或组织系统中的目标与价值分系统。因此,企业能力根植于组织要素的各成分或组织系统的各子系统的互动过程之中,组织要素或组织系统是企业能力的载体。

其次,企业能力的价值取决于组织要素的数量和质量以及组织要素的组合方式。企业能力的本质是知识,它是企业的"积累性学识",其载体是企业的各种有形或无形的惯例、结构、程序等组织要素。企业能力的价值,从顾客的角度来看,是企业能力通过为顾客创造价值对顾客需求的满足程度。而企业顾客价值的创造能力以及对顾客需求的满足程度在很大程度上取决于企业所拥有的组织要素数量、组织要素建设的投入力度和利用效率以及根据市场变化而对组织要素进行优化、变革和整合的水平。企业对组织基础要素建设投入的力度越大,利用率越高,特别是能针对顾客价值的变化对组织基础设施进行变革和整合的技能越高,则顾客价值的创造能力就越强,对顾客的满足程度就更高,企业能力的价值也就越大。

二、组织要素是企业能力测量的维度

不少学者对于企业能力的测量维度进行了理论探讨,其中,主导的方法是基于一种系统观。如 Leonard-Barton(1992)认为,企业能力(核心能力)应该包括四个维度,即技巧/知识、技术制度、管理制度和价值观;Teece 等(1997)指出,企业能力(动态能力)应该包括三个维度,即组织与管理过程、资源位势、路径。在实证研究方面,也有学者开始采取这种企业能力的系统观,如 Hendeson 和 Cockburn(1994)对制药企业的企业能力进行测量就是基于"元件能力"(component competence)和"结构能力"(architectural competence)两个维度而进行的。基于上述探讨,可以认为企业能力的测量主要是通过测量组织的构成要素或组织系统的一些子系统来进行的。结合前人在组织测量方面的观点、组织系统的构成等理论,本研究认为,企业能力主要是通过目标与价值分系统、技术分系统、结构分系统、管理分系统和社会分系统等组织分系统维度来测量的。

其中,目标与价值分系统包括企业的根本目的、主要使命、核心价值观和经营理念等文化要素。文献中许多战略管理学家均将市场导向作为测量企业能力的价值维度。Ansoff 和 Adenews (1967)认为企业组织只有通过为顾客创造额外的价值才有可能在市场中取得竞争优势这一观点,是早期战略管理学家所倡导的一种主流观点。战略定位学派的支持者 Porter(1997)也明确地指出,"竞争优势归根结底产生于为客户所创造的价值"。近期资源观的支持者,如 Barney(1991,2001)等也同样将"有价值性"作为能力的基本特性之一。核心能力的倡导者 Prahalad 和 Hamel（1990）则更加明确地指出，应对最终产品的潜在消费者的福利做出巨大贡献，这也是核心能力的三个标准之一，是企业能力之"核心"所在。

技术分系统是测量企业能力的又一维度。Leonard-Barton（1992）指出，技术、技能、知识都是构成核心能力的主要内生因素，但它们必须嵌入于一个健全的技术系统之中，否则难以创造价值。Henderson 和 Clark（1990）曾经对照相平版印刷设备产业进行过实证研究，结果表明，技术系统在形成企业能力过程中起了非常重要的作用。技术系统的作用在于为组织实现其效率和效益提供了潜在的方式、方法、可能性及压倒对方的竞争优势。例如，利用现有的成熟技术，生产用户所需价值的能力；获得和创造新技术的能力；培育并利用工程技能和生产作业技术的能力；利用现代网络技术提高商品运输和供应的能力。文献中许多技术创新研究学者（Malthotra and Segars，2001；Heeseok Lee and Byounggu Choi，2003；Andrew，2001）通常将生产制造技术、价值开发技术、供应和运输技术以及设备支持程度等作为测量企业能力的技术维度。

结构分系统是指决定权力与职责配置、信息流动等规则和程序的用以反应组织集权化、正规化、复杂化程度的一种量度（孔茨，1997）。Chandler（1977，1990）认为，战略的实施应有相应的组织机构予以支持。即使对于技术这种影响企业进化的因素，它在真空中是没有任何价值的，只有扎根在组织结构之中，并支撑组织发展，才可能体现出价值（Nelson，1981），即只有借助组织结构的作用，才有可能实现技术的效率、效益和竞争优势。Prahalad 和 Hamel（1990）在案例研究中也强调，R&D 与核心能力存在非对称性,因为 R&D 的效果与组织结构及组合资源的技能紧密相关。完善组织机构不仅有助于减少信息流动成本,同时还有助于解决学习的协调机制问题,确保个体的行动与已设定的目标背景相一致(Cohendet 等,1999)。许多组织结构特性量表(Lee and Choi,2003;Caruana etc.,1998;Kristian Moller,2006)通常将组织集权化、组织正式化作为测量企业能力的结构维度。

管理分系统特别是各种管理制度代表了企业组织内部具体地规范员工的行动,及对行动结果赋予相应的激励或惩罚的所有规程和准则。Fujimoto(1994)在总结日本的全面质量管理(TQM)、敏捷制造(JIT)等技术体系的成功原因时,指出人力资源管理制度在其中起了关键作用。例如,日本企业实施的与核心员工形成稳定的雇佣关系、对多技能的员工进行长期的培训制度、基于积累技巧而设定的工资制度、内部晋升制度、与工会的合作关系、工会成员中的生产监工制、公司福利的人人平等政策、工人激励的人人平等政策、成就政策,等等,这些都是竞争优势的源泉。Bettis 等(1995)指出,除了传统的激励与约束这一范畴以外,管理更应该强调有助于组织知识的积累、战略反应能力的提高、组织在市场竞争过程中的灵活性,如能快速地感觉到环境变化,能迅速地产生创意,并重构资源以执行此反应。能力最终被腐蚀、被其他更高的"学会学习"(learning to learn)的能力所取代(Collis,1994)。市场的动态变化要求企业不断地学会忘却(unlearn),即管理者必须忘却传统的实践、流程和战略,并接受新的实践、流程和战略,这也就是要求企业必须有一个学习型导向的心智(Senge,1990)。因为这些内生因素才是企业在市场竞争中取得优势的最为关键的因素(Clark 和 Fujimoto,1991)。因而,除了采用对员工的激励和约束

指标(Hornsby,2000;Susan Albers Mohrmana,2003;Horovitz,1999;
Devrye,1994)以外,许多文献还添加了组织对学习的支持程度、组织对市场的反应性等指标(Robert,Eccles,1991;Kaplan and Norton,1992)作为测量企业能力的管理维度。

社会分系统反应了组织内外人与人之间的关系状态。这里主要包括组织内部人员关系网络的功能以及组织与顾客等企业外部利益相关者建立和维持关系网络的能力。Peteraf(1993)认为,企业通过组建关系网络,不仅有助于获取信息,获取企业发展所必须的各项资源,以及实现产品的商业化价值,还将有助于通过其他形式进而间接地影响到企业的绩效,如通过利用网络的快速传递性,进一步扩大企业在市场上的声誉,实现事前限制竞争,即声誉这种资源位势为企业的良性循环发展奠定了基础。Alvarez 和 Bayney(1997)认为,在动荡的市场环境下,组织的这种关系网络也将起到风险缓解机制的作用。同样,在组织内部,企业必须通过借助管理团队的战略行为整合资源、执行组织决策,否则企业能力难以创造潜在的价值(Foss,1993)。企业应为企业能力的培育建立一个类似于"家"的生态环境,这种良好的生态环境要确保组织内各职能部门和经济活动者都为了同一的经营目标而行动,在"战略—结构—绩效"范式下开展各项经营活动(贺小刚,2006)。因此,文献一般用高层管理者的沟通领导能力(Man,2001;Shulman,1992;Durkan,2003)、团队精神(Man,2001;Chandler and Hanks,1994)以及组织与顾客等外部利益相关者的关系程度(Man,2001;Gartner etc.,1998;Don Blohowiak,1997;Seung He Park,Luo,2001)来作为度量企业能力的组织社会维度。

三、本研究所选择的测度企业能力的组织要素

从上述分析可以看出,首先,企业能力来源于组织要素。

综合各学者的观点,可以看出企业能力主要来源于组织中雇员的知识和技能、技术系统、组织结构、流程、程序与常规、管理机制、价值规范和组织文化等。概括地说,企业能力是知识(Knowledge)、结构(Structure)和文化(Culture)三个方面相互融合所产生的结果。其中,知识是能力产生和作用的基础,反映了企业能力的认知层面。结构代表某些社会的和物质的条件,包括公司组织结构、公司治理结构、公司业务流程以及各种管理制度等等,这些条件是企业获得和使用知识及其他资源的组织保障。按照产业组织理论中结构决定行为的观点,公司的结构反映了企业能力的行为层面。文化代表着价值、信念和规范等等,这些东西支撑和证明上述模式的合理性。因此企业能力是以组织知识为核心、以组织结构为载体和以组织文化为支撑的三个因素相互作用的结果。作为一种作用力,企业能力根植于知识、结构和文化这三个层次的互动过程之中。

其次,组织要素是企业能力测量的维度。

综合各位学者的观点,企业能力主要是通过目标与价值分系统、技术分系统、结构分系统、管理分系统和社会分系统等组织分系统维度来测量的。其中,文献中许多战略管理学家(Ansoff 和 Adenews,1967;Porter,1997;Prahalad 和 Hamel,1990)均将市场导向作为测量企业能力的价值维度;一些技术创新研究学者(Malthotra and Segars,2001;Heeseok Lee and Byounggu Choi,2003;Andrew,2001)通常将生产制造技术、价值开发技术、供应和运输技术以及设备支持程度等作为测量企业能力的技术维度;许多组

织结构特性量表（Lee and Choi，2003；Caruana etc.，1998；Kristian Moller，2006）通常将组织集权化、组织正式化作为测量企业能力的结构维度；在管理分系统中，除了采用对员工的激励和约束指标（Hornsby，2000；Susan Albers Mohrmana，2003；Horovitz，1999；Devrye，1994）以外，许多文献还添加了组织对学习的支持程度、组织对市场的反应性等指标（Robert，Eccles，1991；Kaplan and Norton，1992）作为测量企业能力的管理维度；在社会分系统中，文献一般用高层管理者的沟通领导能力（Man，2001；Shulman，1992；Durkan，2003）、团队精神（Man，2001；Chandler and Hanks，1994）以及组织与顾客等外部利益相关者的关系程度（Man，2001；Gartner etc.，1998；Don Blohowiak，1997；Seung He Park，Luo，2001）来作为度量企业能力的组织社会维度。

根据组织要素在组织中的表现形式不同，我们把组织要素分为三类：人力要素、物力要素和文化要素。其中，人力要素是以人员为载体的知识、技能、关系资源和责任感等软性元素，这里主要指管理者的领导和支持、企业人员的技术水平、人员与顾客的关系以及员工的意愿、知识和责任感等；物力要素是以结构、流程或制度等形式存在的硬性元素，这里主要是指组织结构、业务流程和管理机制（制度）等；文化要素主要是以精神理念的形式存在的意识元素，这里主要是指市场导向和学习导向的组织文化。

鉴于以上分析和综述，本研究选择人力要素（包括高层领导支持、企业人员的技术水平、人员与顾客的关系质量、员工的意愿、知识与责任感）、物力要素（包括组织结构、流程、管理或组织机制）和文化要素（包括市场导向的组织文化、组织学习）等组织要素作为测量企业能力的主要指标。

第三节　企业能力与顾客价值的关系

一、企业能力与顾客价值关系研究的概况

由于顾客价值概念的提出与发展的时间很短,各个研究者的观点也不尽相同,相应地,从能力的角度对顾客价值管理进行研究的文献极少,系统化的研究几乎没有。但是,企业能力和顾客价值确实存在着一定程度的相关性。Richard Normann 和 Rafael Ramirez(1993)认为,在一个由新价值理念构建的经济社会中,只有知识与关系两种资产事关重大,或者说企业能力与顾客。能力包括技术、专长、业务流程以及积累性的技能与经验。如果顾客不愿购买企业的产品或服务,能力就毫无意义。因此,能力必须与企业的另一项关键资产——顾客相结合,并通过与顾客、知识与关系之间的良性互动来增强企业的竞争力。

Gordon R.Conrad 在《多元化经营的未开发资产》一文中,在分析导致公司不同行为的核心技能时,提出对顾客需要的敏感度或可满足顾客任何需求的创造能力是一项重要技能。Prahalad &Hamel(1991)提出核心能力的特征之一是能创造价值。伊夫·多兹认为顾客重视企业的整合能力,因为有价值、具有竞争性的核心能力根植于技能间的整合,这样能以对手难以模仿的方式为顾客创造价值。根据他的观点,顾客价值管理的一个重要能力是技能整合的能力。

Hamel,M.Champy(1993)认为业务流程再造能提高企业的生产能力和满足顾客特殊需求的能力。从业务流程再造理论的研究中,可以发现在顾客价值管理中,业务流程再造能力的重要性。

George Stalk，Philip Evans 和 Lawrence E.Shulman（1992）在《能力的竞争：公司战略的新规则》一文中，虽然没有明确地提出企业能力与顾客价值管理相匹配的概念，但他的研究很有意义。他认为能力是一套在战略上可充分理解的业务流程，企业要获得成功，就必须将其主要业务流程转化为战略能力，能够不断地为顾客提供价值。而一种能力是否有意义，就看它是否始终以顾客为本。在研究沃尔玛、本田等公司成功经验的基础上，他提出基于能力竞争的四项基本原则：①企业战略的基本要素不是产品与市场而是业务流程；②企业必须将主要业务流程转化为战略能力，能持续为顾客提供超值服务，只有这样才能取得成功；③为获取这些能力，企业必须对基础设施进行投资，目的是将传统的战略业务单元及其功能联系起来；④基于能力战略的核心人物是首席执行官。另外，他还简述了速度、一致性、敏锐性、灵活性、创造力对企业成功的重要性。

　　John Mckean（2001）认为，通常意义上的顾客管理能力，诸如市场、销售、服务等，其本身不是一种能力，而是一种策略。他认为顾客价值管理的能力主要体现为信息能力，具体包括六个因素：员工应用信息的能力；实现信息有效配置的程序；组织结构，以及对各职能部门有效使用信息的奖赏；长期利用和体现这种价值的信息文化；充分理解这一作用并支持投资的领导艺术；与价值和准确性有关的价值本身等。

　　著名的管理咨询公司普华永道认为顾客价值管理的要点之一是提升相关的能力。对于企业支撑顾客价值管理的能力评估，普华永道提出六个衡量指标：是否把顾客的信息作为战略性资产来管理？是否评估顾客持续的价值？如何满足已定义顾客的期望？

企业发展战略是否与顾客价值相匹配? 是否进行了跨部门或跨分支机构的集成? 是否主动地管理顾客体验?

全球领先的管理与信息技术咨询公司埃森哲公司认为提升企业与顾客价值管理相匹配的能力是至关重要的,顾客价值管理系统的实质是将企业的流程固化到一个 IT 的系统中。支撑顾客价值管理的能力反映在企业与顾客所有的互动之中,反映在洞察了解以顾客为中心的战略之中。2000 年,埃森哲公司通过对世界范围内 200 多家企业进行调查,把与顾客价值管理相匹配的企业能力分解为 54 种具体能力。其中 10 种最关键的能力是:①了解顾客对企业的利润价值;②建立有效的顾客服务系统;③战略性地管理企业大客户;④有效地利用在服务中获得的顾客信息;⑤主动地确定顾客的问题并沟通选择解决方法;⑥通过顾客培训来预防顾客共同的问题;⑦吸引、培养并保留最优秀的销售人员;⑧把产品价值清晰地表达出来;⑨实施有效的品牌、广告与促销策略;⑩对服务人员给予公正的奖励与待遇。

Oracle 公司就顾客价值管理的功能与技术提出了 6 个关键要求:商业智能与分析能力;与顾客交流的融会贯通的渠道;对基于 Web 的功能的支持;顾客信息的集中式管理库;集成的工作流;与 ERP 的集成等。Oracle 主张通过统一的渠道、顾客智能和因特网,实现电子商务。

周运锦、黄桂红(2001)根据 Hurwitx Groupy 提出的顾客管理上的六项技术要求,提出了六种能力类型,即信息分析能力、对顾客互动渠道进行集成的能力、支持网络应用的能力、建设集中的顾客信息仓库的能力、对工作流程进行集成的能力,以及与企业资源计划(ERP)功能——财务、制造、库存、分销、物流和人力资源等方面集成的能力等。吴泗宗,王庆金(2006)通过实证分析,验证了表征企业持续营销力的营销文化、营销情报、战略定位、市场定位、产销整合和过程协调与企业持续成长成显著正相关,肯定了这些能力因子通过顾客价值对企业持续成长的作用。

总之,从所查阅的文献资料上看,系统地从能力的角度,对顾客价值管理进行研究几乎没有。直到近几年,才有支撑顾客价值管理的能力的说法,但真正对此有所论述的是注重应用的咨询机构,因此在理论探讨上相对缺乏,对与顾客价值管理相匹配的能力概念也只有模糊的认识。而且一些研究者(Gordon R.Conrad,伊夫·多兹,George Stalk,Philip Evans,Lawrence E.Shulman,Hamel,M.&Champy)都是从其他研究角度涉及能力与顾客需求的关联,另外一些研究者或研究机构侧重于顾客价值管理的技术层面,说到底其实是顾客关系管理的技术层面,相比较而言,埃森哲公司在实证研究上做了很多工作,John Mckean对信息能力的研究较为系统,周运锦、黄桂红的顾客价值管理能力研究相对比较完整,具有一定的借鉴意义。但总的说来,企业能力与顾客价值管理的关系和匹配研究仍存在许多不足之处。

第一,没有一个比较系统的顾客价值管理框架。目前有关此方面的研究正逐步多起来,但顾客价值管理的内涵究竟是什么,包括那些重要因素,如何论证顾客价值管理的有效性,还没有从理论与实证上做出比较满意的答复。

第二,理论与实践相结合欠缺。虽然已有众多研究团体对顾客的重要性做出探讨,但以往的企业实践并没有深入研究和了解顾客的需求,国内的许多企业对顾客价值的重要性认识不足,甚至有些企业仍然将顾客价值管理与拉关系、给回扣、贿赂顾客相提并论。在顾客价值管理上,还没有形成一个可操作的方案。顾客价值管理的重要性不言而喻,但如何在企业中实施,如何结合到企业的各种职能中,还有待进一步研究。因此,企业因缺乏有效的理论指导而不能充分地认识到培养与顾客价值管理相匹配的能力的重要性。

第三,顾客价值管理不仅仅是顾客关系管理和技术。近年来,有关顾客关系管理的论坛很多,但大多是介绍 CRM 管理软件的应用,并且有很多人认为,没有 CRM 管理软件,就不能进行有效的顾客关系管理。有关进行巨额投资,建立顾客数据库,收集顾客信息,并与顾客进行一对一交流,以提高公司绩效的文章层出不穷。

第四,顾客价值管理的重要工作之一是界定目标顾客。首先是对顾客定义与顾客细分有比较清楚的认识,这方面的研究有待深入,另外在企业如何识别与界定最佳顾客群体及其具体特征描述上,研究也不够深入。

第五,利用企业能力理论,对顾客价值管理进行理论与实证研究上还比较缺乏。顾客价值管理要求从战略高度考虑顾客的作用,这一点理论与实践领域都有待深入。顾客价值管理必须有相应的能力支撑,具体包括哪些能力要素,以及他们的相对重要性,也很少有人进行过深入与系统化的研究。

二、企业能力与顾客价值的关系研究

图 4-6 分别从顾客和供应商的视角对企业能力与顾客价值的相互关系进行了描述。下面将对这些内容进行具体阐述。

1.企业能力对顾客价值的作用:基于顾客的视角

顾客已越来越关注供应商的企业能力而不是其目前的产品或

能力对顾客价值的作用	·能力是产业顾客判断供应商价值创造潜力和选择供应商的关键指标	·作为组织的输入要素，是顾客价值的间接来源； ·作为组织的输出要素，是顾客价值的直接来源
顾客价值对能力的作用	·是企业能力建设的基点； ·决定企业能力建设的方向； ·决定企业能力建设的需求水平； ·企业能力价值的决定因素	·解决能力的"事后理性"问题； ·改变能力的内部导向思维模式
	顾客的视角	供应商的视角

图 4-6　企业能力与顾客价值的相互关系

服务。供应商能力是产业顾客选择供应商的主要指标。Golfetto
和 Gibbert(2006)发现,在产业市场营销中,营销沟通的内容越来
越集中于上游企业向顾客提供的资源和能力,而不是当前所要销
售的产品。例如,在资本产品的交易会上,展览商越来越倾向于介
绍来自研发部门的技术人员和提供各种样品或模型而不是把介绍
当前具体的产品作为焦点。在纱织品交易会上,展览商喜欢用各
种时髦的时装表演来演示其产品的能力,而不是展示所要出售的
各种具体的棉花和羊毛。因此,展览商们越来越倾向于向顾客呈
现蕴藏在产品中将来能为顾客增加价值、甚至能弥补顾客能力缺
口的各种能力(Golfetto 和 Gibbert,2006)。这主要是因为,一方
面,具体的产品太明显,顾客想要知道供应商的各种能力以及技术
知识是如何支撑他们的业务活动以及能否参与特殊的创新项目;
另一方面,由于产品生命周期不断缩短,顾客努力寻求一些相对不
易贬值的因素来取代产品来评估他们的供应商;而且,利用外部知
识的能力已被认为是创新绩效的关键组成,而外部知识主要来源

于供应链,因此,根据能力来评估供应商价值创造潜力成为企业的一项战略活动。同时,越来越多的管理实践也表明,产品和服务是顾客评价供应商当前价值大小的核心要素,而供应商的能力和资源是评估其将来价值创造潜力的关键指标(Masella 和 Rangone,2000)。Moller 和 Torronen(2003)为评估供应商未来的价值创造潜力还开发了识别能力结构的工具。Holger Schield(2006)为顾客如何识别具有创新能力的供应商提出了一些指导性的意见,包括:创新型企业具有专业化、很强的内部开发能力、能同时开展多个合作项目等特征;供应商具有很高的信任水平,较强的承诺与践诺能力;具备必要的使能和支撑条件,如地理上亲近顾客、与顾客有较长的合作历史等。

2.企业能力对顾客价值的作用:基于供应商的视角

供应商认为其能力对顾客价值的创造有两个主要作用:首先,能力作为组织的主要资产,通过产品、服务、品牌以及关系等中间变量间接为顾客创造价值。Tuominen et al.(2004)指出,实施顾客价值战略需要企业开发一系列不同的能力。许多战略营销文献充分肯定了能力是价值创造、营造和维持竞争优势的源泉。Berghman 和 Matthyssens(2006)提出了价值创造力的概念,并把它定义为一个组织或业务单元相对于竞争者系统开展以下活动的能力:创造优质新型的顾客价值、创造一种根本不同的商业模式或市场进入方式;改变产业内成员间的关系格局和力量对比。Berghman 和 Matthyssens(2006)还讨论了能力对产业供应商持续预测和提前应对顾客价值的变化而不是被动接受和服务顾客价值具有很强的作用,并以 600 个德国工业企业的数据为基础,探讨了为了满足顾客和市场期望企业应当开发何种能力组合。

其次,能力可以作为一项可交易的市场资产,是顾客价值的直接来源,供应商通过转移能力可以直接创造顾客价值。长期以来,企业能力基础观认为能力能够最充分地解释企业竞争优势的源泉以及在盈利方面的差异,这主要是因为能力具有价值性、稀缺性、不可转移性和不可替代性等特征。因而这种主流观点把能力看作是组织流程的输入因素(Barney,1991;Peteraf,1993)。然而,Golfetto 和 Gibbert(2006)认为,这种观点与现在出现的一些现象并不相符合,企业能力基础观并不能解释商品交易会和展览会上所开展的能力沟通和交易的活动。而且,他们把这种现象称之为"能力营销",并把它定义为"企业在商业关系中用来沟通、转移和销售能力的工具和流程。"Thomas Ritte(2006)认为,所有的市场沟通都是基于能力的沟通,但是能力沟通和营销的内容随着市场导向的类型和顾客需求的不同而改变。Blois 和 Ramirez(2006)提出能力可以作为一项能够进行市场交易的资产,而且发现企业接受一些产品创新所需要的能力其本身可以作为一项能够参与交易的思想,这对它们建立独特的竞争地位能带来非常重要的机遇。Moller(2006)也支持"能力营销"的观点,并提出了另外一种解释。例如,企业为了强化核心能力的建设往往把一些非核心的能力外包出去,那么这些合适的外购商在逻辑上就成为这些外包商的能力销售商,出售给外包商所需要的能力。因此,Moller(2006)指出,传统的能力基础观限制了能力的产业营销和采购中的作用,能力不仅仅作为一项输入要素,通过转化或蕴藏于产品或提供物中间接影响顾客价值,还可以作为一项输出要素,通过交易和转移,成为顾客价值的直接来源。

3.顾客价值对企业能力的作用:基于顾客的视角

顾客价值是企业企业能力建设的基点。一个企业之所以存在是因为它可以利用所谓的"稀缺资源"创造产品或服务来满足人们无限的欲望,所以企业能够存续的先决条件是市场上有需求的支持。企业能力是一种能为企业进入各类市场提供潜在机会、能借助最终产品为所认定的顾客利益做出贡献而且不易为竞争者所模仿的能力。管理大师德鲁克认为,企业存在的目的的唯一正确定义就是创造顾客,只有满足消费者的种种欲望和需求,社会才会把创造财富的资源交给企业。能力不仅仅来自于它在技术、研发团队、营销网络、企业文化等方面比竞争对手做得如何出色,更在于它能为顾客提供多少价值。如何将资源最大程度地、有效地转化为顾客价值,这将是企业构筑能力的基点。以顾客价值为基点构筑能力,在一定的程度上可以避免企业之间为了有限的市场而展开的恶性竞争,把重点放在竞争者身上,忽视潜在的以及新出现的顾客需求机会及其变化,而把重点放在顾客上,把精力和才智用于辨别企业是否为顾客提供了独特的价值,从而与竞争者形成差异,保证能力的独特性;由于顾客价值需求的广泛性,实现顾客价值不一定是本企业现有资源和能力就可以达到的,以顾客价值为基点构筑企业能力可以使企业突破原有的思维模式和资源条件的限制,而是根据顾客的需求和偏好的特点及变化趋势,以杠杆的方式运用企业的资源并构筑新的能力。实现顾客价值讲究的是"双赢",以顾客价值为基点构筑能力,可以使顾客维系同企业的长期关系,这种"关系"在一定的程度上也是一种能力。总之,能力只有自始至终围绕顾客才具有战略意义,能力的构筑过程是一个从认识顾客的需求开始,以满足顾客的需求结束的一个不断螺旋上升的过程。

顾客价值是构建企业能力的导向。以利润最大化为目标的企业经营战略,往往在面对顾客价值与企业当前盈利发生矛盾时选择追逐企业利润,牺牲顾客价值和企业的社会责任,导致脱离顾客,危害社会,最终损害企业的长远利益。以企业价值最大化为目标的企业经营战略,往往也会因为对企业价值内涵的理解和追求不一,过于突出企业利益而忽略顾客利益,最终步入利润最大化的误区。以顾客价值为导向构建企业能力,倡导的是一种把顾客利益放在首位,在实现顾客受益,让顾客完全满意的同时使企业受益,达到顾客与企业"双赢"的经营理念。这种理念的核心是确认顾客价值就是企业能力和生存发展的根本所在,确认只有顾客对企业的产品、服务、行为是完全满意的时候,他们才会认为企业的存在是他们的价值所在,从而接纳企业,希望企业成为他们须臾不可脱离的伙伴。总之,企业的价值在于顾客,企业的价值在于社会。有顾客的满意,有社会的繁荣发展才会有企业长寿的可能。以顾客价值为导向构建能力,能实现顾客、社会、企业的共赢,是企业的出发点、行为准则和最终必须达到的结果。

顾客价值决定企业能力的价值。企业能力的价值,从顾客的角度来看,是企业能力通过为顾客创造价值对顾客需求的满足程度。Day(1994)认为,检测企业能力独特性最有效的方式是从顾客角度判断各项能力对顾客价值贡献的相对大小和是否支撑组织流程以最低廉的成本为顾客创造和传递价值。王锡秋、席酉民(2004)从效用价值论的角度,将企业能力的价值分为,包括自然属性的能力"有用性"、心理属性的主观"需要"和社会属性的能力"稀缺性"三个方面的属性。自然属性的"有用性"体现了一项能力对顾客功能需求的满足程度,心理属性的主观"需要"反映了一项能力对顾客心理需要的满足程度,而社会属性的能力"稀缺性"则更多地反映了一项能力在经济方面满足顾客需要的程度。因此,我们可以从经济、功能和心理三个维度来界定企业能力和顾客价值之间的关系。也就是说,企业能力价值的本质就在于它能为顾客提供经济价值、功能价值和心理价值。

从上述内容可知,企业能力的价值与顾客价值相关,但是,一项企业能力的价值的高低到底是如何决定的? 按照马克思的劳动价值论,商品的价值是生产要素(特别是劳动)创造的;按照经济学中的效用理论,价值则代表一种心理感受。借鉴经济学中均衡分析的方法,本研究认为,要素价值论反映了价值决定的供给方面,效用价值论者反映了价值决定的需求方面,供给与需求的共同作用决定价值。从本质上讲,企业能力价值是企业能力(客体)和顾客需要(主体)之间的关系,是一个"关系"范畴,而不是一个"实体"范畴。因此,能力价值的决定,依赖于"关系"的双方,换句话说,企业能力的价值是企业能力的供给方面与企业能力的需求方面均衡作用的结果(如图4-7所示)。

首先,顾客价值决定企业能力的需求方面。顾客价值的实现,都需要企业具备一定的能力。因为,顾客需要企业的产品或服务给他带来的价值(包括经济价值、功能价值和心理价值),而这些价值则是企业资源和能力物化的结果(参见图4-8)。因此,从顾客的角度看,企业能力的价值就在于创造顾客价值,顾客价值也就代表了顾客对企业能力价值的需求。IBM 为了了解 21 世纪企业首席执行官和高级管理者所考虑的焦点问题,对全球企业进行了调查,结果发现,大部分主管都想接近顾客,他们希望建立更加顾

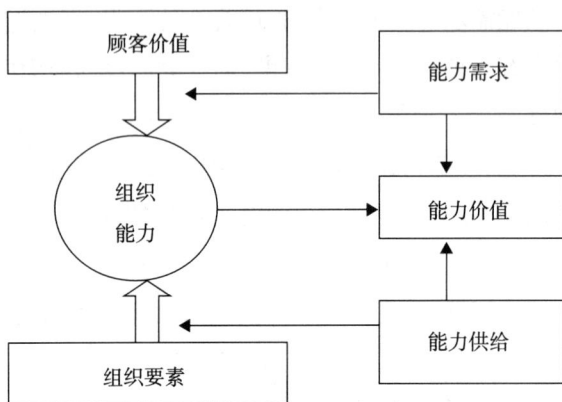

图 4-7　决定企业能力价值的概念模型

客导向的企业文化和企业愿景。为实现顾客价值管理,IBM 建立了顾客价值管理金字塔模型(顾客价值、企业流程与能力、企业基础设施等自上而下的金字塔模型),根据这一模型,企业要成为顾客导向型企业,就必须从顾客的观点出发,然后决定企业应该做好哪些(能力),以及需要在基础建设上进行哪些改变,才能具备这些能力。

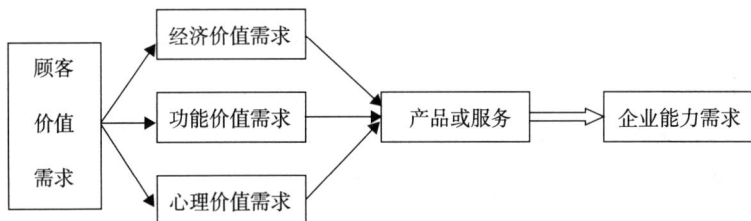

图 4-8　顾客价值需求与企业能力需求的关系

其次,组织要素决定了企业能力的供给方面。从能力供给的角度看,企业能力的供给是一个非常复杂的过程,在这一过程中,企业的组织要素(如企业的知识与技能、企业的结构、流程、制度以及企业的文化、历史传统等)的数量与质量,这些要素的组合方式都会对能力大小与方向的形成产生重要影响。简单地说,组织要素对企业能力价值供给的决定取决于两个因素:一是企业对企业能力建设的累积实际投资;二是组织要素投资的利用效率,这取决于企业管理水平、员工素质、作业流程、组织结构、企业制度(如企业激励制度)、企业文化、能力形成与发展过程中的动力与约束机制等因素。这也就进一步说明了组织要素对企业能力的决定作用。因此组织要素的数量、质量及其组合方式所决定的企业能力的大小和方向,代表了企业能力价值的供给方面。

最后,顾客价值是企业能力价值的最终测度指标。既然企业能力的价值取决于组织要素和顾客需求这两个方面,因此,对企业能力价值的衡量既可以从企业的角度进行,也可以从顾客的角度进行。前者是从供给的角度评价企业能力的价值,后者则是从需求的角度评价企业能力的价值。其中,企业资源的数量与质量,以及这些资源的组合方式对能力的形成产生重要影响,决定了企业能力的大小、强弱和特性,也即决定了企业能力建设的供给水平。顾客价值是企业能力建设的基点和导向,决定了企业能力建设的方向,也即决定了企业能力建设的需求水平。因而,企业能力的价值是企业能力的供给方面与企业能力的需求方面均衡作用的结果,但顾客价值是企业能力价值的最终测度指标。因为,"顾客是决定何者是,何者不是核心能力的最终裁判(波特,1997)。"

4.顾客价值对企业能力的作用:基于供应商的视角

从供应商角度认识顾客价值对企业能力的作用主要体现在解决能力建设存在的问题。正如本研究开头所述,当前能力研究和

建设主要存在以下问题:

首先,存在事后性,缺乏预测性。许多学者认为,企业能力概念的推导带有明显的事后追溯特征。Teece 和 Pisano(1997)认为,企业能力往往是通过观察分析企业或者其竞争对手的产品或服务总结而来。Williamson(1999)将企业能力理论归于事后理性,即给我一个成功企业的故事,我将告诉你其成功依赖的核心能力,给我一个失败企业的故事,我将告诉你它缺乏哪种企业能力。这种事后理性表明企业能力的创建过程具有非常有限的解释和预测能力。其次,大多数企业能力的研究主要是从基于企业内部的视角或采用"由内而外"的思维模式来研究,并没有从企业外部的角度(如从顾客价值的角度)或采用"由外而内"的思维方式进行探讨。Golfetto(2003)认为,基于市场的能力观要求供应商根据顾客利益而不是内部条件来审视自己的能力。事实上,企业内部的资源和能力要成为竞争优势的来源,必须结合外部资源。汪涛和徐岚(2002)认为,从企业内部出发寻找专有资源与核心能力又可能与外部资源不匹配,这时可能出现企业强化已有的优势但并没有为顾客创造超过其竞争对手的价值的情况。一些学者(Moller 和 Torronen,2003;Ulaga 和 Eggert,2005;Zerbinin et al.,2003)甚至还指出,企业能力的这种内部导向特征很容易忽略关系视角,轻视供应商与顾客联合利用和开发能力在价值生产中的作用。但现有的企业能力理论中对此并没有给予应有的关注,从而导致为建立能力而建立能力的错误倾向。

企业能力存在的事后理性问题与企业能力的长期基于企业内部的研究焦点存在一定的关联性。在某种程度上,从企业内部的资源角度或这种内部寻找的思维方式导致了企业能力对企业成功或失败的解释带有追溯性,从而在一定程度上限制了企业能力的价值,特别是可预测性的作用,其他企业难以从成功或失败企业中借鉴和汲取真正有意义的经验和教训。基于这个逻辑,本研究认为,改变企业能力研究的内部角度和"向内"思维,从企业外部特别是顾客角度来探讨企业能力能克服这种事后理性弊端。因为,首先,能力必须与企业的另一项关键资产——顾客相结合,并通过与顾客、知识与关系之间的良性互动才能增强企业的竞争力(Normann 和 Ramirez,1993)。其次,顾客价值具有动态性,而且顾客价值的动态性是组织内部各能力要素调整的指挥棒和方向盘。再次,从顾客价值来研究企业能力,可以更加细微地识别企业在经营活动中哪些能力的价值更大,哪些能力更为关键,哪些能力的作用发挥为何受到限制,也就是说,顾客价值能帮助企业绘制出"企业能力的价值地图",这样就能增强企业能力对企业绩效的解释性和预测性,发挥成功企业和失败企业的借鉴和警戒作用。

第四节　组织要素与顾客价值的关系

"顾客价值管理是为了获得具有赢利性的战略竞争地位、实现企业组织要素、企业能力和价值链之间协调统一的一套系统方法,其目的在于确保当前的或未来的目标顾客能够从企业提供的服务、过程或关系中获得最优化的利益满足(汤普森,2003)。"然而,Gartner 所做的一项研究发现55%的顾客价值管理项目并未产生预期的效果。另外一项对执行过顾客价值管理的管理人员所做的调查表明,为顾客创造价值最关键的两个问题是内部组织问题(53%)和获取相关信息的能力问题(40%)。这些都说明顾客价值管理要成功,企业内部的组织系统和企业能力需要进行相应地变革和提高。为此,需要对组织系统内的各要素与顾客价值之间的内在关系进行具体阐述。根据本章第二节对组织要素的分类以及所选择的测量企业能力的组织要素,下面将对对这些要素与顾客价值的关系进行分析。

一、组织结构与顾客价值

哈佛商学院管理学教授 Lawrence 和 lorsch(1969)认为,组织结构类型的选择,应取决于组织受到的不同外部环境压力的影响,而且,有学者认为,组织对环境应具有灵活性、适应性,应把组织被看成一个有生命的、能适合环境快速变化的有机体。因此,外部市场环境的变化特别是当今客户时代的到来要求企业组织结构进行相应的变革,即进行组织设计与组织再造。

传统管理以职能型组织结构为支撑,职能型结构虽然能为组织简化管理,提高效率,但对顾客价值管理而言:(1)导致员工与顾客相分离。在职能型结构中,员工认为自己的上司就是他们的顾客,必须使他们满意。因此他们的焦点集中在垂直的报告关系而排斥平等的横向协作,从而,使得组织内就像立满了丛林般的部门"烟囱"。同时这种分离也使员工对自己的工作理解变得相当狭窄,"这不是我的工作"或者"我只负责这项工作"就是其表现。(2)妨碍流程改造。许多流程都要求多个交叉职能相支持,而任何一个职能部门都不能控制整个流程,因此,在职能型结构中,"烟囱"般的部门无法对流程进行改造和优化。(3)导致质量管理职能的分割。职能型组织中常常为了质量而设立质量控制或质量保证部门,这样给其他部门传达一种信息,即这批人是专门管理质

量的,质量不是他们的职责,从而导致了质量管理职责在其他部门
与质量管理部门之间的分割。而在以客户为中心的时代,这种金
字塔式的组织结构最明显的缺陷是没有表示出客户或市场的地
位,这种结构图主要供内部使用,用以表示公司的架构状态,客户
看到这样的图很难理解他同组织的关系。然而,更重要的是,这种
组织结构图也没有反应出不同部门是如何以过程的方式互相协
作,从而为客户创造价值的。顾客价值管理中的一个重要环节就
是顾客信息的共享以及由此而产生的部门间协作,因为顾客价值
目标是一个全局性的目标,而且是建立在部门利益冲突的均衡
之中。

　　另外,虽然现在许多企业都持有"顾客就是上帝"的营销观
念,倡导一切工作都必须围绕"顾客满意"来开展,但在实际操作
中,这往往是由营销部门来执行,顾客满意成为企业营销部门的职
能,企业通常所进行的面向市场的组织变革其实也就是营销部门
的变革,其他职能部门还是"涛声依旧"。对顾客价值管理而言,
顾客要求,特别是主要顾客群之间的差异,必须与公司的战略计
划、产品设计、生产制造和营销服务等职能活动紧密结合。顾客是
质量的鉴定者;市场调查人员是顾客声音的录音者;设计研发人员
是其衷心听众和顾客声音的转换者,利用自己的技术能力将顾客
要求转换为产品属性;生产制造和销售人员是其实现者,将顾客的
愿望用产品或服务的形式进行表达,并传递给他们使之得到满足。
因此,关注顾客,让顾客满意不只是营销部门的职能,同时也是企
业所有部门的职能核心。

　　战略决定结构,结构追随战略,这是战略管理的一个基本原
则。在顾客价值管理中,企业也需要遵循这一基本原则,必须要变

革现有的组织结构以适应顾客价值战略执行的需要。重新设计后的组织结构应实现两个目的：第一要确保企业各部门间通力合作实现顾客价值战略目标，这是上面所说的对组织内部的结构调整和变革；第二要确保企业在执行战略时能同商务合作者一同创造和传递卓越的顾客价值，这就需要调整组织边界和组织间的协同关系。

在顾客价值管理中，组织的边界是模糊的，因为顾客价值目标的实现需要很多商务合作者，这些商务合作者围绕企业形成了一个超越组织边界而且有着共同目标的虚拟组织。在变革组织结构时，企业既需要审视自身在这个虚拟组织中所处的位置，也需要考虑企业与其他成员的组织边界关系，这有利于企业突破自身组织边界的束缚，把企业构建成一个无边界的组织，实现企业与其他成员间的更好的商务合作。当然，组织边界的模糊化并不意味着组织结构的混乱，这仅对外部的接触点优化，恰恰相反，这种组织结构的变化促进了企业与外界的沟通协作能力，增强了企业适应环境的应变能力，提高了抵御价值创造风险的能力。

虽然顾客价值是由虚拟组织中的众多商业合作者共同努力实现的，但是在这个价值系统中对顾客价值创造和传递起组织性核心作用的还是起主导作用的企业，其余成员都只是辅助性作用。因此，在构建能保障顾客价值战略成功的组织结构中，除了考虑组织结构与外界合作者的协同性之外，最重要的还是调整组织内部的结构，提高内部合作效率。

二、价值流程与顾客价值

在传统管理中，职能化运作是企业业务开展的基本方式。在这种方式下,各部门为了自身的利益甚至以牺牲企业整体利益为代价进行斗争。对顾客价值管理而言,企业组织是一个由相互联系的所有流程组成的整体,企业的业务是以流程的方式进行组织实施,每一流程承担着不同的职责和活动,同时又和前后流程相联系一起构成企业的核心流程,通过核心流程与企业的任务和目标相连接。如企业的市场调查、研发制造和销售流程可以将顾客的期望迅速转化为相关的技术特征,然后利用这种特殊技术将顾客期望的质量要求内存于产品,进而迅速将满意的产品送到顾客手中。

美国管理学者哈默和钱皮在其业务流程再造理论中将流程定义为"一套完整的贯彻始终的共同为顾客创造价值的活动"。为了强调顾客价值,他们指出,对于企业来说,一个具有实践挑战性的问题是如何为客户创造更多的价值并增强企业活动的有效性?实际上,顾客价值的创造和传递需要经过企业内部一系列的价值活动才能实现,而客户价值的创造活动是企业内一个跨部门的系统协调过程。因此,为了高效率地创造和传递顾客价值,企业必须确立起流程的观念,及时将感知顾客需求的变化信息传送到企业内各个团队、个人和各项活动安排上,这就要求企业必须依据顾客价值和竞争要求,检查每项价值创造活动的成本和经营状况,寻求改进措施,做好不同部门之间的系统协调工作,并加强核心业务流程的管理活动,使得各有关部门能在顾客价值最大化的过程中通力合作,消除价值链上的冗余活动,理顺各项价值活动的逻辑顺序,优化每项价值活动的价值成本比例,提高顾客价值实现的可能性。

为了给顾客创造和传递更大的价值而进行流程优化,首先需要的是坚持流程变革的顾客导向性。Hammer(1996)指出,"将业务经营视为过程的观念也是一种基于顾客的观念,而基于过程的观念要求我们从顾客出发,了解他们的需求,并据此展开工作。"也就是说,在企业生产和经营业务流程的各个环节,如新产品开发、市场调研、生产制造以及销售和售后服务全过程中,无一不要求以客户需求为导向,以为客户创造更多的价值为宗旨。总之,顾客价值无疑是流程管理的一个核心理念,同时,顾客价值的创造与管理需要与之相匹配的高效业务流程。

三、员工管理与顾客价值

企业创造和传递顾客价值的所有活动归根结底是依靠它的员工来完成的。员工的满意程度与顾客所感知的服务质量之间具有很强的正相关关系。满意的员工会和顾客建立起积极的关系,而不满的员工会直接或间接地将负面的情绪传递给顾客,同时,满意的员工乐于提出革新和改进组织的建议,而不满的员工通常会抵制变化和学习。最近一些战略管理和服务营销文献也都说明和论证了员工满意与顾客价值、顾客满意之间的关系。

Adrianhe 和 Holt(2001)的战略利润链思想不仅反映了股东、顾客、资源和员工在整个价值创造过程中的相互依存关系,也反映了它们的驱动次序。其中,股东价值由利润驱动,而利润又由市场份额驱动,市场份额则由顾客价值驱动,顾客价值来自于有效的营销和管理活动,满意而忠诚的员工和充裕的资源则是有效的营销和管理活动的保障。因此,战略利润链思想指出了顾客价值是链上最重要的一个因素,一方面顾客是战略利润链上唯一的来自企业外部的因素,它起着激活整个战略利润链的作用;另一方面员工和企业资源都是通过为顾客创造价值来实现股东价值的。同时也道出了员工是一切价值创造的主体。在这个过程中,员工只有通过组织机体有目的、有系统地将资源转化为价值,使其增值,才能为顾客带来利益,这样才能发挥整个战略利润链的作用。

Heskett,Sasser 和 Schlesinger(1994)在《服务利润链》一书中更是提出了"满意镜"理论,他们通过实证研究发现在服务业中员工的工作满意和顾客满意之间具有正向的链接关系,良好的内部服务品质会造就高工作满意和高生产力的员工,进而传递更高的服务价值,而最终提高顾客满意和忠诚度。在"满意镜"中,员工熟悉顾客的需求及满足顾客需要的方式将导致顾客更多的重复购买;顾客抱怨服务的失误将给企业和员工更多的弥补失误的机会,这些做法的直接后果是更低的成本和更高的生产率、更好的结果和更佳的服务质量、更高的员工满意度和更高的顾客满意度。他们还描述了员工满意与顾客满意之间的作用机理,如图 4-9。

从图中可以看出,顾客满意和员工满意是息息相关、辩证统一的。顾客满意为员工满意提供了物质基础,员工满意为顾客满意提供了后勤保证。

四、领导支持与顾客价值

1999 年,Taylor Nelson Sofres 对英国营销协会成员所做的一项调查表明:40%的董事会成员发现,顾客的声音很少或根本不能传达到董事会,对于小公司来说,这个比例高达 60%;93%的公司经常向董事会汇报收益率,68%的公司汇报现金流,而只有 35%的公司经常评估顾客的满意度。如果董事们都不在乎顾客的利益,

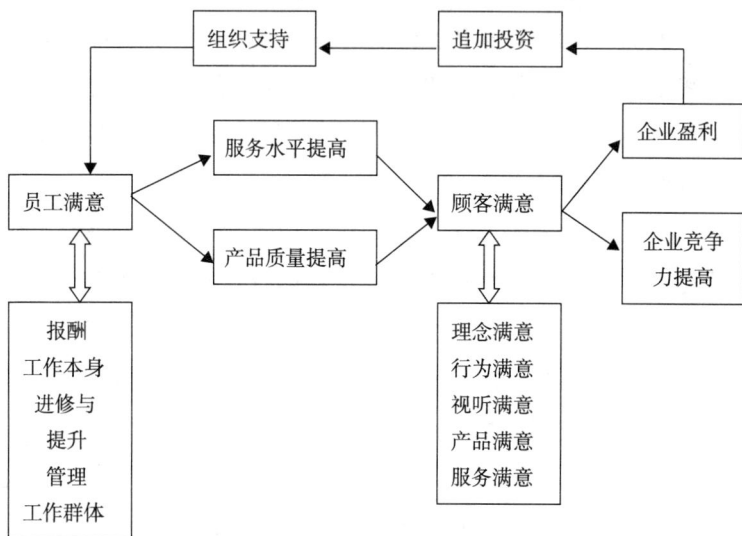

图 4-9   顾客满意与员工满意关系

资料来源：[美]赫斯克特、萨塞、施莱辛格：《服务利润链》，牛海鹏等译，华夏出版社
2001 年版等著作整理。

那我们又怎么能期待公司其他员工会更加重视顾客呢?[①] 因此，
顾客价值管理必须提到组织高层管理者的工作日程上。

同时，许多质量管理文献表明，领导支持是执行能力的关键，
是全面质量管理的基石。质量专家们一致认为：没有领导支持，质
量与生产率只会是幸运的意外事件。领导支持对质量管理虽然不
可或缺，但正确的质量领导理念和有效的员工领导方法显得尤为
重要。传统的组织领导追求员工的被动性和一致性，强调对员工
的监督和控制，领导的关键在于各种工作标准和管理制度的设立；

---

①   [英]皮尔斯(Nigel F.Piercy)：《市场导向的战略转变》，吴晓明、张华、战
祥森等译，清华大学出版社 2006 年版，第 15 页。

全面质量领导追求员工的主动性和个性化,强调对员工的引导和指导,工作的焦点在于授权和创造和谐的学习与持续改进氛围,驱动员工更加关注顾客和提高质量。

另外,我们在《高层领导与承诺、授权、员工工作满意与顾客满意在质量管理制造企业中的相关研究》一文中,通过实证分析表明:高层管理者与授权;高层管理者、授权和员工工作满意;授权、员工工作满意和顾客满意;高层管理者和顾客满意,他们各自之间均显著相关。回归分析发现高层管理者通过承诺创造一种员工充分参与的环境,对员工进行授权,赋予员工职责范围内的自主权,激发员工自身的潜质,实现员工的自我实现需要能对工作产生满意感,可以提高顾客满意度。本研究的相关分析和回归分析还说明,在影响顾客满意方面,高层管理者的作用是最显著的,它的相关系数和路径系数均高于授权和员工工作满意对顾客满意的系数。说明企业在提高质量管理方面,高层管理者发挥作用是很重要的,他是组织质量方针的决策者、质量文化的推动者,不仅通过授权影响员工工作满意进而影响顾客满意,还通过协调与顾客的关系,考虑顾客的需要和期望,直接影响顾客满意。

在顾客价值管理工作中,高层领导对顾客价值的作用主要体现在以下两个方面:

一方面,高层自身必须以顾客价值为导向,为整个组织规划明确的顾客愿景和发展方向,设计清晰的价值战略和策略,构建相匹配地企业支撑体系,优化管理流程,完善和制定旨在促进产品与服务质量提高、维系顾客关系和处理顾客问题的各种管理和服务制度,促进知识共享和做出对组织未来顾客目标的承诺。同时,为了在整个组织范围内传达顾客价值战略,高层管理者应创造一种关注质量持续改进的组织环境,创造一种组织氛围以促进授权。授权有利于员工了解信息,利用资源和制定决策。被授权的员工与顾客接触时,他们可以保持工作的柔性,对满足顾客的需要可以做出相应而又直接的反应,这又能导致顾客满意度的提升。

另一方面,为员工提供各种组织支持,通过组织支持来影响员工的价值观、心理和行为,以此来间接影响顾客价值管理。具体来说,主要包括:

(1)物质支持。物质支持是提供员工适当地执行工作所需的有形资产和资源。良好的物质支持是系统运营和员工工作正常的保证,直接关系到为顾客服务的质量。

(2)人员支持。人员支持是上级主管主动和直接对下属员工提供协助,特别是当工作量超过员工负荷时对员工人力上的支援。这项支持是关于企业组织内所有员工在超工作负荷时间内长期或短期的配合。例如,在短期,当预期外的大量顾客涌现,主管直接投入支援第一线员工或主管虽未直接协助,但会要求其他人员给予服务提供者暂时性的协助。而就长期而言,人员支持意味着组织雇佣并训练充足的人员来处理工作量。有充足的人员来从事工作,意味着服务提供者可以有足够的时间去注意其顾客的需要和关切。而且也意味着服务提供者可以更安全地工作、更仔细地思考其服务行为,潜意识里提高其员工满意度。

(3)资讯支持。资讯支持是使服务提供者有控制和支配工作环境的感觉。资讯支持提供服务员工需回答顾客问题的原始资料、员工该做的和如何执行的资料,以及当标准作业程序需作调整时的信息。这有助于服务提供者了解如何提供核心服务,以及适当地修改服务流程以满足顾客。顾客也期望他们的服务提供者能充分告知服务的相关资讯，以保护其免于受损害。因此，具有充分资讯的员工可使顾客觉得有信心，而且资讯丰富的员工可以有效地协助顾客。

（4）情感支持。情感支持是服务提供者感知到工作团队内的特定个人对服务提供者个人的关心，在工作团队中，情感支持可能是同事或主管与服务提供者分享亲密的经验，透过亲密地分享，服务提供者可以更好地应付服务接触所产生的压力，例如，同事之间可以探讨与难缠的顾客接触这样棘手的问题，通过互相交流经验以提高自己应付问题的能力和完善处理事件的办法。同时，和亲密的朋友或与其他员工亲近，可以有助于服务提供者应付与工作有关的愤怒、紧张和焦虑。

（5）尊重支持。尊重支持是公司赞同、尊敬和重视员工知觉，特别是与工作角色有关的尊重。服务提供者的意见被主管和同事重视和尊重时，服务提供者的自尊和自信会增加，从而会设定适当的目标并更有效地执行。尊重支持可增进士气和个人的成就感，同时减少负面的情感。因此，他们和顾客互动时更会愿意压抑自己的需要和主张，以设法满足顾客的需要。

（6）网络整合。网络整合是服务提供者感觉到他属于其工作群体及分享社群意识的程度。在工作中，网络整合会导致服务提供者认同和承诺工作团队和公司的目标，增加员工的社群意识，增强员工的服务顾客观念和责任感，共同探讨和分享顾客需求信息、协同处理顾客抱怨。

五、技术系统与顾客价值

从前面流程和顾客价值的关系可以看出，顾客价值的创造活动是各流程的组合，企业通过对关键业务流程的控制和管理来获取竞争优势,而技术是对业务流程进行整合的主要平台。它提供从ERP,CRM,HRM到财务管理的系统整合,使得企业内部各部门和各管理层次之间可以实现资源共享。在进行内部资源共享的同时,企业可以通过设置防火墙与其供应商和分销商组成Intranet,把企业经营的各种动态信息在第一时间传递给上下游,增强信息的实效性。

此外,技术因素作为驱动顾客价值的一个主要因素,它主要是通过产品创新、生产制造技术、物流供应技术和信息技术支持等四个次级因素来具体作用顾客价值的。企业生产技术、质量控制技术的提高、加快了产品更新速度,也使得产品的品质更加卓越,从而提高了顾客的产品质量感知。企业技术的进步使得企业为顾客服务的手段越来越便捷,提高了服务的质量。后勤服务技术的改进也改善了企业的物流设施,加快了企业对顾客产品的响应速度。Lewis(1995)认为,供应商对订单履行的行为和过程会影响到企业顾客的费用、市场周转率以及价值感知。不确定或延时送货,甚至是错误的送货会破坏企业顾客的运作效率,这样的话,顾客也许会转向竞争者而不是被动地等待。Frazier等人(1988)研究认为,如果供应商所提供的产品交付给顾客的情况是不确定的,就会导致企业顾客增加确认的费用,这样的话顾客为了保证正常的生产秩序而不得不保持更高的存货水平,从而增加了库存的费用和因产品老化及被盗窃的潜在损失。因此,Bharadwaj(2004)认为,对于企业顾客来说,供应商的准时交货能力是影响顾客购买决策的重要因素。各种通信技术的发展使得企业能方便地为顾客提供技术支持。尤其是近年来通信技术、计算机技术和网络技术的迅猛发展,更是彻底地改变了传统的企业经营模式,让我们感受了技术价值的重要性,它改变了顾客价值的创造和价值传递的方法。诸如

CIMS、CRM、ERP、SCM 和 CALL CENTER 等制造与管理服务软件的使用增加了顾客的总利益,同时也减少了顾客的总成本,使得顾客在权衡利得和利失中感受到了价值的增加,提高了顾客价值。

六、顾客关系与顾客价值

Crosby,Evans and Cowles(1990)认为,顾客价值的创造是顾客与企业双方共同作用的结果。Gronroos(1997)指出,在关系背景下,顾客价值是在关系的发展过程中随着时间的发展而创造和交付的。南开大学杨永恒和王永贵(2002)博士从探索顾客关系管理的内涵入手,将顾客关系管理定义为信息技术使能下的顾客价值和关系价值的管理,从而指出了顾客价值与关系价值的内在作用机理(如图 4-10):一方面,通过交付优异的顾客价值(顾客感知价值),增加顾客的满意度,提高顾客的忠诚度、维持有利可图的顾客关系。另一方面,通过对关系价值的管理,利用信息技术,使企业将资源和能力集中在最具关系价值的顾客身上,为其提供高质量的产品或服务,满足其需求,进而实现顾客价值的最大化。

王永贵博士(2002)认为,关系实际上就是企业与顾客之间的联系,包括社会联系(如社会支持)、心理联系(与声誉相关的保证)、知识联系(基于专长的知识)和意识形态联系(如伦理兼容性),顾客关系管理倡导的是关系的持续性、相互尊敬和双赢战略,而关系各方所获得收益是关系得以维持的主要动因。然而,目前有关关系收益的探讨,几乎绝大多数都强调企业收益(Reichheld and Teal,1996),并且主要从效率和效果的角度来探讨的。但在当今的顾客中心时代,处于相对主动地位的往往是顾客,而不是企业。顾客有权选择是否与特定企业构建某种关系并自主

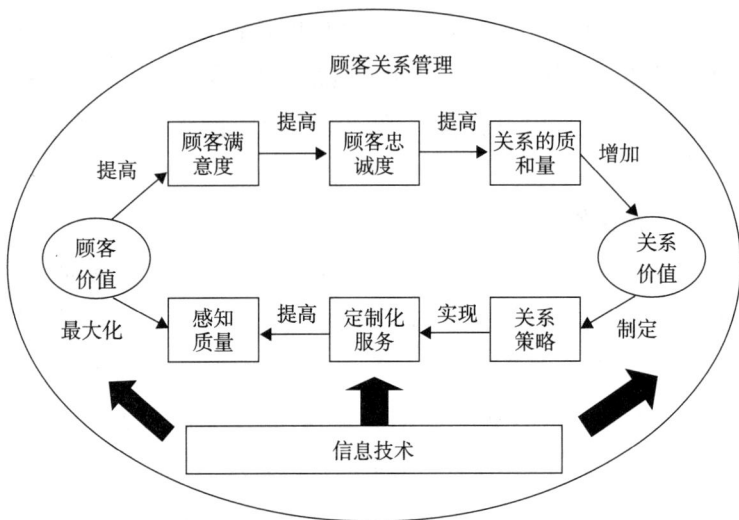

图 4-10   综合的顾客关系管理模型

资料来源:根据杨永恒、王永贵:《顾客关系管理的内涵、驱动因素和成长维度》,《南开管理评论》2002 年第 2 期等相关资料改制。

决定面向特定企业的资源投入类型和数量。这就意味着企业在管理双方的资源投入时,必须特别关注顾客可能从中得到的收益,理论上把这种收益称为关系收益。

一些学者探讨了顾客从与供应商的关系中所获的收益类型。Berry 于 1995 年把顾客在与特定企业的关系中可以获得收益划分为三种基本类型:经济收益(价格折扣)、社会收益(被企业认可并作为重要顾客加以对待)和结构收益(长期关系能够节省顾客的时间和金钱)。其中,经济收益是指顾客购买某个供应商的产品或服务可以节省货币、时间和精力等,可以获得额外提供的特别产品与服务或额外的产品与服务特征,获得更好的购买决策建议,或是因为忠诚而获得产品或服务的奖励等;社会收益是指顾客为供应商所识别,并被视为重要顾客而获得的特别优待和享受的友好服务等,具体包括社会地位和自尊心的强化、结识朋友和享受与销售人员的互动过程以及心理收益,如舒适感、安全感、信任感和减少忧虑等;结构收益是关系营销的最高形式,在这个层次上顾客已经面临着很高的转换成本。正如 Berry 所指出的,当关系营销人员能够为顾客提供他们在其他地方难以获得或是非常昂贵的"附加值"收益时,那么企业就为保持和强化顾客关系奠定了牢固的基础。类似地,Gwinner 等人在 1998 年的研究表明,顾客可以获得社会收益(包括熟悉感、认知感、友情、亲善和社会支持等)、信息收益(通常与信任和风险规避有关)和特惠收益(时间与精力的节约、额外服务与特别礼遇和礼品与聚会等)。Sweeney(2002)等人通过对服务企业的研究,认为顾客收益主要包括共生收益、心理收益、作业收益、社会收益、经济收益、战略收益和顾客定制化收益。

特别值得指出的是,对于工业顾客或组织顾客而言,它们还可以实现更高的绩效水平、获取更有利的竞争地位、更可靠的供应、不断改进的交付计划、较低的生产成本、不断缩短的产品开发周期和产品上市时间、不断改进的产品与服务质量和解决冲突的能力以及稀缺的资源与能力等。例如,戴尔公司的直销模式就是缩短产品开发和上市时间的典范。通过虚拟的信息与通信技术,该公司整合各项业务流程,打破传统价值链中生产商、供应商和客户的组织边界,使企业的平均存货时间缩短为 11 天、订单到发货的时间精确为 5—6 天,从而给戴尔公司带来了强大的竞争优势①。

---

① Magretta, J., The power of virtual integration: an interview with Dell Computer's Michael Dell, Harvard Business Review, March-April, 1998, pp.73–84.

总之,不论何种关系收益,它既是顾客价值的一个重要的来源,也是一个可以驱动顾客价值的一个重要因素,是顾客价值构成的一种形式。增加关系收益或关系价值也就意味着顾客价值的增加。实际上,正是顾客所获得的收益,最终决定了顾客可能进行投资的资源类型和数量。在某种程度上讲,顾客关系收益恰恰代表着顾客对企业资源投入状况的认可程度,反映了企业给顾客带来的附加价值大小。

七、组织学习与顾客价值

企业能否创造和传递卓越的顾客价值和企业本身的知识与顾客的知识是否融合有关(福斯和克努森,1998)。因此,顾客价值管理的有效实施,要求企业通过与客户积极互动、接触和沟通,建立起知识共享的学习型关系,不断提高组织的快速反应能力,通过量身定制更好地满足客户的个性化需求,从而促进顾客价值的实现和增值,获取可持续竞争优势。企业与客户共同学习并建立学习型关系,是顾客价值管理模式成功实施的保障。

1.顾客学习驱动组织学习

学习是组织和个人的特有能力。随着顾客知识水平的提高,顾客学习能力也在不断提高,顾客也正在变为学习型顾客,这种转变也正是产品信息中心由企业转向顾客的原因之一。顾客学习主要体现为不断积累的消费经验。很显然,学习型顾客由于不断加强自我对产品和服务的学习以及注重消费经验的积累和借鉴,他们对顾客价值链活动的影响和作用越来越大。顾客学习能力的提高,有时甚至会改变现有的消费活动而改变顾客价值链。加强学习后的顾客除了会改变现有顾客价值链上的活动外,他们也会改变自己的价值维度,在这个意义上,企业更应加大顾客价值学习的能力,以适用学习型顾客不断提高的需求。另一方面,企业通过学习,可以预知顾客学习所带来的影响,可以深入地了解顾客的整个活动周期,特别是对每个阶段的深入剖析将有助于企业预测顾客价值维度的变化和制定顾客价值交付行动方案等顾客价值战略实施活动。除此之外,组织学习,尤其是向顾客学习也是顾客信息搜集的主要来源。

2.顾客成为企业的知识源泉

首先,企业是一个生产者与客户交互学习的系统。交互学习是企业技术改进与产品创新的源泉,也是企业系统所具有的最重要的特性,从企业与客户的交互作用中学习对生产者的产品创新具有重要作用。例如,用户通过"用中学"所形成的知识,这对于产品的改进有重要意义;了解用户单位的技术瓶颈,这对于生产者而言意味着巨大的潜在市场;用户可能使用某种更新产品的能力,这将影响生产者创新的方向。

其次,企业与客户的认知互动是战略实施的基础。企业战略的制定和实施应建立在企业与客户的认知互动过程基础之上,企业可通过认知、调整、适应、影响等手段来形成和实施战略,以满足顾客的需求与偏好,获取持续竞争优势。这种战略观从企业与客户双重主体相互作用与学习的角度,为企业客户资本的增值提供了一个基本思路。例如,企业认知客户,能够了解和掌握客户的需求和变化趋势;企业让客户认知企业,能够让客户了解和接受企业的经营宗旨、企业理念、企业精神和企业文化等;企业影响和作用于客户对企业的认知,能够改变和影响顾客需求;企业在客户认知的影响和作用下,能够不断获得新的认知。

最后,客户反馈信息是企业组织学习的动力源。顾客投诉是金,是企业组织创新的知识源泉。企业不仅要解决好顾客不满意的各种投诉问题,更应该利用顾客投诉等反馈信息作为组织学习和改进的良好机会,把顾客反馈信息作为组织学习的动力源和信息源,从中不断汲取新的知识,确定解决问题的办法,相应调整企业策略,从而持续改进组织行为,保持企业可持续发展。

八、组织文化与顾客价值

顾客价值管理中最难的不是如何克服硬性问题所带来的障碍,而是如何使软性问题推进战略的有效执行,因为很多硬性的问题都可以通过有效地管理手段获得解决,或是最终化为软性问题得到解决。在所有软性问题中,企业文化是最根本的,也是最难整合和管理的,因为文化往往决定一个企业经营的基调,影响着企业管理中的众多方面,比如经营理念、员工管理等。

组织文化是组织内部、组织人员所共享的基本理念、价值观、规范和信仰模式。当组织文化处于强势时,它会对组织施加影响,但不一定是正面的影响。Kotter and Heskett(1997)指出,除非公司文化能促使公司对外部环境健康地适应,否则一种强势文化不可能保证公司获得成功。不能促进公司适应外部环境的强势文化较之弱势文化更容易对组织的成功造成伤害。例如,在有些组织中,管理者关注顾客和员工,他们高度评价那种有益变革的过程,这种组织文化我们称为适应性文化,还有一种文化,管理者更关心他们自己或一些偏爱的项目,这种文化叫非适应性文化。

因此,一个组织的文化是否具有适应性对顾客价值的创造和交付也能产生积极和消极的影响,具体分析如下。

（1）文化在顾客价值战略执行中的积极作用。企业文化具有整合性的特点，它所倡导的价值观念等意识形态是成员共享的，这既意味着组织对特定的重要问题容易形成一致性看法，又隐含着企业更适合从高层管理者角度来审视文化。从这些意义上看，企业文化的整合性对顾客价值战略管理执行起着积极的作用。一方面，顾客价值战略观念需要发展这样一种整合的文化观念，用以倡导组织的各个层面和所有职能部门把履行顾客导向和价值交付视为整个组织最基本的规范。另一方面，顾客价值战略观念也需要一个高层管理者把顾客放在首位的承诺，但这个承诺必须要能推行到整个组织，能克服操作层的障碍使他们接受它，并引导组织成员远离从传统职能管理观念向把顾客利益放在首位观念而产生的冲突和不确定。文化的整合性能促进战略的实施，反过来，企业文化的整合观念也是执行顾客价值战略的一个目标。

（2）文化在顾客价值战略执行中的消极作用。虽然企业文化的整合性对企业的管理有着积极的贡献，但是企业并不能因此忽视文化的差异性和结构性所带来的消极影响，而且这些影响通常表现为中层以下管理者中的冲突和不一致。企业文化往往是多面而又不确定的，它不仅能用以反映企业内部群体构成、组织结构和外部环境变化，而且也能用以相互区分组织成员的个体，例如当企业的营销和工程部门关系紧张时，文化通常被视为是冲突的根源。由于企业文化存在这些消极特性，所以高层管理者和基层人员经常会表现出截然不同的观念和价值观，这样有可能直接导致高层制定了很好的发展战略而执行产生很糟糕的结果，这也间接地说明了强大的企业文化比规章制度更加排外。

文化的差异性和结构性也就决定了企业内亚文化的存在，而事实上企业中存在的各种强有力文化通常就是这些发生在不同部门的亚文化。我们说企业文化对顾客价值战略执行有消极的影响,主要是指企业的亚文化影响着管理者们如何在利益均衡间进行决策。因为不同的职能部门和管理层并非完全同意把顾客的利益放在首位。正是这样,倡导顾客导向的营销人员可能将不得不和承诺把股东利益放在首位的高层管理者、追求新技术的研发经理甚至想大批量生产标准化产品的生产经理产生观念上的冲突。

总之,企业能力是组织要素与顾客价值的中介变量,组织要素通过企业能力决定顾客价值的创造和实现程度。企业顾客价值的创造能力以及对顾客需求的满足程度在很大程度上取决于企业所拥有的组织要素数量、组织要素建设的投入力度和利用效率以及根据市场变化而对组织要素进行优化、变革和整合的水平。企业组织要素的数量与质量,以及这些要素的组合方式对能力的形成产生重要影响,决定了企业能力的大小、强弱和特性,也即决定了企业能力建设的供给水平。企业对组织基础要素建设投入的力度越大,利用率越高,特别是能针对顾客价值的变化对组织基础设施进行变革和整合的技能越高,则顾客价值的创造能力就越强,对顾客的满足程度就更高,企业能力的价值也就越大。

第五章 企业能力与顾客价值关系的
实证检验:组织要素的视角

第一节 研究架构与假设

一、本研究所采用的企业能力分类

现代企业能力理论认为,企业是一个能力系统。Henderson 和 Cockburn(1994)认为,企业能力系统包括两个方面的能力:元件能力和构架能力。从能力的知识特征来看,元件能力是指元素知识,是关于企业所涉及的各层次构成元件(如环境元、子公司、职能、技术元等)的知识;构架能力是构架知识,它包含关于企业所涉及的各层次构成元件之间(如环境元之间、各职能之间、各技术元之间等)的关系的知识,以及各层次能力元之间的相互关系的知识。Winter,Helfat 和 Peteraf(1982)早期的研究将企业能力描述为实践惯例的层次,由低层次、操作层次的组织知识和技能,以及协调这些知识和技能的高层次的机制组成。在随后的研究中,Winter 和 Helfat 及 Peteraf 将企业能力划分为动态能力(dynamic capabilities)和运作能力(operational capabilities)两类。Winter 认为运作能力是"零水平"的能力,它帮助确定企业能够做什么,它存在于企业的固定流程中,能够确保一定的组织绩效水平。运作能力往往在很大程度上依赖于组织现有的知识基础,而动态能力更多的是依靠及时的、反映环境变化的新知识。Teece(1997)等认为,动态能力反映了组织适应环境变化的能力;运作能力则反映了组织维持正常运行的能力。

Teece,Pisano 和 Shuen(1997)以组织过程、位置和发展路径三个要素来过构建其动态能力理论框架:(1)组织和管理过程(Organizational and managerial process),即企业处理事情的方式和惯例、当前实践和学习的模式。(2)位置(Position),即企业当前所拥有的技术、智力产权方面的禀赋、客户基数、与上游和供应商关系等。(3)发展路径(Paths),即有利于企业的战略选择和未来发展机会的吸引力。王毅、陈劲、许庆瑞(2000)等人在扩展Henderson 构架概念的基础上,从能力载体和综合程度的层次性的角度,把企业能力分为三个层次:技术整合层能力(如学科、技术、产品、产品核心子系统四个亚层)、企业层管理能力(战略管理能力、管理意识、核心人才管理、企业研究开发能力、制造能力、营销能力)和经营环境层能力(与外部利益相关者进行合作以营造良好的企业生态环境的能力)。周亚庆(2002)在他的博士论文中认为顾客关系管理的能力支撑体系包括员工能力、领导支持能力、信息整合能力、核心商品供应能力、价值流程整合能力、制度制定与实施能力。Leonard-Barton(1995)认为,任何能力都是由如下四个维度构成:(1)雇员的知识和技能;(2)物理技术系统;(3)管理系统;(4)价值和规范。

从上述学术观点可以看出,企业能力从不同的角度可以分为不同的类型。例如,从组织构成的基本单位以及单位间的关系来看,可以分为元件能力和构架能力;从组织的稳定与动态发展来看,可以分为运作能力和动态能力;从能力载体以及综合程度来看,可以分为技术整合层能力、企业管理层和经营环境层能力。但是,不论从哪个视角对能力进行分类,各层次的企业能力均来源于组织要素,特别是组织要素中知识、技能、组织机制、流程、商业关系、价值观、技术、产品以及核心人员等。

本研究在能力资源学说这一观点的基础上,根据构成企业能力的组织要素载体不同,并以顾客价值创造目标,将企业能力分为三类:企业执行(能)力、企业运营(能)力和企业支撑(能)力。其中,企业执行(能)力的载体是组织中的人力要素,是组织中的人员为实现组织目标发挥主观能动性的意愿和程度,结合本研究的主题即为顾客创造价值,本研究将其定义为企业管理者、员工等人力要素对顾客价值创造的意愿和努力贡献程度;企业运营(能)力的载体是组织中的物力要素,是组织中物力要素在组织目标约束下所处的运营状态,在本研究中是指企业的组织结构、组织机制(制度)、价值流程等物力要素对顾客价值的创造是否处于最佳运营状态或与顾客价值是否处于最佳匹配状态;企业支撑(能)力的载体是组织中的文化精神要素,是组织文化、价值观念对组织人员目标导向行为的潜在作用,在本研究中,它是指企业的价值观或理念等精神要素对顾客价值的导向程度。

根据上述定义或假设,结合前人有关企业能力的构成等观点,本研究认为,不同的能力类型对顾客价值的作用不同。企业执行(能)力关系到价值创造的质量和效果,包括领导支持、员工的价值创新水平、企业人员的生产与供应水平、员工的意愿、专业知识与责任感、企业人员与顾客的关系质量等;企业运营(能)力关系到价值创造的速度和效率,包括组织机制、组织结构和业务流程等;企业支撑(能力)关系到价值创造的高度和持久性,包括学习导向、以顾客价值为中心的市场导向等理念。

综上所述,本研究根据前述研究内容企业能力、组织要素与顾客价值的内在关系,以及本研究所采用的企业能力分类,并依据研究目的,建立本研究的概念架构。(如图5-1所示)

二、提出假设

由于文献中对企业能力、组织要素与顾客价值创造之间作用关系的研究甚少,因此,难以从文献有针对性地、逐个归纳和总结出学者们对此方面的具体观点。本研究根据前文第三章顾客价值的驱动因素研究和第四章在组织要素、企业能力与顾客价值的关系分析论述中所得出的相关逻辑结论,依据本节所采用的企业能力划分方法和构成以及如下定性推测:企业执行(能)力关系到价值创造的质量和效果,企业运营(能)力关系到价值创造的速度和效率,企业支撑(能力)关系到价值创造的高度和持久性,结合本研究的目的,作出以下假设:

H1:企业执行(能)力对顾客价值具有正向影响;

H2:企业支撑(能)力对顾客价值具有正向影响;

H3:企业运营(能)力对顾客价值具有正向影响。

第二节　研究变量定义与测量

在分析框架中(如图5-1),本研究需要测量四个关键构念(Construct):企业执行(能)力、企业运营(能)力、企业支撑(能)力和顾客价值共四部分。其中,四个构念的测量项目均采用Likert7点尺度,其中1代表非常同意,7代表非常不同意。

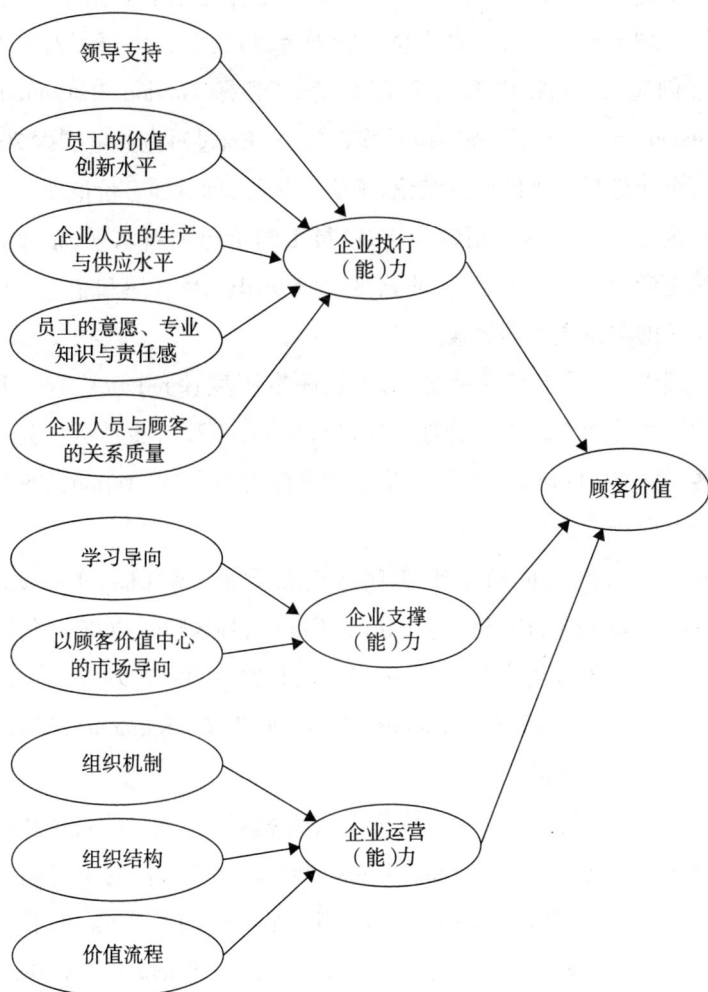

图 5-1　本研究的概念框架

一、企业执行(能)力

正如前面所述,企业执行(能)力的主体是组织要素中的人,包括管理者和员工。它是指企业管理者、员工等人力要素对顾客价值创造的意愿和努力贡献状态。根据 Gordon R. Conrad,Prahalad and Hamel(1991)以及埃森哲公司通过对世界范围内 200 多家企业进行调查的研究结论,本研究认为,创造顾客价值所需要企业执行(能)力应包括领导支持、员工的价值创新水平、企业人员的生产与供应水平、员工的意愿、专业知识与责任感和企业人员与顾客的关系质量等要素。

其中,对领导支持变项,从关注顾客程度(Frederick Newell,2000)、优化组织结构和管理程序(Shulman,1992)、激励员工关注顾客(Don Blohowiak,1997)和推进制度建设与实施(Norton,1992)四个方面进行测量;

员工的价值创新水平变项从创新意愿(W. Chan Kim and Renee Mauborgne,1997)、创新导向(Gruner,Homburg,2000)、创新过程中与顾客的互动程度(Booz,Allen,1981;Kotlor,1991)和创新的配套支持(Cooper,1986;Souder,Sherman,1998;Schroeder,2002)四个方面进行测量;

企业人员的生产与供应水平变项从采购人员的采购效率和对下游环节的支持程度(Adrian Ryans,2000)、生产人员的生产制造水平(Livada,1997;Hamel,1990)、营销人员的顾客服务水平(Cole,1997)和物流人员的后勤服务状态(Birchall,Tovsitiga,1999)四个方面进行测量;

员工的意愿、专业知识与责任感变项从为顾客创造价值的动机或愿望(Reichheld,1996;Joby John,2000)、顾客需求的认知程度

（Frederick Newell，2000）、具有顾客价值知识的水平（Adrian Payne，1993；魏江，1997）和团队合作精神与顾客责任感（Blohowiak，1997）四个问项加以测量；

企业人员与顾客的关系质量从信任水平（Morgan，Hunt，1994；Dwyer and Oh，1987）、关系经营与管理的投入力度（Kumar，Scheer，Steenkamp，1995）、承诺与满意（Roberts，2003；Smith，1998）和互动合作（Dorsch，1998；Crosby，1990）四个问项进行测量。

二、企业支撑（能）力

企业支撑（能）力主要来源于组织中的文化要素，如企业理念和价值观等。本研究将企业支撑（能）力定义为企业的价值观或理念等精神要素对顾客价值的导向和支撑程度。因此，企业支撑（能）力对顾客价值的贡献大小将从以顾客价值为中心的市场导向和学习导向两个维度进行评估。其中，学习导向维度的测量使用 Baker and Sinkula（1999a）所开发的量表来测量，包括对学习的承诺、共享愿景和开放心智等三个因子共 5 个具体问题；以顾客价值为中心的市场导向的测量使用 Kohli，Jaworski and Kumar（1993）所开发的 MARKOR 量表来测量，包括信息产生、信息传播与共享以及组织对信息的反应三个测量因子共 6 个问题项目。

三、企业运营（能）力

企业运营（能）力的主体是组织中的物力要素，如组织结构、业务流程和组织机制等。本研究将企业运营（能）力定义为企业的组织结构、组织机制（制度）、流程等物力要素对顾客价值的创造是否处于最佳运营状态或与创造顾客价值是否处于最佳匹配状态。因此,企业运营(能)力对顾客价值的贡献从组织结构、组织机制和价值流程三个变项进行测量,其中,组织机制变项从业绩考核与顾客价值的挂钩程度(Robert, Eccles, 1991; Kaplan and Norton, 1992)和为顾客服务制度的完善状况(Horovitz, 1999; Devrye, 1994)2个问题进行测量;组织结构变项从部门之间的弹性程度(Amit, Schoemaker, 1993)和权力分散程度(Man, 2001; Teece, 1997)2个问题进行测量;价值流程变项测量采用工作灵活性程度(Man, 2001; Amit, Schoemaker, 1993)和流程的优化和整合程度(Hitt, Ireland, 1985; Covin, Slevin, Knight, 1997; Richard Normann and Rafael Ramirez, 1993)2个问题。

四、顾客价值

本研究对顾客价值的操作性定义采用一些学者的观点,认为顾客价值是顾客感知利得与感知利失之间的权衡(Ravald and Gronroos, 1996; Christopher, 1997; Parasuraman, 1997; Grewal 等, 1998)。对顾客价值的测量使用 Sweeney 和 Soutar(2001)所构建的 PERVAL(耐用消费品顾客感知价值)量表来测量,包括感情价值、社会价值、质量或功能价值和所付出的代价四个维度共5个问题项目。

综上所述,在整理大量研究文献的基础上,并结合实证研究、专家意见与作者研究心得的结果,将本研究所需测量的四个构念的操作性定义、测量内容和参考文献整理如下表。

表 5-1　本研究研究变项与其操作性定义和衡量内容

衡量构念	操作性定义	研究变项	衡量内容	参考文献
组织执行能力	指企业管理者、员工等人力要素对顾客价值创造的意愿和努力贡献状态	领导支持	关注顾客程度	Frederick Newell,2000;Don Blohowiak,1997;Shulman,1992;Norton,1992
			优化组织结构和管理程序的水平	
			激励员工关注顾客的程度	
			推进制度建设与实施	
		员工的价值创新水平	创新意愿	Booz,Allen,1981;Kotlor,1991;Cooper,1986;W.Chan Kim and Renee Mauborgne,1997;Gruner,Homburg,2000;Souder,Sherman,1998;Schroeder,2002
			创新过程中与顾客互动程度	
			创新导向	
			创新的配套支持	
		企业人员的生产与供应水平	采购人员的采购效率和对下游环节的支持程度	Adrian Ryans,2000;Birchall,Tovsitiga,1999;Livada,1997;Hamel,1990;Cole,1997
			生产人员的制造水平	
			营销人员的顾客服务水平	
			物流人员的后勤服务状态	
		员工的意愿、专业知识与责任感	为顾客创造价值的动机或愿望	Reichheld,1996;Joby John,2000;FrederickNewell,2000;Adrian Payne,1993;魏江,1997;Blohowiak,1997
			认知顾客需求的水平	
			具有顾客价值知识的水平	
			团队合作精神与顾客责任感	
		企业人员与顾客的关系质量	信任水平	Roberts,2003;Smith,1998;Crosby,1990;Dwyer,Oh,1987;Kumar,Scheer,Steenkamp,1995;Dorsch,1998;Morgan,Hunt,1994
			关系经营与管理的投入力度	
			承诺与满意	
			互动合作	

续表

衡量构念	操作性定义	研究变项	衡量内容	参考文献
企业运营能力	指企业的组织结构、组织机制（制度）、流程等物力要素对顾客价值的创造是否处于最佳运营状态或与创造顾客价值是否处于最佳匹配状态	组织机制	业绩考核与顾客价值的挂钩程度	Robert，Eccles，1991；Kaplanand Norton，1992；Horovitz，1999；Devrye，1994
			顾客服务制度的完善状况	
		组织结构	部门之间的弹性程度	Teece，1997；Man，2001；Amit，Schoemaker，1993；
			权力分散程度	
		价值流程	工作灵活性程度	Man，2001；Covin，Slevin，Knight，1997；Richard Normann and Rafael Ramirez，1993；Amit，Schoemaker，1993；Hitt，Ireland，1985
			流程的优化程度	
企业支撑能力	指企业的价值观或理念等精神要素对顾客价值的导向和支撑程度	学习导向	对学习的承诺	Baker and Sinkula，1999；Hurley and Hult，1998；Yli-renko，2001；Srivastva，2001
			分享愿景	
			开放心智	
		以顾客价值为中心的市场导向	顾客价值理念	Han，Kim and Srivastava，1998；Kohli，Jaworski and Kumar，1993；
			信息获取	
			信息传播与共享	
			信息应用与反应	
顾客价值	指顾客感知利得与感知利失之间的权衡	功能价值	产品与服务质量	Bradley T.Gale，1994；Sweeney and Soutar，2001；Woodruff，1997；Sheth，1991
		情感价值	顾客所获得的关系或情感利益	
		社会价值	顾客所获得的社会利益	
		所付代价	产品或服务价格	
			非价格性支出	

第三节　问卷设计与数据收集

　　本研究问卷内容主要来自于相关文献的探讨和归纳，并经专家意见稍作修改。问卷共分为四个部分：企业执行（能）力、企业支撑

(能)力、企业运营(能)力和顾客价值。各部分的衡量问项(参见问卷调查表)采用李克特7点尺度的方式请填答者勾选,选"非常同意"给7分,次为6分,以此类推至"非常不同意"者给1分。此阶段完成的问卷,请同济大学部分 MBA 和 EMBA 学员进行问卷预试,预试结果则作为再次调整问卷内容的参考。除了追踪填答者对题意的理解是否清晰以外,并以 item-to-total correlation 分析法检视同一构面各题项与构面所要测量的内容是否一致,以项目分析法检定构面内各题项的区别力。经过这些探讨与分析后,剔除或修改不适当的题项,以便使最终问卷的整体设计更能符合研究目的。

由于本研究的目的是探讨企业执行(能)力、企业支撑(能)力、企业运营(能)力和顾客价值之间的相关程度,因此,我们从长三角地区选择若干企业进行逐一调查,选择该地区的主要原因是改革开放以来,我国长三角地区产业发展非常迅速,也是市场化、全球化进程非常快的地区,面对高度竞争、变化激烈及不确定性高的商业环境,这一地区的企业在企业执行、经营管理以及市场导向观念等方面较其他地区的企业表现得更好。

本研究根据长三角地区的企业黄页随机抽取欲调查的企业,然后通过电话与该企业的高层联络,确认可以接受调查后,即发送邮件问卷进行调查。样本设计整体上具有以下特点:(1)所选企业的顾客价值大小要能够被评价;(2)填答者对顾客价值等概念具有相关知识;(3)填答者对企业执行(能)力、企业支撑(能)力、企业运营(能)力等具体内容和内在关系有较深刻的了解。

本研究通过直接邮件的方式来收集数据。共发出280份问卷调查邮件,回收112份,剔除未填答完全以及极端值的5份问卷,共计回收有效问卷107份,回手率为38.2%。本研究样本特征包

括:成立历史、资本额、营业额、顾客满意度、员工人数与顾客类型
共六项,如表5-2所示。

表5-2　本研究样本特征

特征变项	项目说明	样本数	百分比(%)	累积百分比(%)
成立历史	3年以下	16	15.0	15.9
	3—5年	17	15.9	30.9
	6—10年	30	28.0	58.9
	11—15年	29	27.1	86.0
	16年以上	15	14.0	100
资本额	1000万以下	61	57.0	57.0
	1000万—5000万	29	27.1	84.1
	5000万—1亿	12	11.2	95.3
	1亿—2亿	3	2.8	98.1
	2亿—5亿	1	0.9	99.1
	5亿以上	1	0.9	100.0
营业额	5000万以下	78	72.9	72.9
	5000万—1亿	16	15.0	87.9
	1亿—5亿	9	8.4	96.3
	5亿—10亿	3	2.8	99.1
	10亿以上	1	0.9	100.0
顾客满意度	100%	3	2.8	2.8
	90—99%	31	29.0	31.8
	80—89%	21	19.6	51.4
	70—79%	16	15.0	65.4
	60—69%	21	19.6	85.0
	45—59%	5	4.7	89.7
	45%以下	10	9.3	100.0

特征变项	项目说明	样本数	百分比 (%)	累积百分比 (%)
员工人数	少于100人	54	50.5	50.5
	101—150人	20	18.7	69.2
	151—200人	13	12.1	81.3
	201—300人	13	12.1	93.5
	301—500人	4	3.7	97.2
	501人—1000人	2	1.9	99.1
	1001人以上	1	0.9	100.0
顾客类型	企业用户	66	61.7	61.7
	一般消费者	8	7.5	69.2
	两者皆是	33	30.8	100.0

资料来源:本研究根据调查数据进行整理。

由表5-2分析可以看出,大部分回卷厂商成立历史在6—15年,约占总样本数的55%;资本额在1000万以下的约占57%;营业额在5000万以下,约占73%;顾客满意度80%以上,约占51%;员工人数少于100人,约占51%;顾客类型单纯为企业用户者,约占62%。

一、企业执行(能)力

企业执行(能)力的五个测量子构念均由四个题项加以衡量,此四个题项加总后即代表各子构念的执行程度。从下表5-3可以看出,大部分厂商企业执行能力的各子构念对企业组织整体执行力的贡献程度多在中等程度,而各子构念中以"领导支持"的贡献程度较其他能力和要素最高,"产品开发与供应"对企业执行能力的贡献最低。

表5-3　企业执行(能)力数据统计

企业执行(能)力	平均数	标准差
1.领导支持	5.56	0.93
2.员工的价值创新水平	5.47	1.04
3.企业人员的生产与供应水平	5.14	1.12
4.员工的意愿、专业知识与责任感	5.29	0.99
5.企业人员与顾客的关系质量	5.25	1.08

资料来源:本研究根据调查数据进行整理。

二、企业支撑(能)力

由下表5-4可以得知,多数企业在顾客价值创造方面的企业支撑力皆高于5,平均数低于5的部分则为"贵公司将学习视为改进的主要方法是本公司的基本价值观之一"、"贵公司不同部门间交流顾客知识和信息容易、频繁"和"贵公司部门间经常举行会议,讨论市场的发展变化"。这些显示各公司组织学习观念和部门间顾客信息共享能力相对偏低。

表5-4　企业支撑(能)力数据统计

企业支撑(能)力	问项	平均数	标准差
	6.贵公司将学习视为改进的主要方法是本公司的基本价值观之一	4.97	1.30
	7.贵公司认为学习是公司生存的必要保障	5.40	0.93
	8.贵公司所有员工都承诺:要为公司的目标而努力工作	5.51	0.98
	9.贵公司的高层管理者会与他们的下属员工分享他们的愿景	5.64	1.09
	10.贵公司鼓励员工质疑公司运营方式的各种假设	5.59	1.18

续表

企业支撑(能)力	问项	平均数	标准差
11.贵公司的企业文化是以顾客价值为中心		5.37	1.21
12.贵公司经常邀请顾客座谈,吸收顾客知识和信息		5.17	1.21
13.贵公司不同部门间交流顾客知识和信息容易、频繁		4.88	1.31
14.贵公司部门间经常举行会议,讨论市场的发展变化		4.90	1.36
15.贵公司将顾客知识、信息应用在公司活动上的程度高(包含工作流程、产品或服务开发等)		5.58	1.23
16.贵公司发觉顾客需要修改公司产品或服务时,相关部分都能有效协调应对		5.26	1.19

资料来源:本研究根据调查数据进行整理。

三、企业运营(能)力

组织为顾客创造价值所需要的运营能力是由三个子构念组成,每个子构念各由两个题项加以衡量,加总后即代表各个子构念对组织整体运营能力的贡献程度。由表5-5可以发现,企业在培育和提升企业运营能力时,首先应以优化价值流程为主,其次是变革组织结构,最后才是调整组织机制。

表5-5　企业运营(能)力数据统计

顾客运营(能)力	平均数	标准差
1.组织机制	4.72	1.18
2.组织结构	5.47	1.13
3.价值流程	5.61	0.90

资料来源:本研究根据调查数据进行整理。

四、顾客价值

由表5-6我们可以发现,所有资料都在5和6之间,显示大部分企业认为他们能给顾客创造和带来各种形式的价值和降低顾客购买和使用产品方面所付出的代价。

表5-6　顾客价值数据统计

问卷题目	平均数	标准差
1.顾客能从贵公司获得很高的产品或服务质量	5.40	1.40
2.顾客能从贵公司获得很高的关系或情感利益	5.27	1.44
3.顾客能从贵公司的产品或服务消费和使用中能获得很高的社会利益	5.22	1.55
4.顾客认为贵公司产品或服务的价格相对行业其他提供者最低	5.26	1.40
5.顾客认为从贵公司交易和使用产品或服务所付出的非价格外的代价相对行业其他提供者最低	5.74	1.46

资料来源:本研究根据调查数据进行整理。

第四节　数据分析方法

本研究采用多变量研究分析方法,针对问卷所收集的资料进行分析,以 SPSS 统计软件作为资料整理分析工具。所进行的分析包括描述性统计分析、信度分析(Reliability Analysis)和线性结构方程(LISREL)分析。

本研究以线性结构方程分析法来分析实证资料对研究假设模型的支持程度,使用的统计分析软件为 LISREL8.5。线性结构方程分析包括两个部分,即测量模型和结构方程模型。分别说明如下:

一、测量模型

线性结构方程模型中测量模型就是验证性因素分析(Confirmatory Factor Analysis,CFA)。考量本研究的线性模式设计(参见图5-1),验证性因素分析将分为三个部分,即:(1)企业执行(能)力的CFA分析,包含领导支持、员工的价值创新水平、企业人员的生产与供应水平、员工的意愿、专业知识与责任感和企业人员与顾客的关系质量等五个构面,每个构面由4个衡量指标组成(参见表5-1)。(2)企业支撑(能)力的CFA分析,包含学习导向、以顾客价值为中心的市场导向等2个构面。学习导向构面由5个衡量指标组成;以顾客价值为中心的市场导向构面由6个衡量指标组成(参见表5-1)。(3)企业运营(能)力的CFA分析,包含组织机制、组织结构和价值流程等3个构面,每个构面由2个衡量指标组成(参见表5-1)。(4)顾客价值的CFA分析,为单一构面,由5个衡量指标组成(参见表5-1)。

经由验证性因素分析可以检视各衡量构面的组合成分(即各个衡量指标)是否能适当测量该构面所欲衡量的属性。若有少数未能符合的成分(衡量指标),再透过 item-to-total correlation 分析;若其与构面得分总和的相关系数太低(小于0.3),则予以剔除,以增加此衡量构面的一致性。

二、结构方程模型

结构方程模型即因果关系模型(Causal Model),用于检验实证资料是否支持假设的因果关系。本研究以图5-1的结构框架为假设的线性结构方程模型,以 LISREL8.5 统计软件进行分析,用以探讨实证资料对模型的拟合情形是否良好,作为接受或修改假设模型的依据。其判断标准拟以模型分析结果的卡方值比率(即卡方值除以自由度,通常以小于3为接受标准)、经自由度调整后的 AGFI(Adjusted Goodness of Fit Indes) 和 RMR(Root Mean Square Residual) 等数值作为判别标准。

三、H1、H2 及 H3 假设假定

以 LISREL8.5 做线性结构方程分析可同时计算各因果关系式的 γ 值,并计算此 γ 值的 t 检定值。所以 H1、H2 和 H3 的假设假定,即在整体模式被接受的前提下,检定其 γ 值是否显著。本研究以 0.05 为显著性水平进行检定。

四、LISREL 的分析步骤

综合 J.Hair et al(1998) 和 Anderson et al.(1991) 的观点,LIS-REL 的分析应采取以下步骤:

(1)发展理论模型

以 LISREL 来检验因果关系,基本上是属于验证的方法,这种验证方法通常由理论引导,而非由以资料来引导研究。变项与变项之间的因果关系必须有理论上的支持,时间上的先后次序不一定是因果关系的必要条件。

(2)建立因果关系图

以箭头表示理论建构之间的关系,直线表示因果关系,箭头的指向方为结果,出发方为原因,曲线双箭头表示两个理论建构相关,但因果关系不明,且其因果关系也不是研究者所要探索的。

(3)评论模型的适合度

模型适合度评价的目的,主要是评价理论模型是否能解释实际观察所得的资料,或者说比较理论模型与实际资料的差异性,一般来说,对评估模型的适合度进行分析主要是针对整体模型、衡量

模型与结构模型三方面进行评估。

(4)解释模型

模型经过评估研究被接受后,即检查模型结果和提出的模型之间的一致性,即判断其主要关系是否获得模型结果的支持。

第五节 信度与效度分析

一般测验的好坏除了要难度适中和要有高的鉴别度外,最重要的还要有效度(Validity)和信度(Reliability)。

一、效度分析

效度是指量表真正衡量出研究人员所要衡量事物的程度(Fornell and Larcker,1981),本研究采用内容效度进行效度分析,亦即可以衡量出足够代表研究主题的程度(Cooper and Schindler,1998)。本研究的问卷内容是根据国内外学者的文献理论进行整理而成,并经专家学者检视以及在部分 MBA 和 EMBA 学员中进行预试后反复修改并最终定稿,因此本研究的量表具有相当好的内容效度。就建构效度(Construct Validity)而言,意即问卷能衡量出建构的理论程度,本研究以因子分析结果的共同性(Commonality)来衡量各变项的建构效度,效度值高于 0.6 以上为佳(Fornell and Larcker,1981)。因为各变数的效度值多介于 0.75 与 0.95 之间,故本研究具有很高的建构效度。

二、信度分析

信度是指量表衡量的正确性或精确性(Kerlinger,1999),信度包括稳定性以及一致性。在本研究中的李克特度量表,最常使用的信度检测法是 Cronbach's α 系数及折半信度。Kerlinger(1999)认为信度可以衡量出工具(问卷)的可靠度、一致性与稳定性,因此本研究采用 Cronbach's α 系数作为信度的判断指标,一般认为 α 系数只要在 0.5 或 0.6 以上即可接受,若 α 系数介于 0.7 与 0.9 之间,则表示具有高信度(Joseph,1992)。对本研究变数进行信度检验,结果显示各个变数的 Cronbach's α 值均在 0.8 以上,因此,表示本研究的问卷具有相当高的信度。现将本研究各变数的衡量问项的 Cronbach's α 值整理如下表。

表 5-7 本研究各变项衡量变数的信度值和准则效度

测量变数		测量题数	Cronbach's α	
企业执行(能)力	领导支持	4	0.7832	
	员工的价值创新水平	4	0.8508	
	企业人员的生产与供应水平	4	0.8863	0.9362
	员的工意愿、专业知识与责任感	4	0.8581	
	企业人员与顾客的关系质量	4	0.8510	
企业支撑(能)力	学习导向	5	0.7395	
	以顾客价值为中心的市场导向	6	0.9114	0.9113
企业运营(能)力	组织机制	2	0.8405	
	组织结构	2	0.8930	0.8423
	价值流程	2	0.7378	
顾客价值		5	0.8621	

本研究进一步将各相关变数的衡量指标进行内部一致性检

定,如表 5-8、表 5-9、表 5-10、表 5-11 所示。

表 5-8　企业执行(能)力量表的信度分析

量表问项	Item-Total Corelation	Cronbach's α
领导支持		0.7832
Q1A 贵公司领导对顾客非常重视,如经常关注目标顾客的需要,定期会见关键目标顾客,向顾客征求反馈意见,致力于引导员工重视顾客的需求与偏好	0.720	
Q1B 贵公司领导在构建与顾客价值目标相适应的组织结构与业务流程上给予大力支持和领导	0.821	
Q1C 贵公司领导经常关注员工的满意程度,关心员工,授予员工工作权力,以提高员工的顾客服务态度和水平	0.801	
Q1D 贵公司领导致力于推进顾客服务制度、顾客档案制度、与顾客价值挂钩的绩效考核制度的建设	0.788	
员工的价值创新水平		0.8508
Q2A 贵公司人员的创新意愿很强。这主要以他们主张以价值创新方式来吸引和留住顾客,还是以竞争形式通过打败竞争对手来夺取对方顾客的观点来判断。	0.885	
Q2B 贵公司人员在产品或服务创新过程中经常与顾客互动	0.832	
Q2C 贵公司人员在创新中是以市场和学习为导向	0.793	
Q2D 贵公司人员创新经常受到公司的特殊支持和专项激励	0.821	
企业人员的生产与供应水平		0.8863
Q3A 贵公司采购人员的采购效率以及对下游环节的贡献程度很高	0.832	

续表

量表问项	Item-Total Corelation	Cronbach's α
Q3B 贵公司生产人员的制造水平在行业内处于领先水平	0.872	
Q3C 贵公司营销人员的顾客服务水平（维修服务、顾客投诉处理、顾客关系管理）在行业内处于领先地位	0.902	
Q3D 贵公司物流人员能保证货物按需供应，能为顾客带来价值增加和成本节约	0.855	
员工的意愿、专业知识与责任感		0.8581
Q4A 贵公司员工具有很强的为顾客创造价值的愿望或动机	0.821	
Q4B 贵公司员工具有很强的认知顾客需求的能力	0.860	
Q4C 贵公司员工在行业内相对其他企业员工具有很强的专业知识	0.891	
Q4D 贵公司员工具有很强的团队合作精神、具有很强的顾客责任感	0.782	
企业人员与顾客的关系质量		0.8510
Q5A 贵公司人员在顾客和社会领域中具有很强的信任水平	0.815	
Q5B 贵公司人员对顾客关系的经营与管理投入力度大	0.868	
Q5C 贵公司人员对顾客的承诺以及践诺状态令顾客满意	0.874	
Q5D 贵公司人员与顾客经常开展各种形式的互动合作	0.773	

表5-9　企业支撑能力量表的信度分析

量表问项	Item-Total Corelation	Cronbach's α
学习导向		0.7395
Q6 贵公司将学习视为改进的主要方法是本公司的基本价值观之一	0.621	
Q7 贵公司认为学习是公司生存的必要保障	0.706	
Q8 贵公司所有员工都承诺:要为公司的目标而努力工作	0.765	
Q9 贵公司的高层管理者会与他们的下属员工分享他们的愿景	0.715	
Q10 贵公司鼓励员工质疑公司运营方式的各种假设	0.737	
以顾客价值为中心的市场导向		0.9114
Q11 贵公司的企业文化是以顾客价值为中心	0.819	
Q12 贵公司常邀请顾客座谈,吸收顾客知识和信息	0.823	
Q13 贵公司不同部门间交流顾客知识和信息容易、频繁	0.819	
Q14 贵公司部门间经常举行会议,讨论市场的发展变化	0.875	
Q15 贵公司将顾客知识、信息应用在公司活动上的程度高(包含工作流程、产品或服务开发等)	0.831	
Q16 贵公司发觉顾客需要修改公司产品或服务时,相关部分都能有效协调应对	0.830	

表5-10   企业运营（能）力量表的信度分析

量表问项	Item-Total Corelation	Cronbach's α
组织机制		0.8405
Q17 贵公司规定人员的业绩考核与顾客服务效果挂钩	0.924	
Q18 贵公司有着清晰和完善的顾客服务规定	0.934	
组织结构		0.8903
Q19 贵公司各部门、员工对顾客的需求变化能作出及时调整	0.948	
Q20 贵公司员工在服务顾客和处理顾客问题时有着充分的自主权	0.953	
价值流程		0.7378
Q21 贵公司允许各部门及员工打破正规的工作程序,保持工作灵活性	0.881	
Q22 贵公司常以顾客价值目标来梳理、优化和整合组织内外各项活动流程	0.900	

表5-11   顾客价值量表的信度分析

量表问项	Item-Total Corelation	Cronbach's α
顾客价值		0.8612
Q23 顾客能从贵公司获得很高的产品或服务质量	0.765	
Q24 顾客能从贵公司获得很高的关系或情感利益	0.764	
Q25 顾客能从贵公司的产品或服务消费和使用中能获得很高的社会利益	0.863	
Q26 顾客认为贵公司产品或服务的价格相对行业其他提供者最低	0.765	

量表问项	Item-Total Corelation	Cronbach's α
Q27 顾客认为从贵公司交易和使用产品或服务所付出的非价格外的代价相对行业其他提供者最低	0.830	

第六节 结构方程式模组分析

LISREL 是一种用来处理因果关系的统计方法,近几年来 LISREL 分析方法在社会科学与行为科学中受到重视,本研究旨在探讨企业执行(能)力、企业支撑(能)力、企业运营(能)力对顾客价值的影响,故利用 LISREL 能获得处理因果关系的结果与实证模型。

一、测量模型

线性结构方程模型中的测量模型就是验证性因素分析(Confirmatory Factor Analysis,CFA),以下针对个变项的构面进行分析。

1.对企业执行(能)力的 CFA 分析,包含领导支持、价值创新、产品开发与供应、员工意愿与技能和与顾客的关系质量等五个构面,每个构面由 4 个衡量指标组成。由图 5-2 可以得知,模型中的卡方值比率(x^2/df)为 2.81,符合建议值 3 的范围内(卡方值愈小,表明模型的适配度愈佳,但卡方值易受到样本大小的影响,故以卡方值除以自由度的值来判断比较理想);而 GFI 值为 0.91、AGFI 值为 0.85、IFI 值为 0.92、CFI 值为 0.91,均与理想值 1 相去不远(GFI、AGFI、IFI 和 CFI 值愈接近 1,表明模型的适配度愈佳);同时,RMR 值为 0.068,也与理想值 0 相当接近(RMR 值是均方根残差,反映的是残差值大小关系,其值愈接近 0,表明模式的适配度愈佳)。由于整体模型的各项适配度统计值(Goodness of Fit Statistics)均相当理想,显示企业执行(能)力各构面问项可以衡量其内涵。

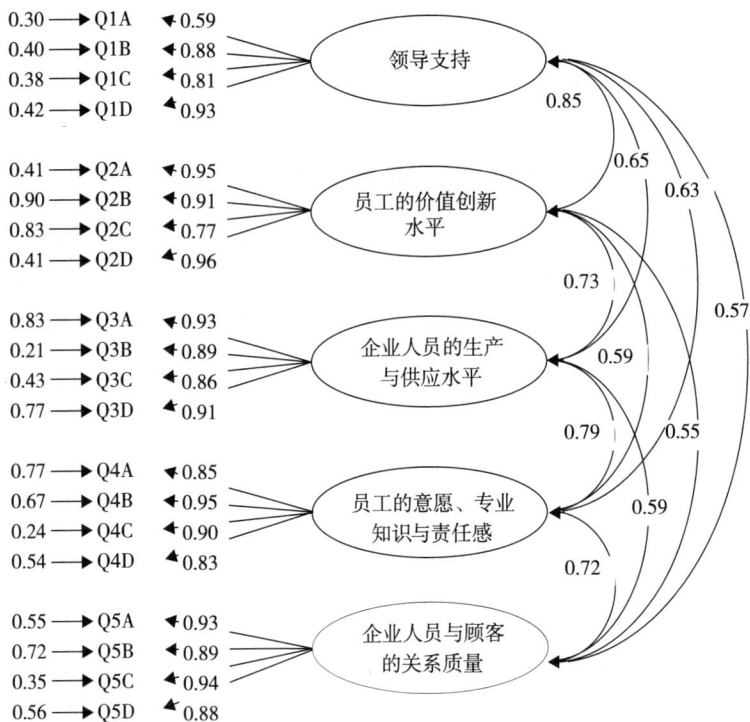

χ^2	df	χ^2/df	GFI	AGFI	IFI	CFI	RMR
450.02	160	2.81	0.91	0.85	0.92	0.91	0.068

图 5-2 对企业执行能力的验证性因素分析

2.对企业支撑(能)力的 CFA 分析,包含学习导向、以顾客价值为中心的市场导向等 2 个构面。学习导向构面由 5 个衡量指标组成;以顾客价值为中心的市场导向构面由 6 个衡量指标组成。由图 5-2 可以得知,模式中的卡方值比率(x^2/df)为 1.52,符合建议值 3 的范围内;而 GFI 值为 0.90、AGFI 值为 0.85、IFI 值为 0.96、CFI 值为 0.96,均与理想值 1 相去不远;同时,RMR 值为 0.070,也与理想值 0 相当接近。由于整体模型的各项适配度统计值(Goodness of Fit Statistics)均相当理想,显示企业支撑(能)力各构面问项可以衡量其内涵。

3.对企业运营(能)力的 CFA 分析,包含组织机制、组织结构和价值流程等 3 个构面,每个构面由 2 个衡量指标组成。由图 5-3 可以得知,模式中的卡方值比率(x^2/df)为 2.75,符合建议值 3 的范围内;而 GFI 值为 0.95、AGFI 值为 0.84、IFI 值为 0.97、CFI 值为 0.97,均与理想值 1 相去不远;同时,RMR 值为 0.053,也与理想值 0 相当接近。由于整体模型的各项适配度统计值(Goodness of Fit Statistics)均相当理想,显示企业运营(能)力各构面问项可以衡量其内涵。

4.对顾客价值的 CFA 分析,顾客价值的 CFA 分析,为单一构面,由 5 个衡量指标组成。由图 5-4 可以得知,模式中的卡方值比率(x^2/df)为 0.51,符合建议值 3 的范围内;而 GFI 值为 0.99、AGFI 值为 0.97、IFI 值为 0.98、CFI 值为 0.98,均与理想值 1 相去不远;同时,RMR 值为 0.037,也与理想值 0 相当接近。由于整体模型的各项适配度统计值(Goodness of Fit Statistics)均相当理想,显示顾客价值各问项可以衡量其内涵。

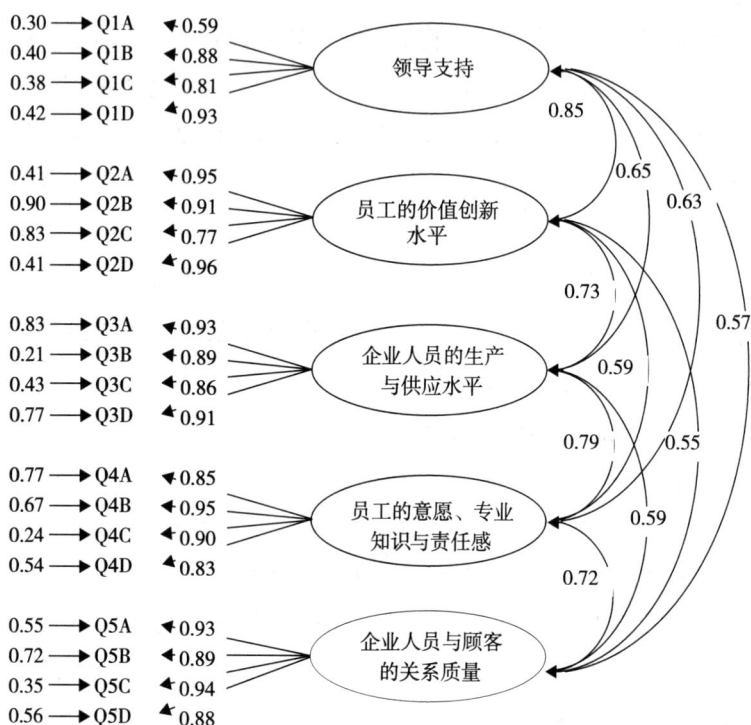

χ^2	df	χ^2/df	GFI	AGFI	IFI	CFI	RMR
450.02	160	2.81	0.91	0.85	0.92	0.91	0.068

图5-2　对企业支撑(能)力的验证性因素分析

二、结构方程模型

结构方程模型即因果关系模型(Causal Model),用于检验实证资料是否支持假设的因果关系。经由 LISREL 分析后得知,卡方值比率(χ^2/df)为 2.36,符合建议值 3 的范围内;而 GFI 值为 0.89、AGFI 值为 0.85、IFI 值为 0.91、CFI 值为 0.90,均与理想值 1

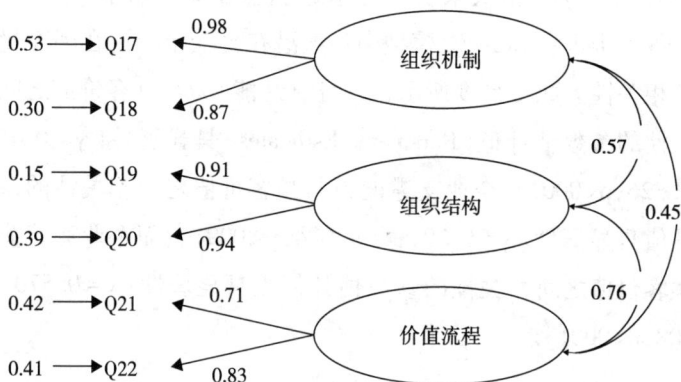

χ^2	df	χ^2/df	GFI	AGFI	IFI	CFI	RMR
16.50	6	2.75	0.95	0.84	0.97	0.97	0.053

图 5-3　对企业运营（能）力的验证性因素分析

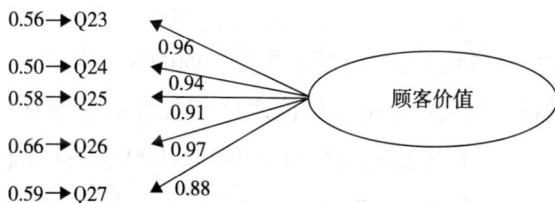

χ^2	df	χ^2/df	GFI	AGFI	IFI	CFI	RMR
2.57	5	0.51	0.99	0.97	0.98	0.98	0.037

图 5-4　对顾客价值的验证性因素分析

相去不远；同时，RMR 值为 0.059，也与理想值 0 相当接近。由于整体模式的各项适配度统计值（Goodness of Fit Statistics）均相当理想,显示本研究的关系模型获得支持(如图 5-5 所示)。

进一步观察 LISREL 模型中各项潜在自变量与潜在因变量之间的相关性。如图 5-5 所示,企业执行(能)力与顾客价值之间的相关性的参数估计值(Parameter Estimates)具显著性[$\gamma = 0.456$, $t = 4.326$, $p < 0001$];企业支撑能力与顾客价值之间相关性的参数估计值具显著性[$\gamma = 0.391$, $t = 4.034$, $p < 0001$];而企业运营能力与顾客价值之间相关性的参数估计值更具显著性[$\gamma = 0.570$, $t = 5.408$, $p < 0001$]。

第七节 假设检验

此部分将各种统计结果的结论(如表 5-12 所示),按照企业执行(能)力、企业支撑(能)力和企业运营(能)力对顾客价值的影响分述如下。

一、企业执行(能)力与顾客价值之间的关系

企业执行(能)力与顾客价值之间相关性的参数估计值 $\gamma = 0.456 > 0$, $t = 4.326$ 且达到显著性水准($p < 0001$),表明企业执行(能)力与顾客价值具有正向关系,故假设 H1 成立。根据数值显示,企业愈提高企业执行能力,则愈能为顾客创造出优异的价值。其中,提升企业执行能力,不仅要提高领导对为顾客创造价值的支持度、提高产品生产与供应的效率以及重视顾客关系管理,而且更要激发员工为顾客服务和创造价值的动机、愿望,提高员工的专业知识和能力,培育员工的团队合作精神和顾客责任感,加强同顾客的互动合作,加快价值创新。

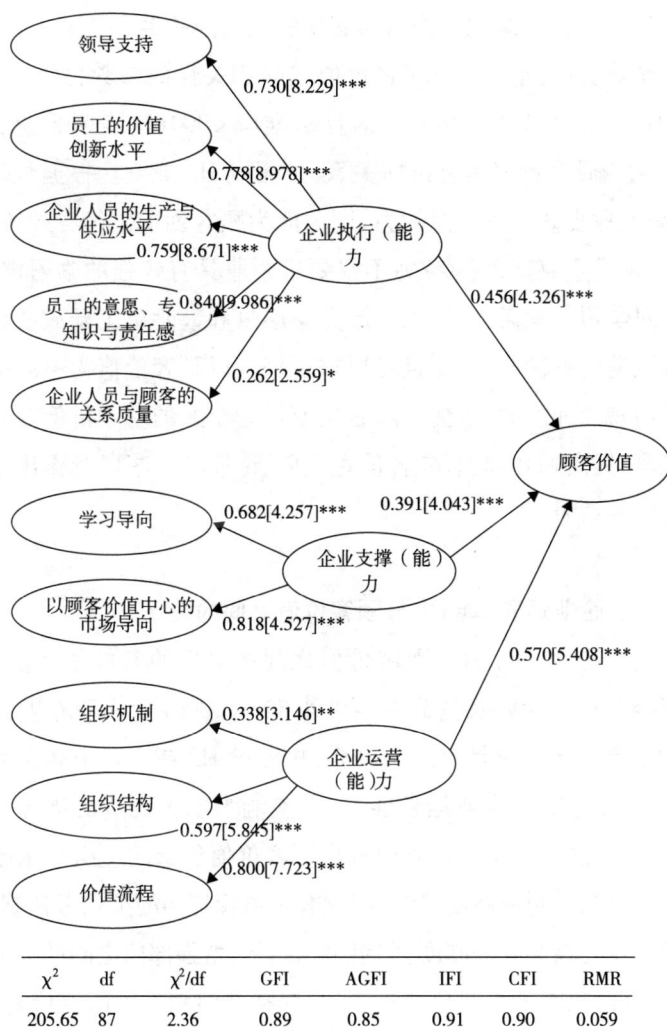

领导支持

员工的价值
创新水平

企业人员的生产与
供应水平

员工的意愿、专
知识与责任感

企业人员与顾客的
关系质量

学习导向

以顾客价值中心的
市场导向

组织机制

组织结构

价值流程

企业执行(能)力

企业支撑(能)力

企业运营(能)力

顾客价值

0.730[8.229]***

0.778[8.978]***

0.759[8.671]***

0.840[9.986]***

0.262[2.559]*

0.456[4.326]***

0.682[4.257]***

0.391[4.043]***

0.818[4.527]***

0.570[5.408]***

0.338[3.146]**

0.597[5.845]***

0.800[7.723]***

χ^2	df	χ^2/df	GFI	AGFI	IFI	CFI	RMR
205.65	87	2.36	0.89	0.85	0.91	0.90	0.059

图 5-5　顾客价值及其影响因素 LISREL 分析模式

(注:括号内数字为 t 值,t>1.96,p<0.05 以 * 表示;t>2.58,p<0.01 以 * * 表示;t>3.29,p<0.001 以 * * * 表示)

二、企业支撑(能)力与顾客价值之间的关系

企业支撑(能)力与顾客价值之间相关性的参数估计值 $\gamma = 0.391 > 0$, $t = 4.043$ 且达到显著性水准($p < 0001$),表明企业支撑(能)力与顾客价值具有正向关系,故假设 H2 成立。根据数值显示,企业愈提高企业支撑能力,则愈能为顾客创造出优异的价值。其中,提升企业支撑(能)力不仅要求企业具有较强的学习能力,包括对学习的承诺、和员工一起分享愿景和鼓励员工开放心智去质疑以前的各种假设,而且更要重视培育以顾客价值为中心的市场导向观念和能力,包括以顾客价值作为企业的基本价值观和核心理念、提高顾客知识、顾客信息获取、传播和分享以及作出反应的效率和效果。

三、企业运营(能)力与顾客价值之间的关系

企业运营(能)力与顾客价值之间相关性的参数估计值 $\gamma = 0.570 > 0$, $t = 5.408$ 且达到显著性水准($p < 0001$),表明企业运营(能)力与顾客价值具有正向关系,故假设 H3 成立。由相关数值得知,企业愈提高企业运营能力,则愈能为顾客创造出优异的价值。其中,这不仅要求企业应根据顾客价值创造的组织要求变革原有的组织机制或制度,建立与顾客价值相挂钩的绩效考核制度,明确企业的顾客服务制度;重组组织结构,增强部门之间的沟通和弹性程度,授予员工充分的决策权,提高部门和员工的反应速度;而且更要重视顾客价值创造过程中的流程优化,打破正规的工作程序,提高工作灵活性,降低各项成本,从而提高价值创造的效率和效果。

表 5-12 假设检验结果汇总表

假设	路径系数	t 值与显著性水平	是否支持假设	说明
H1 企业执行（能）力与顾客价值	0.456	t=4.326 且 p<0001	支持	企业执行能力对顾客价值具有正向影响
H2 企业支撑（能）力与顾客价值	0.391	t=4.043 且 p<0001	支持	企业支撑能力对顾客价值具有正向影响
H3 企业运营（能）力与顾客价值	0.570	t=5.408 且 p<0001	支持	企业运营能力对顾客价值具有正向影响

第八节 结论与管理启示

一、研究结论

本研究的研究结论主要包括:(1)企业企业执行(能)力强弱对顾客价值产生正面影响。(2)企业企业支撑(能)力强弱对顾客价值产生正面影响。(3)企业企业运营(能)力大小对顾客价值产生正面影响。(4)在 10 项组织要素中,价值流程对顾客价值创造水平的影响相对最大[路径系数=0.800×0.570=0.456]。下面将对此进行具体阐述和说明。

1.企业企业执行(能)力对顾客价值产生正面影响

从 LISREL 架构模型中可以发现,企业提高组织的执行(能)力与顾客价值具有正向关系[路径系数=0.456],此项结果显示,在市场需求和顾客价值基点发生改变时,企业提高管理者、员工等组织人力要素的执行能力,加强同顾客之间的互动,使组织内各部门、团队和人员能对顾客需求与偏好的变化作出及时反应和提高满足其需求的执行力度和效率,将能增加顾客价值和提高顾客满意度。

进一步分析 LISREL 架构模型还可以发现,构成企业执行能力的 5 个子因子(领导支持、员工的价值创新水平、企业人员的生产与供应水平、员工意愿、专业知识与责任感、企业人员与顾客的关系质量)对顾客价值有不同程度的影响。

首先,通过比较领导支持与员工价值创新水平对顾客价值创造的影响可以发现,企业提高以市场和学习为导向的价值创新能力[路径系数 = 0.778×0.456 = 0.355],在产品或服务创新过程中加强同顾客间的互动,改变传统的竞争方式,通过价值创新的方式来吸引和保留顾客,比提高企业领导的支持度[路径系数 = 0.730×0.456 = 0.332]对顾客价值创造的影响更显著。其原因可能是,企业领导以及高层管理者的支持并不能直接为顾客创造和带来价值,而是要通过价值创新以及其他与顾客直接相作用的人员和流程才能显示出来。这一结果也论证了部分学者的观点。如 W. Chan Kim 和 Renee Mauborgne(1999)认为,传统的降低成本或提高质量的做法是通过打败竞争对手的方式来实现的,这种战略思维只会造成市场份额在企业之间的不同比例分配,整体市场规模并没有增大,更谈不上市场创新。企业在这种竞争性逻辑的指导下,对竞争对手的过分关注将会使企业注意力偏离市场结构或顾客需求的变化(这些变化可能蕴藏着巨大的尚待挖掘的价值),因此,他们指出,为顾客真正创造价值的有效机会在于打破传统的这种战略思维模式,跳出竞争循环的怪圈,把焦点放到顾客所看中的价值点的创新上,只有通过与顾客的关系合作而不是同对手的竞争,才能真正满足顾客,提高市场份额。

其次,企业人员的生产与供应水平[路径系数＝0.759×0.456＝0.346]、员工的意愿、专业知识与责任感[路径系数＝0.840×0.456＝0.383]均对顾客价值有显著影响,尤其是员工为顾客创造价值的意愿、专业知识和责任感在所有企业执行能力子构念中显示出最大的效果,其原因可能是,员工是顾客价值创造的真正主体,特别是与顾客经常接触的员工,他们非常了解顾客的需求,能切实感受到顾客的满意程度,能针对顾客的个性和需求偏好来提供个性化的服务和产品,从而为顾客创造和传递价值的效果相对较大。

最后,企业人员与顾客的关系质量[路径系数＝0.262×0.456＝0.119]对顾客价值的影响虽然显著但相对较小,推测其可能原因是,虽然企业加强同顾客间的合作能为顾客带来情感或关系利益,但两者之间的关系质量要受到信任、承诺、关系投资力度以及满意等维度的影响,而企业为顾客创造和传递其他非关系价值(如产品或服务利益、社会利益等)是影响关系质量维度的主要因素,因此,关系价值相对其他价值来说,对顾客价值的影响相对较小。

在分析企业执行能力各个子构念对顾客价值影响后,让我们感兴趣的另一个部分则是实际发生在众多企业中的现象。经过计算后,长三角许多企业企业执行(能)力的五个子构念对整体执行力的贡献大小为:领导支持为5.56、企业人员的价值创新水平为5.47、企业人员的生产与供应水平为5.14、员工的意愿与责任感为5.29、企业人员与顾客的关系质量为5.25(采用李克特7点尺度,7代表对组织整体执行力贡献最大,1代表对组织整体执行力没有贡献)。这些发现显示,多数企业在领导支持方面最突出,但是,根据本研究实证分析指出,员工意愿、专业知识与责任感对顾客价值的影响最显著。因此,本研究建议企业通过提升员工为顾客创造价值的动机、给员工培训有关顾客价值方面的知识、增强员工的顾客责任感可以更进一步改善顾客价值水平。

综上所述,企业企业执行(能)力对顾客价值能产生显著正向影响,企业提高和改善在领导支持、人员的价值创新水平、人员的生产与供应水平、员工意愿、专业知识和责任感、与顾客的关系质量等方面的能力与要素,能够为顾客带来优异的价值。这些结论进一步论证了一些学者在此方面的观点(Norton, 1992; Frederick Newell, 2000; Hamel, 1990; Booz, Allen, 1981; Kotlor, 1991; Joby John, 2000; Crosby, 1990; Dwyer, Oh, 1987; Kumar, Scheer, Steenkamp, 1995; Dorsch, 1998; Morgan, Hunt, 1994)

2.企业企业支撑(能)力对顾客价值产生正面影响

本研究认为顾客支撑(能)力是企业的价值观、理念等精神要素对顾客价值的导向程度。经过实证研究显示,企业企业支撑能力的强弱对顾客价值创造有显著正向影响[路径系数 = 0.391]。比较企业支撑能力的两个子构念学习导向[路径系数 = 0.682 × 0.391 = 0.267]和以顾客价值为中心的市场导向[路径系数 = 0.818 × 0.391 = 0.320]对顾客价值创造的影响,可以发现以顾客价值为中心的市场导向对顾客价值的正面影响更加显著。其原因可能是,市场导向既是一种组织文化(Narver and Slater, 1990; Homburg and Pflesser, 2000; Deshpande and Farley, 1998),也是一个学习过程(Ruekert, 1992; Day, 1994)和创新过程(Baker and Sinkula, 1999a), Han, Kim 和 Srivastava(1998)认为创新是市场导向的一种职责(function)，他们通过实证得出组织创新是市场导向对组织绩效影响的中介变量，组织创新与市场导向之间的因果关系比与竞争导向、部门之间的协调更具有必然性。Kohli and Jaworski(1990)认为，在产品创新背景下，市场导向反映了产品创新过程中，企业获取、分配、利用以及最终依赖有关顾客、竞争者和供应商市场信息的程度。因此，从上述学者的观点可以看出，以顾客价值为中心的市场导向过程本身也是一个学习过程，而且能对组织创新、价值创新产生更大推动力，因而相对学习导向而言，对顾客价值的影响更为显著。但是，也有一些学者指出，学习导向和以顾客价值为中心的市场导向都是影响顾客价值的关键因素。如Kohli and Jaworski(1990)认为培养组织的学习能力，对市场导向行为质量的提高具有相当重要的影响，Slater and Narver(1995)也认为市场导向与组织学习两者相辅相成，市场导向必须结合组织学习才能有效地提升顾客价值，甚至将组织学习视为市场导向影响顾客价值的中介变量。

综上所述，提升顾客价值创造的企业支撑能力，不仅要培育组织的学习观念和塑造学习氛围，鼓励员工根据市场变化对过去成功的模式产生质疑，而且要把顾客价值作为组织的基本价值观念，加强同顾客的互动合作，提高企业获取、传播与分享和利用顾客信息、顾客知识的效率和效果。学习导向和以顾客价值为中心的市场导向的有机结合，是企业获得和保持为顾客创造持续价值优势的核心能力。

3.企业企业运营(能)力对顾客价值产生正面影响

本研究将企业运营能力定义为企业的组织结构、组织机制(制度)、流程等物力要素对顾客价值的创造是否处于最佳运营状态或与顾客价值是否处于最佳匹配状态。从 LISREL 架构分析中可以得知,企业企业运营能力与顾客价值之间的参数估计值达到显著水平,表明企业运营(能)力与顾客价值创造显著正相关[路径系数=0.570],意指企业根据创造顾客价值的组织要求,调整原有的组织结构,变革不合时宜的管理制度以及优化、整合组织内外业务流程能提高企业为顾客创造价值的水平。

对企业运营能力各个子构念组织机制、组织结构[路径系数=0.597×0.570=0.340]、价值流程与顾客价值的影响进行比较分析可以发现,价值流程[路径系数=0.800×0.570=0.456]对顾客价值的影响更为显著,组织机制[路径系数=0.338×0.570=0.193]的影响相对最小。其可能的原因是,工作的灵活性和效率更能赢得顾客的满意(Heskett and Schlesinger,1997)。没有经过仔细考虑的业务流程要么是不能满足客户的需求,要么就是运营成本太高,而一个运营效率低下的系统将会阻碍公司去实现它的价值定位(Duchessi,2003)。顾客感兴趣的不是公司的各项职能和制度,他们关心的是公司与他们进行交互的业务流程和这些流程产出的结果,较多的制度或规定更能约束员工的自主行为,阻碍部门间的沟通(Duchessi,2003)。

综上所述,企业企业运营(能)力对顾客价值能产生显著正向影响,企业根据价值创造的要求,以业务流程优化为主,并相应地对组织结构进行调整,减少部门间的隔阂,减少各种阻碍效率的机制,扩大员工自主权,能够为顾客带来优异的价值。这些结论进一步论证了一些学者在此方面的观点(Kaplan and Norton,1992;Horovitz,1999;Devrye,1994;Teece,1997;Man,2001;Heskett and Schlesinger,1997;Amit,Schoemaker,1993;Hitt,Ireland,1985;Duchessi,2003)。

二、管理启示

创造顾客价值是一个公司取得成功的关键。公司要么为它们的顾客创造出价值,要么就只能面临日益消退的顾客忠诚度、不断下滑的市场份额和逐渐枯竭的利润(Duchessi,2003)。竞争战略大师迈克尔·波特也指出:"竞争优势归根结底产生于企业所能为顾客创造的价值。"只有顾客才能决定哪些东西是最重要的。他们定义了公司提供的产品和服务应该具备哪些特征,以及应该达到什么样的性能水平。因此,企业应当按照顾客的价值定位来安排和发展公司的价值目标、人力资源、业务流程、组织结构和管理系统等组织要素和能力,将顾客的需要和期望整合到企业关键的流程和管理活动中。从本研究的结论可以看出,创造顾客价值需要有统筹全局的视野,需要有公司全员的参与,需要有整个组织的运营、执行和支撑。总之,创造顾客价值需要组织建立一个强有力的执行系统、一个高效的运营模式和一个适应的文化支撑体系。

1.建立强有力的执行系统。根据本研究对企业执行(能)力的界定,将企业执行力理解为企业管理者、员工等人力要素对顾客价值创造的意愿和努力贡献程度,因此,建立强有力的执行系统重在提高组织人员包括各层管理者和员工为顾客创造价值的动机和能力,其目的在于提高整个组织的市场反应速度和效果,及时为顾客创造和传递所期望的价值。根据前面的实证结论,企业执行(能)力包括领导支持、人员价值创新水平、人员的生产与供应水平、员工的意愿、专业知识与责任感、与顾客的关系质量等维度,其中,员工意愿与责任感、企业人员的价值创新水平对企业执行力提升和顾客价值创造的贡献程度最大,因此,本研究后面的第六章和第七章将对员工意愿、专业知识与责任感、人员的价值创新水平这两部分内容进行重点阐述。

2.设计高效的运营模式。在本研究中,企业运营能力是指企业的组织结构、组织机制(制度)、业务流程等物力要素对顾客价值的创造是否处于最佳运营状态或与顾客价值创造是否处于最佳匹配状态。因此,设计一个高效的运营模式关键在于根据顾客价值的组织要求对组织结构、组织机制和业务流程进行调整、优化和再造。根据实证结果可以发现,其中,业务流程对企业运营力和顾客价值创造的影响更为显著,因此,本研究后面的第八章将对基于顾客价值的业务流程设计和优化进行重点阐述。

3.建立适应的文化支撑体系。在本研究中,将企业支撑能力定义为企业的价值观或理念等精神要素对顾客价值的导向程度。从本研究的实证结论得知,学习导向和以顾客价值为中心的市场导向对组织文化支撑能力和顾客价值创造的正面影响相当显著,因此,本研究后面的第九章将对以顾客价值为中心的学习导向和市场导向进行重点阐述。

第六章 企业能力与顾客价值的
关系:能力价值的视角

自 20 世纪 90 年代以来,顾客价值已成为西方营销学者和企业家共同关注的焦点,被视为竞争优势的新来源(Woodruff,1997)。企业给顾客提供优异顾客价值的能力被认为是 20 世纪 90 年代最成功的战略之一(Gronroos,1997)。但是,许多企业的顾客管理实践遇到了极大的困扰,有些甚至付出了惨重的代价(杨龙、王永贵,2002)。Gartner(2001)所做的一项研究也发现 55% 的顾客价值管理项目并未产生预期的效果。汤普森(2003)在总结企业为什么实施顾客导向计划如此困难时指出,以往的管理实践较多地只是把顾客价值看作为一种管理理念,并没有从战略高度渗透到整个企业内部的组织要素、企业能力上;并没有落实到整个企业的具体组织行为上。

事实上,越来越多的管理实践表明,供应商能力是产业顾客选择供应商的主要指标。产品和服务是评价供应商当前价值大小的核心要素,而供应商的能力和资源是评估其将来价值创造潜力的关键指标(Masella 和 Rangone,2000)。但在理论上,有关供应商如何利用自己的能力为顾客创造价值以及产业顾客如何依据能力来评价供应商的价值创造潜力的研究却相当少见(Zerbini,Golfetto 和 Gibbert,2006)。基于此,我们将顾客价值与企业能力进行有机结合,将顾客的观点整合到企业的关键流程、管理活动和企业能力中,并利用实证分析探讨不同能力对顾客价值的作用,从而构建出不同能力与顾客价值类型的匹配框架。

第一节　概念界定

　　尽管许多学者根据自己的研究目的需要从不同的角度对顾客价值和企业能力的概念提出了许多不同的认识,但文献中已形成了一种具有代表性的和较为普遍认可的主流观点。本研究在主流观点的基础上,从顾客价值与能力关系的角度对两者的内涵和类型进行重新界定和分类。

一、顾客价值的内涵与类型:基于能力的视角

　　大多数学者(Ravald 和 Gronroos 等,1996)认为顾客价值是市场交易中顾客感知利得与感知利失之间的权衡。Ulaga 和 Eggert(2005)识别了顾客价值概念的四个特征:(1)顾客的主观感知和评价;(2)顾客利得与利失之间的权衡;(3)利得与利失是个多维的概念;(4)价值感知相对于竞争提供物具有竞争性。本研究认为这种认识存在一些不足:首先,这种认识主要是从顾客的视角来看待价值,而忽略了供应商的角度;其次,这种观点关注价值创造的结果,认为价值蕴藏于产品或提供物之中,而对价值创造过程特别是供应商与顾客合作所开展的价值创造活动并没有强调;再次,这种观点对供应商与顾客的价值创造活动并没有提供更多的指导意见,因而对管理实践缺乏很强的指导性;最后,这种观点以资源基础观为基础,认为价值来源于产品或提供物,并没有指出能力在

价值创造中的作用。为此,本研究从能力的角度,结合供应商与顾客的关系,突出价值创造过程,把顾客价值定义为:供应商为提高价值创造潜力自己单独或与顾客等企业共同开发、培育、共享和利用能力以及其他价值活动的过程。

顾客价值具有层次性。Woodruff(1997)等人提出顾客价值是由具有递进关系的三个层级组成,分别为产品属性层、结果层和目标层。Sweeney 和 Soutar(2001)运用调查和统计分析的方法,测出顾客价值包括 4 个维度,即感情、社会、质量和价格价值。为了区分交易价值观和关系价值观,Henneberg 和 Pardo 等(2005)认为顾客价值可以分为交易价值(exchange value)、关系价值(relational value)和产权价值(proprietary value)三个层次。综合上述观点,我们结合交易和关系角度,根据供应商与顾客在价值创造过程中的互动强度对顾客价值划分为交易经济价值、关系附加价值和网络未来价值三种类型。其中,交易经济价值是一种交易导向,供应商的价值创造不需要顾客参与,顾客仅仅从所购买的供应商提供物中权衡利与弊;关系附加价值是一种简单的关系导向,价值创造需要双方在一定范围内简单的互动,顾客在互动过程中权衡利与弊;网络未来价值是一种很强的关系网络导向,网络成员面向未来开展多方面的合作,尤其是激进性价值创新合作,顾客在关系网络中权衡利与弊。

二、企业能力的内涵与类型：基于顾客的视角

Grant(1995)认为企业能力是企业承担和完成一项特殊活动的知识和技能。并依据活动的复杂性将企业能力分为单项任务的能力、专业能力、基于活动的能力、职能内能力和跨职能的能力。

Day(1994)将能力理解为一系列复杂的技能和积累的知识,并通过组织流程使企业协调各种活动和充分利用组织资源。同样,Day(1994)根据流程的不同导向和关注焦点将能力划分为内部导向流程、外部导向流程和连接内外导向的流程。虽然 Grant 的能力定义强调能力与活动的联系,看到了活动是构成价值的基本单元;Day 在流程基础上定义能力,认为能力是蕴藏在流程中的知识和技能,但两者都有共同点,即认为能力和活动相关,因为流程也是一系列相关活动的集合。Grant 的能力分类体现了能力的嵌入性,涉及个人、团队或部门和组织间的能力;Day 的能力分类不仅指出了市场导向以及培育和维持顾客关系等外部能力的重要性,而且还强调了价值生产的内部和外部流程的整合和协调能力。

但是,Grant 和 Day 的能力定义和分类都是从企业自身的角度出发,并没有从顾客的角度甚至将其与顾客价值联系起来,因而我们无法从企业的能力结构中看出各项能力在满足顾客需求和为顾客创造价值方面的相对重要性,也就难以根据市场变化对企业能力进行管理。我们从顾客的视角,结合 Grant 和 Day 的能力定义和分类,将企业能力定义为:一系列为创造顾客价值而蕴藏于各种组织内外流程的知识和技能。根据顾客价值三个层次即交易经济价值、关系附加价值和网络未来价值的能力需求特点,我们从能力的价值角度将企业能力划分为以效率为导向的能力、以效益为导向的能力和以价值创新为导向的能力。

第二节　研究框架与假设发展

由于交易经济价值生产、关系附加价值生产和网络未来价值生产在创新程度、关系需求以及价值评估等方面存在不同特点,因而各自所需要的能力也不同。下面将对这三种价值生产的特点进行具体分析并在此基础上阐述所需要的能力类型,进而构建出不同价值类型与企业能力的匹配框架。

1.交易经济价值生产与以效率为导向的能力

交易经济价值生产是企业单独开展价值活动为顾客生产提供物,然后顾客利用自己的资源和能力实施一定的辅助活动将嵌入在提供物中的利益释放出来,从而在获取和消费利益中就产生了成本或代价,顾客就是据此对利得和利失进行权衡并与其他竞争提供物相比较来定义企业的价值大小(Moller 和 Torronen,2003)。在这种生产模式下,顾客自己拥有释放提供物中利益的能力,因而价值生产与接收并不需要双方做出任何调整,也不需要创造任何新资源。由于顾客利用提供物中的潜在价值要付出成本,因而这种价值生产的目的是最有效地利用当前的资源和业务流程,提高效率。正式由于这些特点,企业提供的经济价值存在许多替代品和竞争品。

效率是决定交易经济价值的主要内在因素,影响到顾客的利润、销售规模和市场竞争力(Walter 和 Ritter,2001)。因而这种模式需要以效率为导向的不同能力来支撑。许多生产运营管理和供应链管理文献表明,企业提高生产能力,改进生产方式,塑造规模优势可以降低生产成本;裁减订单、物流和销售流程的冗余环节,降低不确定性,提高交付速度,可以降低交易成本。Lewis(1995)认为,企业对订单履行的行为和过程会影响到企业顾客的费用、市场周转率以及价值感知。不确定或延时送货,甚至是错误的送货会破坏企业顾客的运作效率,这样顾客也许会转向竞争者而不是被动地等待。Frazier等人(1988)研究认为,如果企业所提供的产品交付给顾客的情况是不确定的,就会导致企业顾客增加确认的费用,这样顾客为了保证正常的生产秩序而不得不保持更高的存货水平,从而增加了库存费用和因产品老化及被盗窃的潜在损失。

另外,Moller和Torronen(2003)指出,优化和改善内部流程,重组作业活动以及从供应链的角度来梳理外部流程,整合供应商和渠道商的价值活动,调整供应商与顾客的业务流程能够提高效率。例如,一个高效率的供应商网络是耐克成功的关键原因。耐克除了品牌管理、网络管理和协调能力以外,几乎将其他所有的价值创造活动都外包给具有最高供应效率、最低价格、稳定和较高质量以及弹性交付流程的供应商。基于此,本研究提出以下假设:

H1:以效率为导向的能力对交易经济价值具有正面影响。

H1.1:规模生产能力对交易经济价值具有正面影响。

H1.2:有效交付能力对交易经济价值具有正面影响。

H1.3:内部流程优化能力对交易经济价值具有正面影响。

H1.4:供应链整合能力对交易经济价值具有正面影响。

2.关系附加价值生产与以效益为导向的能力

当顾客关注的焦点从经济价值转向附加价值的时候,企业通常将为他们的提供物添加新的属性和服务。如果企业在提供物中增加一些顾客利用自己的能力并不能获取的属性,那么这并不能为顾客带来任何额外价值,相反,顾客可能质疑还必须为这些支付额外的费用。许多企业或顾客现已认识到提供物的不断复杂化和顾客利用自己的现有能力不能"消费"时所产生的能力差距现象,为此,任何一方或双方都主动寻求价值合作,建立伙伴关系,同时,这种特殊关系本身也是一种附加价值形式,因而就形成了关系附加价值生产模式。

关系附加价值生产是供应商与顾客以价值效益最大化为目的，通过共同投资与调整，合作开发更有效的产品和流程的一种价值生产模式。这种价值生产模式需要双方对现有的流程和价值生产系统进行渐进的变革，因而，供应商与顾客的价值合作存在一个相对复杂的界面。另外，对关系附加价值的评估相对交易经济价值更难，其难度取决于产品或流程调整的程度、是否需要从第三方输入重要的资源以及双方关系的开放性和信任水平（Moller，2006）。鉴于以上特点，这种价值生产需要培育以效益为导向的各种能力组合。

供应商除了需要发展渐进创新能力以对现有流程和生产系统进行持续变革以外，还应努力降低顾客利用提供物对能力的依赖性。为此，一方面供应商应了解顾客是怎样利用提供物以及他们释放其中的利益应该拥有什么样的能力，因而，需要供应商提高评价顾客行为和目标的能力以及提高智能化水平的设计能力；另一方面，提供有关利用提供物方面的服务。例如顾客培训和现场指导等（Walter 和 Ritter，2001）。作为附加价值，这些服务都是通过与顾客的相互作用来转移或提高顾客利用提供物的能力。因为，企业在与顾客相互沟通或作用的同时，也就是帮助顾客学习，将使用提供物的能力转移给顾客（Nonaka 和 Takeuchi，1995）。但是这种方式的最大问题是高成本，不仅包括企业的服务成本，而且还包括顾客参与培训所需要的相关成本。企业可以根据市场的竞争程度免费或以低成本的形式提供这些支持性服务。

另外，虽然持续的产品开发与创新能力是提高顾客附加价值的关键，但一个适应市场需求的企业发现，没有市场导向的能力，这种渐进创新很难对市场做出有效反应。Day(1994)认为,市场导向的企业比其他企业要具有更好的市场绩效。这主要是因为市场导向的企业具有非同一般的市场敏感能力和顾客关系管理能力,具有开放的心态、共同的理解模式和有效的信息管理系统,并且深深植根于组织之中(Day,1994)。基于此,本研究提出以下假设:

H2:以效益为导向的能力对关系附加价值具有正面影响。

H2.1:渐进创新能力对关系附加价值具有正面影响。

H2.2:智能化设计能力对关系附加价值有正面影响。

H2.3:顾客服务能力对关系附加价值具有正面影响。

H2.4:市场导向能力对关系附加价值具有正面影响。

3.网络未来价值生产与以价值创新为导向的能力

网络未来价值生产是供应商与顾客以未来价值创造为目标通过共同开发新技术、创造新产品或新业务概念和新的商业模式的一种价值生产模式。这种价值生产模式具有以下几个特点:首先,需要对现有的价值生产系统进行激进变革和创造完全不同的价值活动;其次,需要构建良好的组织网络关系和设计动态而复杂的学习流程;再次,在这种生产模式下,很难对各种价值活动和产品进行事先准确评估,因为它依赖于该业务领域、或相关领域甚至整个社会的发展和演变。例如,电子晶体管、微处理器和因特网等的出现都已验证了这种观点。人们在发明和创造之前,事先并没有想到它们在今天会给社会带来巨大的价值,而且随着其应用的不断拓展和深入,这种影响将会更加广泛和深远。第4代移动通信技术的开发所带来的市场价值存在不确定性,其原因也在于很难根据社会的发展对其价值进行事先准确衡量。最后,虽然这种价值生产带有很大的风险性,但也蕴藏着巨大的潜在收入,这种挑战促使很多投资者和经理人对将来这种网络未来价值开发越来越持乐观态度。

由于网络未来价值生产需要对现有的商业思维方式和业务模式进行根本性变革,从能力角度而言,它需要以价值创新为导向的各种能力组合。一方面,要有对产业发展模式、产业生产逻辑、产业规则以及技术进行激进创新的能力,要有对既有的价值定位、价值流程进行重构的能力和要有对原有的商业模式进行变革的能力(Kim 和 Mauborgne,1997)。另一方面,激进的价值创新通常不仅需要动员"顾客"和"供应商",而且还包括一些其他参与者,例如竞争者,研究机构和不同公共部门,因此需要开发动态的组织网络管理能力。首先,供应商应当能够全面了解该业务领域的发展状况、制定有吸引力的网络创建议程和动员其他企业参与网络。网络动员需要企业在该领域居有核心地位,必须有特殊的能吸引其他成员企业参加的资源和知识,这样才能够选择优秀的合作商和影响战略网络的形成。其次,发展互信、学习和公平的网络合作能力。供应商除了设计协调机制以推动成员合作以外,还应创建一个旨在探讨和解决问题的组织论坛(Gadde 和 Hakansson,2001),培育一个合作导向和生成知识的学习文化,促进隐性知识和显性知识的转换和利用(Nonaka 和 Takeuchi,1995),保证成员企业特别是小企业参与合作的公正性和公平性。最后,提高网络主导能力。网络主导意味着能够影响新业务网络的发展方向,能够察觉和识别新业务领域的变化趋势和轨迹。但不是任何一个参与者都可以成为网络主导者,这个角色需要丰富的想象力、很强的沟通能力和说服技巧,对业务领域的发展具有很深的理解力和位居一个

很强的业务地位。基于此,本研究提出以下假设:

H3:以价值创新为导向的能力对网络未来价值具有正面影响。

H3.1:激进创新能力对网络未来价值具有正面影响。

H3.2:价值重构能力对网络未来价值具有正面影响。

H3.3:商业模式变革能力对网络未来价值具有正面影响。

H3.4:网络动员能力对网络未来价值具有正面影响。

H3.5:网络合作能力对网络未来价值具有正面影响。

H3.6:网络主导能力对网络未来价值有正面影响。

4.不同企业能力与价值生产类型的匹配

正如上面所述,效率是交易经济价值生产的核心,直接关系到顾客的利润、销售规模和市场竞争力,因而企业的效率提高能力成为经济价值生产领域的竞争焦点。只有那些具有规模生产与交付能力以及优化和改善组织内外流程能力的企业才能赢得更低的生产成本、交易成本和更高流程运营效率的优势。效益是关系附加价值生产的核心,直接关系到顾客提供物的质量、品牌声誉和社会形象,因而企业的效益提高能力成为附加价值生产领域的竞争焦点。只有那些具有较强价值创新能力(尤其是智能化设计和渐进创新能力)、市场适应能力(特别是市场导向能力、市场敏感能力)和顾客合作能力(特别是顾客关系管理能力)的企业才能获得更高的效益优势。企业的网络未来价值生产能力关系到顾客在新兴产业的领先优势和市场主导地位,因而也将影响自己在将来的市场优势。只有那些具有激进创新与价值重构能力、良好的组织网络关系管理能力和商业模式变革能力的企业才能成为顾客选择和合作的最佳对象。

三种价值生产类型具有很强的内在关联性。一方面,一个企业可能为他的顾客提供交易经济价值的同时,也可能与顾客通过附加价值创造项目追求业务流程或提供物的改善和创新,甚至双方都实施未来价值生产的合作项目。另一方面,交易经济价值生产类型是关系附加价值生产和网络未来价值生产类型的基石,网络未来价值生产是前两者的集成和提升,推动两者在未来产生质的飞跃。

三种价值生产所需要的能力虽然存在不同的价值,具有不同的内容,但它们相互联系、相互补充。一方面,经济价值生产能力是进行渐进创新的必要条件,并为激进创新提供平台,同样,处理单一业务关系的能力是处理更复杂的网络关系的前提。另一方面,生产任何一种类型的价值需要多种不同的能力。例如,一个企业可能具有很强的生产能力,但可能缺乏构建网络系统所必备的关系能力。另外,参与者的能力结构要具有显著的同质性和异质性。如果能力结构太相似,创造新知识和创建合作网络的可能性就更少;但没有共同的价值观,相互学习和知识共享就难以进行。因此,本研究认为,每种价值生产类型都是建立在不同的价值生产系统中,都需要不同类型的能力加以支撑。基于此,本研究提出以下假设:

H4:以效率为导向的能力对关系附加价值、网络未来价值也均具有正面影响。

H5:以效益为导向的能力对交易经济价值、网络未来价值也均具有正面影响。

H6:以价值创新为导向的能力对交易经济价值、关系附加价值也均具有正面影响。

本研究主要探讨企业能力三种类型与顾客价值三种类型之间的关联性和匹配性。根据上述文献探讨与假设推论,本研究提出不同能力与顾客价值相互匹配的整体概念框架。如图6-1所示。

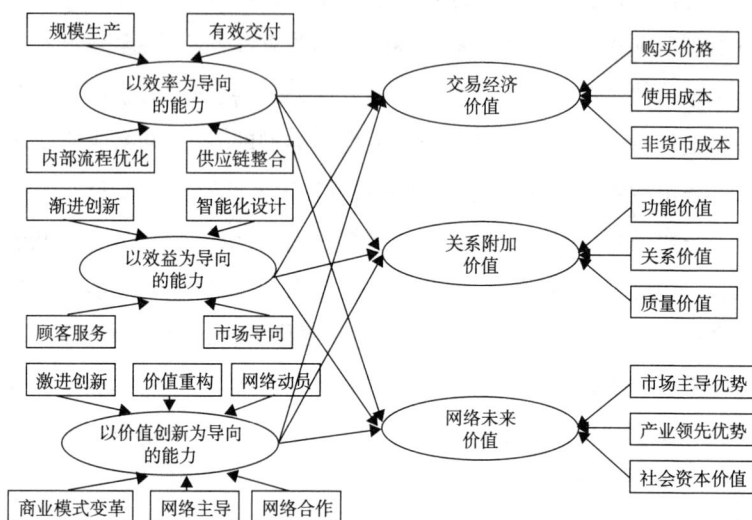

图 6-1　不同能力与顾客价值匹配的整体概念框架

第三节　研究设计

一、样本选择与数据收集

为了检验匹配框架的科学性和设计合理的问卷量表,本研究采用访谈、预调研和正式调研的方式对问卷进行反复修改和最终确定。首先,采用半开放结构问题的形式对营销部门主管、采购部门主管、企业资深营销人员以及企业中高层管理者进行访谈,根据访谈结果对研究框架以及各变量衡量指标进行修改;其次,以问卷的形式在复旦大学、同济大学部分 MBA 学员中进行预调研,以进一步调整指标和问项,减少问题的歧义,提高答案的客观性;最后,确定最终问卷的结构和内容,从长三角地区选择若干制造企业进行调查,其主要原因是改革开放以来,我国长三角地区产业发展非常迅速,也是市场化、全球化进程非常快的地区,面对高度竞争、变化激烈及不确定性高的商业环境,这一地区的企业在能力培育、创新管理以及顾客价值管理等方面较其他地区的企业表现得更好。

本研究根据长三角地区的企业黄页随机抽取欲调查的企业,然后通过电话与该企业的高层联络,确认可以接受调查后,即发送邮件问卷进行调查。所选择的样本整体上具有以下特点:(1)均属于制造行业;(2)被调查人员包括营销部门主管、采购部门主管、资深营销人员和其他部门中高层管理者;(3)被调查企业包括国有、民营和三资企业。

本研究通过实地发放和直接邮件的方式来收集数据。共发出200份问卷调查,回收问卷150份,最终实际有效问卷133份,返回率达66.5%。问卷调查时间为2006年11月至2007年1月。其中,国有企业占26.3%,民营企业占52.6%,三资企业占21.1%;300人以下占41.4%,300—1000人占36.1%,1000人以上占22.6%;销售收入3000万以下占42.1%,3000万到3亿占34.6%,3亿以上占23.3%;营销部门占71.4%,其他部门占28.6%。

二、变量测量

本研究需要测量六个关键构念:以效率为导向的能力、以效益为导向的能力、以价值创新为导向的能力、交易经济价值、关系附加价值和网络未来价值。六个构念的测量项目均采用Likert5点尺度,其中1代表“非常不同意”或“很少”,5代表“非常同意”或“很多”。本研究六个构念的量表均是直接采用成熟量表或以成熟量表为主加以补充和修改。

以效率为导向的能力是以提高生产和交易效率为目的的各种能力的组合。本研究以 Moller 和 Torronen(2003)的评估供应商将来价值创造潜力的能力工具为主,结合 Lewis(1995)、Frazier 等人(1988)有关生产运营和供应链管理的文献,使用规模化生产、有效交付、内部流程优化和供应链整合四个能力问项来测量。

以效益为导向的能力是以提高市场效益为目的的各种能力的组合。参照有关市场导向的能力文献,本研究综合使用 Day(1994)、Slater 和 Narver(1995)所开发的量表来测量效益导向的能力变量,包括渐进创新、智能化设计、顾客服务和市场导向四个具体能力问题。

以价值创新为导向的能力是以创造未来崭新价值为目的的各种能力的组合。本研究以 Moller 和 Torronen(2003)的评估供应商将来价值创造潜力的能力工具为主,结合 Kim 和 Mauborgne(1997)有关价值创新的观点,利用激进创新、价值重构、商业模式变革、网络动员、网络合作和网络主导六个能力子变量共 12 个具体问题来测量。

交易经济价值是降低顾客购买、使用和拥有成本的一种的价值形式。关系附加价值是顾客与供应商合作所获得附加价值的一种价值形式。网络未来价值是顾客与供应商面向未来深入合作,在市场、产业和社会资本等方面获得未来优势的一种价值形式。本研究综合 Sweeney 和 Soutar(2001)、Henneberg 和 Pardo 等(2005)的顾客价值测量量表,从购买价格、使用成本以及其他所有非货币成本三个问题来测量交易经济价值;从功能价值、关系价值和质量价值三个问项来测量关系附加价值;采用市场主导优势、产业领先优势和社会资本价值三个问题来测量网络未来价值。

三、信度与效度分析

本研究采用 SPSS13.0 对观察数据进行统计分析。统计结果显示，以效率为导向的能力、以效益为导向的能力、以价值创新为导向的能力、交易经济价值、关系附加价值和网络未来价值各维度的 Cronbach α 系数都较高，由表 1 可知，最小的 Cronbach α 系数为 0.737，表明各构念的信度值皆高于建议值 0.7 以上（Fornell 和 Larcker，1981），显示本研究各构念具有良好的内部一致性。

效度分析包括内容效度分析和结构效度分析。本研究由于使用的量表均源自成熟量表或以成熟量表为主加以简单修改和补充，并且在问卷的设计过程中通过采访以及在复旦大学、同济大学部分 MBA 学员中进行预调研的方式对问卷内容和形式进行了多次修改，因此问卷的内容效度基本上得到了检验。本研究利用因子分析来检验各量表的结构效度。在进行因子分析之前，我们先对企业能力量表和顾客价值量表进行 Bartlett 和 KMO（Kaiser-Meyer-Olkin）检验，以确定各变量观察值之间是否具有共同因子存在。结果显示，Bartlett 检验得出的相伴概率均小于显著性水平 0.05；而在 KMO 检验中，结果显示企业能力变量的 KMO 值为 0.779，顾客价值变量的 KMO 值为 0.795，均远远大于 0.5，说明样本数据适合作因子分析。

然后我们分别对以效率为导向的能力、以效益为导向的能力、以价值创新为导向的能力、交易经济价值、关系附加价值和网络未来价值六个变量下各维度的问项数据进行主成分因子分析。从因子分析结果来看，各问项的因子载荷均在 0.5 以上，总体方差贡献率均大于 50%（见表 6-1），说明问卷的结构效度不错。

表6-1　量表的内部信度与因子分析结果

变量及问项	因子载荷	Cronbach α 系数	变量及问项	因子载荷	Cronbach α 系数
以效率为导向的能力			交易经济价值		
规模生产	0.710	0.789	购买价格	0.852	0.812
有效交付	0.678		使用成本	0.819	
内部流程优化	0.835		所有非货币成本	0.745	
供应链整合	0.654				
以效益为导向的能力			关系附加价值		
智能设计	0.670	0.737	功能价值	0.907	0.803
渐进创新	0.633		关系价值	0.878	
顾客服务	0.626		质量价值	0.623	
市场导向	0.783				
以价值创新为导向的能力			网络未来价值		
激进创新1:产业创新 0.656		0.888	市场主导优势	0.821	0.778
激进创新2:技术创新 0.706			产业领先优势	0.892	
价值重构1:价值定位变革 0.579			社会资本价值	0.656	
价值重构2:价值流程再造 0.611					
商业模式变革 0.691					
网络动员 0.691					
网络合作1:协调机制 0.686					
网络合作2:合作文化 0.812					
网络合作3:公平保证 0.778					
网络主导1:业务地位 0.636					
网络主导2:想象力和理解力 0.580					
网络主导3:沟通能力 0.681					

续表

变量及问项	因子载荷	Cronbach α系数	变量及问项	因子载荷	Cronbach α系数
累计解释总方差变异 52.261%			累计解释总方差变异		72.713%

第四节　数据分析与假设检验

一、相关分析

本研究采用 Pearson 相关分析法对企业能力与顾客价值各维度之间、企业能力的各问项与顾客价值各维度之间的关系进行分析，以探讨各变量之间是否存在关系以及关系的紧密程度，从而对假设进行初步验证。

1.企业能力维度与顾客价值维度之间的相关分析

表 6-2　企业能力维度与顾客价值维度之间的相关分析

顾客价值 企业能力	交易经济价值	关系附加价值	网络未来价值
以效率为导向的能力	0.240*	0.064	0.107
以效益为导向的能力	0.021	0.223*	0.147
以价值创新为导向的能力	0.217**	0.246**	0.383**

注：* 表示在 0.05 的水平上显著；＊＊表示在 0.01 的水平上显著，下同。

从表 6-2 可以看出，以效率为导向的能力与交易经济价值在 0.05 的水平上显著相关，与关系附加价值、网络未来价值在显著水平上没有相关性，从而验证了假设 H1，假设 H4 没有得到验证。

以效益为导向的能力与关系附加价值在 0.05 的水平上显著相关，与交易经济价值、网络未来价值并不相关，从而验证了假设 H2，假设 H5 没有得到验证。以价值创新为导向的能力与网络未来价值、关系附加价值、交易经济价值均显著相关，但与网络未来价值的相关系数更大，从而假设 H3、H6 均得到支持。

2.企业能力各问项与顾客价值各维度之间的相关分析

表6-3　企业能力各问项与顾客价值各维度之间的相关分析

企业能力及问项	顾客价值	交易经济价值	关系附加价值	网络未来价值
以效率为导向的能力	规模生产	0.257 **	0.047	0.129
	有效交付	0.169	0.135	0.173
	内部流程优化	0.209 *	0.065	0.014
	供应链整合	0.114	0.117	0.072
以效益为导向的能力	智能设计	0.083	0.262 **	0.251 **
	渐进创新	0.074	0.256 **	0.231 **
	市场导向	0.025	0.158 *	0.112
	顾客服务	0.148	0.042	0.058
以价值创新为导向的能力	激进创新1	0.205 *	0.093	0.259 **
	激进创新2	0.249 **	0.239 **	0.178 *
	价值重构1	0.102	0.195 *	0.328 **
	价值重构2	0.125	0.223 *	0.327 **
	商业模式变革	0.184 *	0.322 **	0.206 *
	网络动员	0.168	0.007	0.265 **
	网络合作1	0.156	0.231 **	0.129
	网络合作2	0.209 *	0.212 *	0.263 **
	网络合作3	0.211 *	0.206 *	0.259 **
	网络主导1	0.019	0.040	0.207 *
	网络主导2	0.064	0.137	0.296 **
	网络主导3	0.146	0.127	0.367 **

从表6-3可以进一步看出，以效率为导向的能力与交易经济价值存在显著相关，与关系附加价值、网络未来价值并不相关。具体到以效率为导向的能力各问项中，只有规模生产能力、内部流程优化能力与交易经济价值相关；同时以效率为导向能力的各问项与关系附加价值、网络未来价值均不相关。从而支持了假设H1.1和H1.3，假设H1.2和H1.4并没有得到支持。在以效益为导向的能力各问项中，智能化设计、渐进创新、市场导向与关系附加价值显著相关，同时，智能化设计、渐进创新还与网络未来价值显著相关，从而支持了假设H2.1、H2.2和H2.4，假设H2.3没有得到验证。在以价值创新为导向的能力各问项中，所有问项均与网络未来价值显著相关，从而验证了假设H3、H3.1、H3.2、H3.3、H3.4、H3.5和H3.6；同时，激进创新、商业模式变革、网络合作等问项与交易经济价值、关系附加价值显著相关，进一步支持了假设H6。

二、回归分析

上述相关分析只是用来判断各因素之间是否存在相关关系，并没有指出关系的方向以及是否存在因果关系，因而需要作进一步的统计分析。本研究采用回归分析的方法，把顾客价值的三个因子作为因变量，各企业能力因子与问项作为解释变量，建立多元回归方程，以进一步验证各种假设。

1.企业能力与交易经济价值的回归分析

表6-4　企业能力各维度及各问题与交易经济价值的回归分析

模型		非标准回归系数		标准回归系数	T 值	显著性水平	共线性诊断	
		β	标准误差	Beta			容许度	方差膨胀因子
1	常数项	0.002	0.085		0.022	0.982		
	以效率为导向的能力	0.255	0.086	0.253	2.969	0.004	0.936	1.068
2	常数项	0.002	0.083		0.023	0.982		
	以效率为导向的能力	0.255	0.083	0.253	3.057	0.003	0.876	1.142
	以价值创新为导向的能力	0.246	0.083	0.244	2.950	0.004		
3	常数项	−0.561	0.187		−2.999	0.003		
	规模生产能力	0.204	0.061	0.284	3.375	0.001	0.919	1.088
4	常数项	−1.491	0.326		−4.578	0.000		
	规模生产能力	0.206	0.058	0.286	3.536	0.001	0.843	1.186
	激进技术创新能力	0.250	0.073	0.277	3.425	0.001		

在表6-4中,本研究对解释变量的共线性进行了诊断,得到四个模型的容许度分别为0.936、0.876、0.919和0.843,方差膨胀因子均很小,说明解释变量不存在多重共线性。从表6-4中可以看出,就企业能力各维度对交易经济价值的影响而言,以效率为导向的能力先进入模型,表明其偏回归差(对交易经济价值的贡献)大于以价值创新为导向的能力;就能力各问项对交易经济价值的影响而言,规模生产能力先进入模型,表明其偏回归差(对交易经济价值的贡献)大于激进技术创新能力。根据回归结果,我们可以得到两个标准回归方程:

交易经济价值=0.002+0.255×以效率为导向的能力+0.246×

以价值创新为导向的能力

交易经济价值＝－1.491＋0.206×规模生产能力＋0.250×激进技术创新能力

第一个方程说明以效率为导向的能力、以价值创新为导向的能力与交易经济价值存在很强的正面相关性，从而假设 H1 得到完全验证，假设 H6 得到部分验证。第二个方程说明在所有的能力问项中，只有规模生产能力、激进创新能力 2 与交易经济价值具有很强的正面相关性，从而完全支持了假设 H1.1，假设 H1.2 、H1.3 和 H1.4 在这里并没有得到完全支持。

2.企业能力与关系附加价值的回归分析

表 6-5　企业能力各维度及各问题与关系附加价值的回归分析

模型		非标准回归系数		标准回归系数	T 值	显著性水平	共线性诊断	
		β	标准误差	Beta			容许度	方差膨胀因子
1	常数项	0.002	0.084		0.023	0.981		
	以价值创新为导向的能力	0.326	0.084	0.323	3.882	0.000	0.895	1.117
2	常数项	0.002	0.081		0.024	0.981		
	以价值创新为导向的能力	0.326	0.081	0.323	4.004	0.000	0.835	1.198
	以效益为导向的能力	0.248	0.081	0.246	3.043	0.003		
3	常数项	－1.503	0.377		－3.896	0.000		
	商业模式变革能力	0.393	0.096	0.339	4.092	0.000	0.885	1.130

续表

模型		非标准回归系数		标准回归系数	T 值	显著性水平	共线性诊断	
		β	标准误差	Beta			容许度	方差膨胀因子
4	常数项	-2.318	0.437		-5.300	0.000	0.814	1.229
	商业模式变革能力	0.344	0.094	0.297	3.679	0.000		
	渐进创新能力	0.298	0.089	0.270	3.341	0.001		

在表6-5中,共线性诊断结果为:四个模型的容许度分别为0.895、0.835、0.885和0.814,方差膨胀因子均很小,说明解释变量不存在多重共线性。从表6-5中可以看出,就企业能力各维度对关系附加价值的影响而言,以价值创新为导向的能力先进入模型,表明其偏回归差(对关系附加价值的贡献)大于以效益为导向的能力;就能力各问项对关系附加价值的影响而言,商业模式变革能力先进入模型,表明其偏回归差(对关系附加价值的贡献)大于渐进创新能力。根据回归结果,我们可以得到两个标准回归方程:

关系附加价值 = 0.002+0.326×以价值创新为导向的能力+0.248×以效益为导向的能力

关系附加价值 = -2.318+0.344×商业模式变革能力+0.298×渐进创新能力

第一个方程说明以价值创新为导向的能力、以效益为导向的能力与关系附加价值存在很强的正面相关性,从而假设 H2 得到完全验证,结合 5.2.1 中的结论,此时假设 H6 得到完全验证,假设 H4 并没有得到验证。第二个方程说明在所有的能力问项中,只有商业模式变革能力、渐进创新能力与关系附加价值具有很强的正面相关性，从而完全支持了假设 H2.1，假设 H2.2 、H2.3 和 H2.4 在这里并没有得到完全支持。

3.企业能力与网络未来价值的回归分析

表 6-6　企业能力各维度及各问题与网络未来价值的回归分析

模型		非标准回归系数		标准回归系数	T 值	显著性水平	共线性诊断	
		β	标准误差	Beta			容许度	方差膨胀因子
1	常数项	−0.007	0.080		−0.084	0.933		
	以价值创新为导向的能力	0.423	0.080	0.420	5.260	0.000	0.979	1.026
2	常数项	−1.723	0.358		−4.810	0.000		
	网络业务主导能力	0.470	0.096	0.397	4.918	0.000	0.842	1.188
3	常数项	−2.122	0.379		−5.599	0.000		
	网络业务主导能力	0.375	0.100	0.317	3.760	0.000	0.796	1.256
	激进产业创新能力	0.206	0.076	0.230	2.727	0.007		
4	常数项	−2.554	0.410		−6.232	0.000		
	网络业务主导能力	0.330	0.099	0.279	3.325	0.001	0.759	1.318
	激进产业创新能力	0.207	0.074	0.230	2.787	0.006		
	智能化设计能力	0.194	0.078	0.197	2.498	0.014		

表6-6 的共线性诊断结果表明解释变量不存在多重共线性。就企业能力各维度对网络未来价值的影响而言，只有以价值创新为导向的能力进入模型；就能力各问项对关系附加价值的影响而言，网络业务主导能力先进入模型，表明其偏回归差（对网络未来

价值的贡献)大于激进产业创新能力和智能化设计能力。根据回归结果,我们可以得到两个标准回归方程:

网络未来价值=-0.007+0.423×以价值创新为导向的能力

网络未来价值=-2.554+0.330×网络业务主导能力+0.207×激进产业创新能力+0.194×智能化设计能力

第一个方程说明只有以价值创新为导向的能力与网络未来价值存在很强的正面相关性,从而假设 H3 得到完全验证,假设 H4 和 H5 并没有得到验证。第二个方程说明在所有的能力问项中,只有网络业务主导能力、激进产业创新能力、智能化设计能力与网络未来价值具有很强的正面相关性,从而完全支持了假设 H3.1 和 H3.6,假设 H3.2、H3.3、H3.4 和 H3.5 在这里并没有得到完全支持。

三、检验结果

综合相关分析和回归分析的结果,本研究总结出假设检验的结果,即对概念框架的修正,如图 6-2 所示。其中,就不同顾客价值受企业能力的影响而言,交易经济价值受到以效率为导向的能力、以价值创新为导向的能力的正面影响,但受前者的影响更大;关系附加价值受到以效益为导向的能力、以价值创新为导向能力的正面影响,但受后者的作用更大;网络未来价值仅受到以价值创新为导向的能力的正面影响。就企业能力问项对不同顾客价值的影响而言,规模生产能力、激进技术创新能力和内部流程优化能力均与交易经济价值相关,但前两者对交易经济价值的正面影响较大;商业模式变革能力、渐进创新能力、智能化设计和市场导向能力均与关系附加价值相关,但前两者的正面作用更为显著;以价值创新为导向的六个能力因子均与网络未来价值相关,但网络合作中的业务主导能力、激进产业创新能力和智能化设计能力的正面作用更为显著。

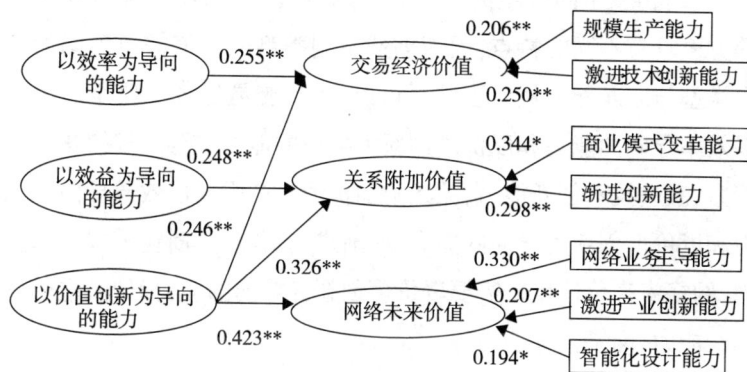

图 6-2 匹配框架的修正

注:＊＊表示显著性水平<0.01;＊表示显著性水平<0.05

第五节 总结与管理启示

一、研究结论

本研究将顾客价值与企业能力相结合探讨了不同类型的顾客价值创造所需要的能力类型。从全文来看,本研究的主要结论和创新在于:

(1)从能力的角度提出了顾客价值的另外一种定义。该定义结合了供应商与顾客的关系,突出了价值创造过程,强调了能力在价值创造中的作用,克服了传统定义的缺陷。如传统定义是从顾客的视角来看待价值,忽视供应商角度;关注价值创造的结果,忽视价值创造过程。因而这是对传统顾客价值概念的补充和完善，为全面认识顾客价值具有重要意义；同时，对供应商与顾客的价值创造活动具有更强的指导性。

（2）由于不同类型的价值在创新程度、关系需求和价值评估等方面具有不同的特点，因而创造不同类型的价值需要不同的能力类型与之匹配。从实证结果可以看出，交易经济价值生产需要以效率导向的能力和以价值创新为导向的能力，例如，规模化生产能力、激进技术创新能力；关系附加价值生产需要以效益导向的能力和以价值创新为导向的能力，如渐进创新能力、商业模式变革能力；网络未来价值生产需要以价值创新为导向的能力，如激进产业创新能力、网络主导能力等。

二、管理意涵

本研究以上结论对供应商与产业顾客双方具有重要的管理价值。

（1）对产业顾客而言，在采购实践中，首先应对自己所需要的价值进行细分。顾客价值按照不同标准可以进行不同分类，但是每种分类都反映了不同的价值内容。本研究从交易和关系角度，根据供应商与顾客在价值创造过程中的互动强度将顾客价值划分为交易经济价值、关系附加价值和网络未来价值三种类型。另外，在价值细分以后，产业顾客还要依据自己的战略目标、目标市场的需求重点、企业提供物的市场表现以及竞争焦点来决定各类细分价值的权重，并为各类价值进行重要性排序，确定自己的需求重点从而为制定有效的采购决策提供依据。

其次，产业顾客可以利用本研究顾客价值与能力的匹配框架来评价供应商的价值创造潜力进而选择最佳供应商。例如，那些欲降低成本、提高市场份额和价格竞争力的产业顾客可以根据规模化生产能力和激进创新能力等指标来评价供应商的经济价值创造潜力，并依据其水平选择最佳供应商；而那些急需提高产品或服务质量、品牌声誉和社会形象的产业顾客则应根据渐进创新能力、商业模式变革能力等指标来评价供应商的附加价值创造潜力；为谋求新兴产业领先优势、市场主导地位和提高社会资本的企业，则应更加关注供应商的智能化设计水平、激进产业创新能力和网络主导能力。

（2）对供应商而言，本研究的顾客价值与能力匹配框架有利于供应商根据顾客价值来选择和开发相应的能力以及评估能力的相对作用。首先，供应商可以通过问卷调查、与顾客座谈、顾客购买行为观察和分析等方法确定顾客的需要和期望。然后，根据顾客价值与能力的匹配框架确定为满足顾客需求所需开发的能力项目，结合现有资源和能力的发展现状特别是现有能力对顾客价值的贡献程度制定有效的能力发展规划。最后，企业可以根据顾客价值的满足程度来评价各项能力的价值大小，从而为下一步的能力发展制定有针对性的投资计划。

通过上述分析我们可以发现，顾客价值与企业能力的匹配框架不仅能够将顾客的需要和期望整合到企业的关键流程和管理活动中，从而提高顾客价值的满足程度，而且这种依据顾客价值和市场变化来管理企业能力的工具，还能提高企业能力和与市场发展的动态匹配性和适应性，克服能力自身存在的刚性和滞后性等问题。

三、研究不足与展望

本研究在以下几个方面还有待进一步研究:(1)本研究在实证分析中,没有考虑产业顾客的特性,例如顾客企业的规模、制造行业类型、企业性质等控制变量对能力与顾客价值关系的影响,从而需要进一步研究不同控制变量下能力与顾客价值的内在影响机制。(2)本研究还需列举和研究一些非常合适的案例对能力与顾客价值的匹配框架进行说明。

第七章　能力营销的基本理论

当前,在企业营销实践中存在一种被称为"能力营销(marketing of competence)"的新型营销形式,即在产业市场营销中,营销沟通的内容越来越集中于上游企业向顾客提供的资源和能力,而不是当前所要销售的产品。例如,在资本类产品交易会上,参展商往往倾向于向顾客介绍来自研发部门的技术人员和产品的技术发展趋势,而不是把介绍当前具体的产品作为重点;在纺纱品展销会上,参展商往往用各种时髦的时装表演来演示其产品能力,而不是展示所要销售的各种具体的棉纱或羊毛织物等材料;在医疗器械专业展览会上,供应企业的技术人员一般喜欢讨论病理学的发展和研究技巧而不是探讨各种器械本身的具体特点;等等。因此,在实践中,许多参展商向顾客所展示和沟通的并非是各种产品,而是潜藏于这些产品后面的能力、能为其增加价值、甚至能弥补顾客能力缺口的各种能力(Golfetto and Gibbert,2006)。

而供应商或参展商为什么将营销沟通的内容聚焦于能力而非产品,这主要是因为,一方面,具体的产品太明显,顾客想要知道企业的各种能力以及技术知识是如何支撑他们的业务活动以及能否参与特殊的创新项目,而且,在现场沟通的过程中,为了证明那些难于演示的能力的可信度,一些技术知识可以现场免费传送(Golfetto and Gibbert,2006);另一方面,由于产品的生命周期不断缩短,顾客努力寻求一些相对不易贬值的因素取代产品来评估供应商;而且,现有研究表明,利用外部知识的能力已被认为是影响顾客创新绩效的关键因素,而外部知识主要来源于供应链。因此,根据能力来评估供应企业的价值创造潜力成为顾客的一项战略活动。同时,越来越多的管理实践也表明,产品和服务是评价企业当前价值大小的核心要素,而企业的能力是衡量其将来价值创造潜力的关键指标(Masella and Rangone,2000)。因此,供应商有必要向顾客推销、沟通和营销自己的能力。

而主流文献,特别是企业资源基础观和能力基础观似乎并没有考虑到这些活动,它们把资源和能力视为组织流程的输入要素或者看作为具有价值性、稀缺性、不可转移性和不可替代性等特征的企业内部要素(Barney,1991)。特别是,有关能力在要素市场上具有不可转移性特征的观点与在实践中的这些现象存在本质上的冲突。很明显,利用现有的资源基础逻辑并不能解释商品交易和展览会上的"能力沟通和促销"活动。为了澄清理论上能力的不可流动性和实践当中供应商向顾客所进行的能力输出活动之间的冲突,一些学者结合企业的具体实际对上述问题进行初步的理论探讨。例如,Dyer 和 Nobeoka(2000)、Laseter(2001)分别以 TOYOTA 和 HONDA 为例定性研究了日本汽车产业能力转移的成功做法。Prevot 和 Spencer(2006)采用案例对比研究的方法研究了巴西物流产业、制药产业和电信产业的能力转移实践,发现能力转移的战略目标、所转移的能力类型和转移机制之间存在显著的相关性。Zerbini, Golfetto 和 Gibbert

（2006）也采用案例对比研究的方法研究了意大利的纺织产业、汽车制造产业以及美国 IBM 公司的成功实践，识别了能力营销的主要特征和机制。

由于理论上对该领域的研究较少，以及鉴于"能力营销"在实践中对企业的战略重要性（Golfetto and Gibbert，2006），本研究将对能力营销研究的最新成果进行系统综述，并在此基础上进行综合评价和提出未来需要重点关注的研究方向与内容以及迫切需要解决的一些理论问题，以此吸引更多学者的关注进而推动该领域的深入研究。

第一节　能力营销概念的提出与界定

"能力营销（marketing of competence）"概念最早是由 Golfetto 和 Mazursky（2004）在哈佛商业评论发表的一文中提出来的，他们认为传统的营销研究并没有看到企业营销实践中一种特殊营销形式（如意大利纺织行业中的能力促销和销售现象）的存在，他们把这种特殊的营销形式称作为"能力营销"。Gibbert 等（2006）指出，传统的营销战略研究，特别是营销资源和能力研究以资源基础观为逻辑，主要是解释市场中营销能力是如何影响和创造竞争优势的（Day，1994；Srivastava，Fahey and Christensen，2001；Hooley，Greenley，Cadogan and Fahy，2005）。例如，Hooley 等（2005）将营销资源或能力（这里他们把资源和能力视为可交换使用或替代）分为基于市场的能力和营销支持能力两类，并且评估了它们对企业绩效的不同影响。然而，Gibbert 等（2006）认为，这仅仅是理解营销能力对绩效影响的第一步，事实上，这种方法可能会模糊和限制营销能力对企业绩效的贡献。

Golfetto 等(2006)也认为,企业能力基础观所认为的能力具有不可转移性特征以及把能力看作是组织流程的输入因素这种观点与现在出现的一些现象并不符合,企业能力基础观并不能解释产业市场中企业所开展的能力沟通和交易的活动。而且,他们也把这种现象称之为"能力营销",并把它定义为"企业在产业市场中进行能力促销、转移和销售的工具和流程。"Moller(2006)也支持"能力营销"的观点,并提出了另外一种解释。例如,企业为了强化核心能力建设往往把一些非核心的能力外包出去,那么这些合适的外购商在逻辑上就成为这些外包商的能力销售商,出售给外包商所需要的能力。Ritte(2006)认为,所有的市场沟通都是基于能力的沟通,但是能力沟通和营销的内容随着市场导向的类型和顾客需求的不同而改变。Blois 和 Ramirez(2006)也认为能力可以作为一项能够进行市场交易的资产。

上述观点引发许多理论和实际问题需要进行重新思考和新的探讨。例如,从理论上看,既然企业能力可以进行"促销、转移、销售"和可作为"进行市场交易的资产",那么相对于作为主流的产品或服务营销而言,能力从作为一个输入因素变为一个输出要素,这与资源基础观构成挑战,我们该如何理解它们之间的冲突? 能力营销观点对传统理论有何贡献? 从实际来看,既然能力营销是"企业进行能力促销、转移和销售的工具和流程",那么供应商应该使用什么工具和流程来开发、营销和传递能力给产业顾客? 哪些因素又会影响能力的营销活动? 企业开展能力营销活动的前提条件是什么呢?

第二节　能力营销对资源基础观的
挑战和管理意义

一、能力营销对资源基础观的挑战

能力营销观从概念上对资源基础观的基础提出了挑战。因为,能力营销的观点在逻辑上将组织资源和能力从作为组织流程的输入要素(Day,1994;Srivastava et al.,2001,1998)延伸到输出要素,进而能够在市场上进行交易,这就直接挑战了传统资源基础观的资源或能力的不可流动性,甚至在市场上的不可交易性。例如,传统的营销资源或能力(资源与能力可替代使用)研究遵从资源基础观逻辑,主要是解释消费者市场中营销能力如顾客关系能力、市场导向和优越的渠道设计技能等是如何影响竞争优势的(Day,1994;Srivastava,Fahey and Christensen,2001;Hooley,Greenley,Cadogan and Fahy,2005)。但是这种逻辑认为绩效的差异来自于所输入的或投入的要素在市场上不可移动(Peteraf,1993)、深深嵌入于组织程序之中(Barney,1991),并且通常具有很强的粘性,从而很难在内部进行转移(Szulanski,1996),更不用说在外部进行转移(Amit and Shoemaker,1993)。

而能力营销观点认为,一些能力并不像资源基础观认为的那样不可流动,事实上,作为输出要素的营销能力在要素市场上能够购买到。这就表明传统认识对营销能力存在狭隘的理解,将营销通常作为一个形容词,因此,"营销能力"就成为了具体营销能力如顾客关系能力、渠道管理技能等的一般或统一标志。实际上,营销还可以作为一个动词,从这个意义来看,营销能力可以被理解为能力的促销、转移和销售。

能力营销观是从营销的角度来认识资源基础观,因此,从这个角度来看,它对现有文献具有一定的理论贡献:

首先,它有助于更好的理解供应商的资源和能力在垂直企业关系中的意义或价值,这一点在资源基础观中被忽视了。资源基础观被限制在"接收者"观点,是指促使能力获取的流程和条件(Cohen and Levinhal,1990)。很少有研究去考虑"发送者"的观点,是指促使能力营销的流程和条件。

其次,能力营销观点将关注点从作为输入物的资源和能力延伸到作为输出物的资源和能力,这些资源和能力或因他们自身的利益或者因促销的需要能够进行交易。从能力作为输出物这一观点来看,资源基础观里许多主要假设或论述需要重新思考。这也意味着区分关键绩效能力与其他能力或资源的标准需要在战略和产业营销与采购研究中进一步重新思考。它也暗示着产业营销与采购可能更有助于更好的理解能力的本质和他们在垂直关系被利用和交换的方式(Golfetto and Gibbert,2006),从而扩大了能力对产业营销和企业绩效的作用。

总之,能力营销观将能力看作为可交易的资产或产出物可能为创造和保持竞争优势提供了标准化的处方,这在一定程度拓宽和丰富了资源基础观(如 Barney,1991;Peteraf,1993)为获得和维持竞争优势所提供的方法(Gibbert,Golfetto and Zerbini,2006)。

二、能力营销的管理意义

一切营销都是基于能力的营销。在产业市场中,企业区别于竞争对手和跳出竞争"红海"的一种有效方式是强调自己的能力而不是产品的质量(Golfetto and Mazursky,2004)。越来越多的管理实践也表明,将企业能力的理解和顾客价值结合起来是企业增长和盈利的基础(Ritter,2006)。因此,从这一观点来看,企业能力的营销观丰富了能力对顾客价值的作用:

首先,能力作为组织的主要资产,可以通过产品、服务、品牌以及关系等中间变量间接为顾客创造价值。许多以资源基础观为逻辑的战略营销文献也充分肯定了能力是价值创造、营造和维持竞争优势的源泉。例如,Tuominen 等(2004)认为,实施顾客价值战略需要企业开发一系列不同的能力。Berghman 和 Matthyssens(2006)讨论了能力对企业预测和提前应对顾客价值的变化而不是被动接受和服务顾客价值具有很明显的作用,他们还以 600 个德国工业企业的数据为基础,探讨了为了满足顾客和市场期望企业应当开发何种能力组合。

其次,能力可以作为一项可交易的市场资产,能够成为顾客价值的直接来源,企业通过转移、沟通和销售能力可以直接为顾客创造价值。例如,Glisby 和 Holden(2005)认为,如果供应商不只是向顾客进行简单的产品转移,而是转移顾客所倾向的知识、技能和能力,那么可以为顾客创造独一无二的附加价值,进而能够明显提高供应商的市场地位。从这个意义来看,传统的资源基础观限制了能力在产业营销和采购中的作用(Moller,2006)。

这种新认识对企业的营销策略创新和管理实践变革具有很强的指导价值。

首先,正如 Blois 和 Ramirez(2006)所言,能力作为一项能够进行市场交易的资产,企业接受一些产品创新所需的能力其本身可以参与交易的思想,这不仅能提高供应商的讨价还价力量和降低它们对顾客企业的依赖,而且能为它们建立独特的竞争地位带来非常重要的机遇。Gibbert 等(2005)认为,如果企业把能力看作为可交易的输出要素,把"营销"视为一个动词,则我们可以把营销能力视为竞争优势的一个新的来源。因为让企业进行能力营销活动,体现了 Barney(1991)和 Peteraf(1993)所描述的关键绩效能力的特点,并符合 Srivastava 等(1998,2001)等营销文献的观点,从而可以成为一种新型的营销资源,同时,开展能力营销需要综合多种复杂技能和进行跨部门间的合作与联系,因此,成功的能力营销实践是很难模仿的。Gupta 和 Govindarajan(2000)对跨国公司的研究发现,企业进行跨边界转移知识和能力的能力是跨国公司竞争优势的一个重要来源,这一观点已在理论界达成共识。

其次,这种观点也为理解一些顾客企业为什么将供应商能力作为评估供应商将来价值创造潜力和选择供应商的关键指标(Masella 和 Rangone,2000;Moller 和 Torronen,2003)、以及为什么向供应商寻求技术知识和技能援助等企业实践提供了一个新的、合理的解释。为此,企业要努力超越对市场的直接关注来发现能力的价值。这种关注包括时间和空间两个维度,空间维度要求企业超越顾客对产业发展格局的界定和描述,以便识别业务所要求的最为关键的能力;时间维度要求企业看到知识和技能的未来发展,以便能预测在何种程度上它们对顾客价值创造仍然至关重要。

最后,这种观点为供应商创造和传递顾客价值提供了新的思路和路径。企业虽然通过创造和营销产品能为顾客创造价值,但是利用创造产品的能力来为顾客创造价值对企业来说也有着非常重要的机会(Blois and Ramirez,2006)。然而,企业能力在具体产品市场中的价值是企业所运营的市场环境以及其配置方式所决定的(Barney,2001),因此,从这个角度来看,利用能力需要创新营销策略。而根据前面有关能力营销方式的分析,能力营销观简要提出了能力进行销售、沟通和转移所需要的工具和方式。而对于资源基础观而言,由于它主要适用于组织内部导向,因此,它并不能解释资源转换为顾客价值的基本流程(Srivastava 等,2001;Zerbini等,2003),而且它也没有阐述如何将资源和能力转换为顾客价值的流程(Moller,2006)。因此,相对于资源基础观而言,能力营销观为企业的管理实践提供了新的思路和路径。

第三节 简评与展望

能力营销为市场营销研究和管理提出了新的挑战和机会。随着企业界能力营销活动的日益增多,能力营销也因此成为理论界的研究焦点。但是,其研究仍然处于起步阶段,企业之间的能力转移、沟通和销售研究也相当不足(Spencer,1998),同时,这个领域的诸多争论也没有得到合理解释和有效解决(Fahy,2006;Golfetto,2006)。为此,本研究认为未来需要在以下一些领域进一步加强研究:

(1)需要结合产业市场中顾客企业的购买实践,从理论上探讨供应商的资源和能力与顾客企业的购买行为之间的作用机理。最近一些研究提出一些企业为了实现某一营销目标例如与顾客建立战略业务伙伴关系而使用能力交换(Golfetto and Mazursky,2004),这就表明供应商的资源和能力与顾客企业的购买行为之间可以产生某种联系,但很少有人研究供应商的资源和能力与顾客企业的购买行为之间是如何发生联系的,即两者的作用机理;也几乎没有人在此基础上进一步去研究供应商是如何利用其资源和能力来引导顾客的购买行为。因此，未来的研究应当在比较顾客购买产品、服务、解决方案和能力的行为与及其特点的基础上，构建可能的供应商能力与顾客购买行为的作用机理模型，揭示两者的作用过程。

（2）需要从综合的角度构建能力营销的影响机理模型，揭示和解释企业能力的营销过程。虽然一些文献已经研究了能力营销的一些影响因素，但这些研究比较零碎，影响变量的提取缺乏统一的科学标准，容易疏忽一些关键的变量（例如许多研究都忽视了能力开发的投资成本这一变量的影响），信度指数不高，缺乏说服力；而且上述影响因素的研究都只是从一个单一的角度研究若干独立变量各自对能力营销的影响，没有区分变量的影响性质（如调节变量、中介变量和控制变量等），缺乏一个综合的角度，也缺少一个整合的模型来完整地描述能力的营销过程。因此，未来的研究应该从综合的角度构建能力营销的影响机理模型，并利用企业数据来实证分析企业能力的营销过程以及阐述各种能力营销方式的选择机理。

（3）需要进一步系统研究能力营销的有效方式以及每种方式的具体操作。文献虽然把能力营销界定为"企业在产业市场中进行能力促销、转移和销售的工具和流程（Golfetto 等，2006）"，但对能力供应商使用什么工具和流程来开发、营销和传递能力给产业顾客，以及产业顾客如何获得来自基于能力交易的价值等基本操作层面上的问题并没有较多和系统的研究。文献虽然研究了能力营销的不同方式，但许多文献只是提供了一个概念性的、描述性的一般看法，很少去关注能力营销中的复杂问题甚至回避研究具体如何营销的问题。例如,虽然文献强调能力促销和沟通是能力营销的一种主要方式,一直被企业作为一种避免价格竞争和增加模仿壁垒的方式来使用(Golfetto and Mazursky,2004),但并没有具体阐述如何进行能力沟通(Golfetto,2003)。对这些问题的回答不仅有助于推动能力营销理论研究的进一步深化,而且有助于为企业开展能力营销实践提供具体的、可操作的工具和手段。因此,未来的研究要继续深化对能力营销方式的可操作性研究。

(4)能力营销的研究需要回答一些争论的焦点问题或其自身产生的一些主要理论问题。尽管一些研究指出了能力营销的理论贡献和管理价值,但能力营销仍然没有回答一些理论界争论的焦点问题和其自身所产生的新的理论问题。例如,针对不同类型的能力,企业该如何选择能力营销的方式? 供应商和顾客能够利用各自的能力创造相互价值,那么双方该如何分配价值? 另外,资源基础观认为竞争优势来自于能力的稀缺性、不可转移性和难以模仿性(如 Peteraf,1993),那么能力要是被营销以后,企业的竞争优势还能存在吗? 或者企业的竞争优势还可持续吗? 为此,我们在能力营销过程中应该如何"保护"能力,避免其向竞争者的间接转移? 这些争论的焦点问题不仅没有得到解决,而且很少受到学者的关注(Blois and Ramirez,2006),或者甚至受到学者的故意回避(Glisby and Holden,2005)。因此,未来的研究应该对这些理论问题正面做出合理的解释和回答。

第八章　能力营销的方式及其选择机理

随着能力营销概念的提出,除了企业能力营销的现象、理论意义和管理价值成为理论界和企业界的关注焦点之外,有关能力的营销方式及其影响因素也受到一些学者的重视。

(1)能力营销的方式研究。一方面现有文献总结了能力营销的一般方式,例如,Golfetto 和 Mazursky(2004)认为在产业市场中企业营销自己的能力可以采取两种方式:能力销售或转移、能力促销。Zerbini 等(2006)总结了能力营销的三种方式:能力预测和联盟、能力展示与沟通、能力交付等。另一方面,现有文献也探索和归纳了能力营销的具体手段和情境。例如,Dyer 和 Nobeoka(2000)描述了 TOYOTA 能力营销的具体方式:创建供应商俱乐部、社会信息交换区域、咨询团队、创建自愿学习团队、员工交换。Ritter(2006)结合市场导向类型提出了能力营销的五种情境。例如,生产导向背景下的能力营销应以流程能力为主;产品导向背景下的能力营销应以产品能力为主;市场导向背景下应以产品能力和流程能力为主;在顾客关系导向和网路导向背景下,产品、流程和市场能力都很重要。

(2)能力营销的影响因素研究。理论界对以能力营销为主题的影响因素研究非常少见,大多数文献主要侧重于研究能力营销方式中的能力转移的影响因素。归纳起来影响能力转移的因素至少有五类:①能力的特性。一般认为,默会性的、不可编码的知识和能力因其传播困难和内嵌于组织情境不容易从一个组织转移到另一组织(Szulanski,2000)。②关系嵌入度。一些学者(Andersson 等,2001;Andersson,2003)发现公司与外部顾客和供应商的关系亲密度即外部嵌入性与其作为能力供给者的角色正向相关。③组织情境因素。Gupta 和 Govindarajan(2000)指出影响跨国公司能力转移的组织情境要素主要是任务、组织结构特性、组织文化与规则。④能力接收方特性。一些学者(Szulanski,2000;Foss,2004)认为,能力接收方的吸收能力、关系纽带、动机与信任,以及组织学习意愿对能力转移起到关键作用。⑤其他因素。如产业与业务特性(Yeung,1999)、合作经验(Simomin,1997)、转移成本(Davidson,1983)、联盟伙伴选择(Inkpen,1998)、联盟形式(Simonin et al.,2004)、所转移的能力类型(EI-Sayed,2002)和能力转移的机制(Prevot 和 Spencer,2006)等。

国内以能力营销概念为主题的研究尚为空白,甚至有关能力转移的研究也非常少见,大部分研究聚焦在知识管理和组织学习领域,例如,知识扩散(常荔,2001)、知识转移与共享(陈国权,2001;刘益,2006;关涛,2006)、知识整合(陈力,2003)等。应该说,能力营销、能力转移与知识转移是三个不同但又相关的概念,能力转移只是能力营销的一种方式,知识转移是能力营销的前提。另外,上述研究也存在一些不足:

首先,上述影响因素的研究都只是从一个单一的角度研究若干独立变量各自对能力营销的影响,缺乏一个综合的角度,也缺少一个整合模型来完整地描述能力的营销过程。

其次,能力营销方式的研究大部分都是以案例研究为主

（Glisby 和 Holden，2005），而且所进行的案例研究都是以多个案例进行对比的横向研究，没有就一个案例或多个案例开展纵向研究，事实上，能力营销也可能受时间变量的影响，另外也需要利用大量的数据来检验其分析结果。

最后，能力营销的研究仍然没有回答一些争论的焦点问题或其自身产生的一些主要理论问题。例如，资源基础观认为竞争优势来自于能力的稀却性、不可转移性和难以模仿性（如 Peteraf，1993），那么能力要是被营销以后，企业的竞争优势还能存在吗？或者企业的竞争优势还可持续吗？供应商和顾客能够利用各自的能力创造相互价值，那么双方如何分配价值呢？针对不同类型的能力，企业该如何选择能力营销的方式呢？等等。这些复杂问题不仅没有得到解决，而且很少受到学者的关注（Blois 和 Ramirez，2006），或者甚至受到学者的故意回避（Glisby 和 Holden，2005）。

总之，正如 Moller（2006）所言，既然能力营销是"企业进行能力促销、转移和销售的工具和流程"，那么供应商应该使用什么工具和流程来开发、营销和传递能力给产业顾客？哪些因素会影响能力的营销活动？企业开展能力营销活动的前提条件又是什么？等等，一系列关键的问题仍然没有得到较多的关注和有效的回答，而且，对这些问题的回答不仅有助于推动能力营销理论研究的进一步深化，而且有助于为企业开展能力营销实践提供新的思路和方式。为此，根据研究主题的需要，本章将试图探讨能力的营销方式及其选择机理。

第一节　能力营销的方式和手段

能力营销是企业进行能力促销、转移和销售的工具和流程。

根据定义,我们可以看出能力营销可以采取促销、转移和销售等方式。根据产业市场中的企业能力营销实践,结合上述文献,我们将企业能力营销归纳为三种方式:能力沟通与展示、能力销售和转移、能力联盟与共享。每种方式又有多种不同的具体手段。但在不同的情境下,能力营销的方式和手段具有差异性。

1.能力联盟与共享

能力联盟是营销双方在资源和能力互补的基础上,基于某一技术、能力或市场开发等重大战略的需要共同所进行的能力开发、整合和共享的行为。Huber(1991)的研究显示,通过战略联盟、购并、合资等形式在参与的企业之间能出现明显的知识共享现象,与不相关企业的共存也能导致知识整合的发生。相应地,有关跨国公司的研究一直强调在地域分散的子公司之间进行能力开发和能力整合的重要性(Holm 和 Pedersen,2000;Gupta 和 Govindarajan,2000),强调整合处于不同地域的子公司所开发的能力是跨国公司总部的一项重要任务(Holm 和 Pedersen,2000)。

整合跨国公司各地域子公司的能力可以通过组建跨文化团队、共享 ERP 系统、成立工作小组、举行研究讨论会和正式会议、成立项目团队等手段来进行,但是利用上述手段实现能力联盟和整合的前提是为各个子公司分配不同的角色(Birkinshaw 和 Hood,1998)。因为尽管一些实证研究已经表明,在跨国公司内部各子公司之间进行能力整合要比外部组织之间的整合要容易很多(Zander 和 Kogut,1995),但是一些学者已经提出子公司间进行能力整合也并不是我们所想象的能够以"自愿"的形式产生,没有母公司给子公司安排一个特殊的角色,该子公司也不会为其他子公司承担更多的责任。在其他跨组织间能力联盟领域,Stein(1997)

在能力复杂程度的基础上提出了能力整合机制的类型：相互调整、任务标准化、流程定义、目标共享、发展共同的战略逻辑和标准以及共享价值观等。

2.能力转移

能力转移是借助一定工具和手段的能力单方向流动。Almedia 和 Grant(1999)依据知识的默会性程度探讨了企业知识转移的具体方法，分别可以列入人际沟通、编码传播和内嵌转移三大类。其中，人际沟通的方法有人员迁移、电子邮件、团队合作、电话联系、视频会议、当面商谈、培训研讨会（课程培训）、特殊知识转移团队（利益共同体、事务共同体）；编码传播包括电子数据交换、传真、文字报告或手册；内嵌转移包括产品、设备、规则、工艺程序和生产指令等。

Makhija 和 Ghanesh(1997)以能力接收方的学习流程为基础提出了能力转移的具体手段：合同、正式权威、标准化程序、计划、监测、绩效评估、团队工作、会议与正式的个人联系、管理者迁移、目标共享、标准、价值观和信仰共享等。Dyer 和 Nobeoka(2000)描述了 TOYOTA 的能力转移机制并强调了主要的创新：创建供应商俱乐部、社会信息交换区域、咨询团队、创建自愿学习团队、公司间员工迁移。Prevot 和 Spencer(2006)通过研究跨国公司在异地的子公司与当地的供应商能力转移实践，总结了一般的能力转移机制：学习程序和文件、年度会议、论坛、现场参观、打电话、正式会议、培训、专家分配、团队工作、员工交换等。另外，由于能力转移镶嵌于网络管理实践之中，并以成员企业的社会化为基础（Prevot 和 Spencer,2006），因此同时采用多种不同的互动机制更有利于促进不同类型能力的转移（Dyer 和 Nobeoka,2000），而且，界定正式的转移流程也将减少跨组织间能力转移的管理任务。

3.能力销售

在产业市场中,企业销售自己能力的一种常见方式是从销售产品转变为销售解决方案。例如,IBM 公司为了把自己从销售标准化的电脑硬件和软件转移到为顾客的信息技术问题提供解决方案,如提供信息技术咨询、整体系统管理、战略外包和电子业务服务等能力,企业有目的地进行向上整合,增加诸如 IT 系统的规划、设计、执行和维护等服务。能力销售的前提是要将能力视为可交易的产出物,并作为一种附加价值服务融合于产品和其他服务里。从这个意义上来说,能力销售可以理解为将一个企业的能力出售给所需要的顾客而进行的一系列活动。

能力销售的观点和非核心能力外包的观点相一致。因为,在一定程度上,A 企业关注核心能力,将那些不重要或非核心的能力外包给 B 企业,那么 B 企业在逻辑上就成为了一名能力销售商,销售给 A 企业所需要的能力(Hamel 和 Prahalad,1994)。另外,我们现在所提出和大力发展的信息技术服务外包政策,以及一些地方如天津、南京、西安、大连以及广州所提出的要打造世界一流的 IT 服务外包基地的行为,其实就是在努力培育专业化的外包能力并在国际市场上进行营销和销售。同时,在理论界,产业营销与采购领域的一些学者(Hakansson 和 Snehota,1995;Moller 和 Torroen,2003)已经对产业供应商所开展的"能力销售"活动进行大量的观察和跟踪研究。

4.能力促销与沟通

能力促销不同于能力的实际销售,因为能力的角色是促销而不是销售。也就是说,在产业市场中,能力不仅自身可以作为一种产品或产品的附加价值能够被销售,而且还能像广告一样作为一种促销手段促进其他产品和服务进行销售。例如,意大利 Tuscany 地区的纱线制造商许多年来在纱线生产方面一直处于世界主导者的地位。然而,在 20 世纪 90 年代,它们越来越受到来自发展中国家竞争对手的残酷竞争,竞争对手以更低的成本模仿设计和生产纱线。为了有效应对这种竞争,Tuscan 地区的纱线生产商开始和大学的研究学者以及卓越的设计师开展紧密合作,不仅开发了新的纱线款式,而且还设计出了新的纺织品和服装款式。在 Florence Filati 半年一度的交易博览会上,参展商以前只展出一些未加工过的纱线,现在开始向他们的顾客以及顾客的顾客重点宣传服饰领域的时尚理念和展出一些以自己的产品为材料所制造的漂亮服装。结果,展览会上的参与人数比以前增加了一倍,吸引了许多除传统的纺织企业以外的采购商和参观者。

就上述例子而言,参展商并不是以自己的产品(如纱线以及其他纺织材料)作为与顾客进行沟通的重点,而是演示其产品的应用,而且在他们研究的基础上预测服饰领域的时尚发展趋势。实际上,这些纺织企业是将他们的新产品(如各种时髦的成套服饰)作为纱线产品的一种特殊广告形式来使用,通过向顾客展示和沟通由各种纺织材料所制作的下游最终产品的能力,以达到宣传和促销目的。因此,有效的"现场"沟通具有双重效果:一方面,通过展示能力的应用来克服供应商知识的默会性本质以及向顾客解释能力的价值,从而达到由内而外的效果;另一方面,通过反馈从顾客那里获得更多的默会性知识以便推进能力与顾客业务流程的结合,从而达到由外而内的效果。另外,最为重要的是,现场式的能力沟通并不是局限于个人情感关系内的人际沟通,而是利用公共环境,如展销会和媒体宣传,因此这对揭露有价值的企业和产品信息具有特别重要的意义。

第二节 能力营销方式的选择机理

根据知识管理理论,本研究认为,能力营销是能力属性、营销双方特性、双方组织文化距离、双方关系质量以及顾客价值和企业价值等变量的函数,但这些变量与能力营销之间的作用机理并不相同,从而影响不同能力营销方式的选择(如图8-1所示)。具体内容如下:

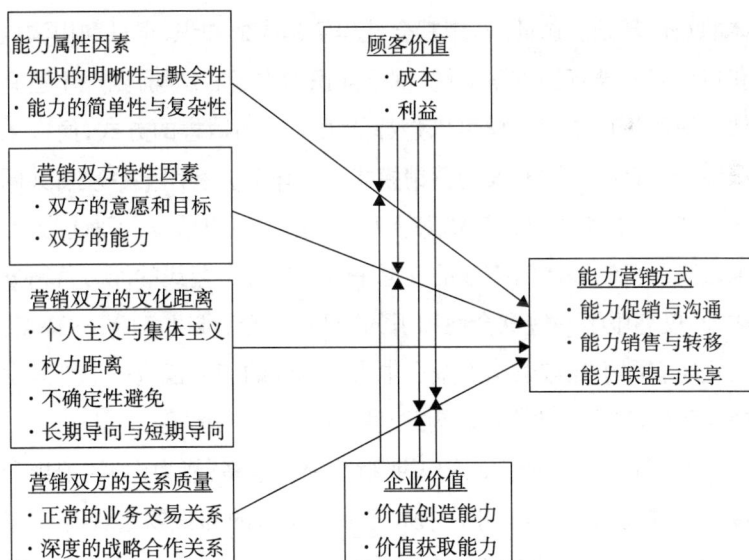

图8-1 能力营销方式的选择机理模型

1.能力属性因素与能力营销方式

能力是一系列复杂的内嵌于组织规则的技能和知识。能力的最终本质是知识。但知识的明析性与默会性、简易性与复杂性均会影响企业之间的能力营销活动,特别是能力营销方式的选择。首先,知识的明析性与默会性程度不同,会导致知识对其所依附的载体或环境具有不同程度的"粘性"。因为,一方面,默会性程度越高的知识就越难进行编码和表达,从而造成传播困难;另一方面,默会性程度越高的知识经常内嵌于企业的任务、规则、惯例和内部人际网络以及外部协作网络之中,它的价值只有在特定人际和组织环境下才有效,单纯模仿只能学到知识的表面,很难把知识与承载这些知识的单元分离开来,并把它注入到另外一个行为主体的知识基础。由此,营销默会性程度越高的知识,很难利用沟通和培训来向被营销方来分解、剖析知识的内涵和结构,因此不适宜像营销明析性知识那样可以选择能力沟通和销售的方式,而应采取基于项目的共同开发的营销模式。合作双方利用某一项目共同开发能力,能够让双方都熟悉能力所依附的组织情境,了解能力产生效应的机制和所需搭建的支撑平台。这种共盟式的能力营销方式,不仅克服了一些默会性知识的"只可意会,难以言传"的特点,而且还有利于在被营销方企业中为所接收的能力营造一个与其发展相匹配的"组织暖箱"。为此,我们提出如下命题:

P1:所"营销"能力的知识明晰性程度越高,能力沟通、销售和转移的方式就越有效;相反,所"营销"能力的知识默会性程度越高,能力联盟与共享的方式就越有效。

其次,除了能力的知识特性以外,能力营销还必须考虑所"营销"能力的复杂性。从能力的复杂程度来看,能力由低到高依次分为个体能力、职能能力、群体或团队层面的能力、跨职能间的能力和组织间能力。这些能力因其复杂程度不同,熟悉和掌握这些能力所需要的知识基础以及相互间所需要开展和介入的组织活动也不一样,因而其营销的方式也就不同。一般而言,所营销的能力越简单,对营销双方的沟通程度要求就越低,需要双方调整和变革(如对组织结构和流程的调整以及对制度和规则的变革)的范围和程度就越小,营销的过程也越简单,所需时间也越少;相反,所营销的能力越复杂,对营销双方的沟通程度不仅要求越高,而且对双方的变革和调整范围与程度也就越大,营销的过程也就越复杂,所需时间也就越长。例如,团队能力的营销并不像物流技能的营销那样可以采取分发和学习物流指导手册与操作流程等沟通和转移的方式就可以达到其目的,其最佳方式应该是组建咨询团队与客户企业员工一起工作、反复进行现场指导和跟踪。当然,这其中采用合适的团队组建方式(如师徒式工作、项目参与式工作等)是提高这种能力营销效率的关键,因为供应商利用合作项目派专人指导可以监测执行的结果和了解细小的不足与失败,进而能够让客户企业人员及时进行纠正。基于此,本研究提出如下命题:

P2:所营销的能力越简单,能力沟通、销售和转移的方式就越有效;相反,所营销的能力越复杂,能力联盟与共享的方式就越有效。

2.营销双方的特性因素与能力营销方式

企业之间的能力营销方式选择还与能力营销双方的特性即意愿、目标和能力有关。双方的能力营销意愿强弱一方面反映了双方感知能力营销活动对双方各自战略目标的潜在重要性。一般而言,企业之间开展能力营销往往具有不同的目标,包括追求财务回

报和利用外部能力等能够为营销双方创造直接效应的目标;寻求
反馈效应、获取关系租金和共同创造能力等能够对双方能力产生
间接影响的目标;转移公司战略和实施网络管理等对双方战略产
生间接影响的目标。但是,实现上述不同的能力营销目标要求采
用与之相匹配的能力营销方式。一般而言,能力营销对营销方的
战略目标越重要,则营销方就会更加努力去控制能力营销的结果
和倾向于采用互动要求高的营销方式,如能力联盟与共享等。另
一方面,双方能力营销意愿的强弱反映了双方相互之间的了解和
信任程度,而信任水平是企业之间开展长期能力合作的基础。因
此,如果营销双方之间具有坚实的信任基础,同时双方均感知到能
力营销对各自目标的达成具有重要的战略意义,则双方更倾向于
采用能力联盟与共享的方式;相反,若营销双方之间的合作时间不
长,彼此还并不完全了解,开展能力营销对双方也没有重要的战略
意义,则双方一般倾向于采用能力沟通、促销和转移的方式。为
此,我们提出如下命题:

P3:营销双方的能力营销意愿越强,双方之间就越有可能选
择能力联盟与共享的方式;相反,营销双方的能力营销意愿越弱,
双方之间就越有可能选择能力沟通、促销和转移的方式。

除此之外,选择不同的能力营销方式还需要营销双方具备相
应的能力如沟通能力、学习能力或者吸收能力等加以支撑。因为
营销双方的沟通能力、学习能力和吸收能力越强,则双方开展能力
营销的方向、努力程度和速度就更符合所制定的计划和预期。一
方面,营销双方之间的学习方向一致,表明双方的能力发展战略和
积累路径大体相同,这会提高能力销售和转移的便利性;另一方
面,双方之间的沟通能力越强、学习努力程度和速度越大,则能力

转移的过程就更为简洁、沟通的效果就更好。相反,双方的沟通能力、学习能力较弱,这种以培训讲解和模拟操作为主的授教式方法可能难以奏效,需要双方采取项目合作,利用干中学等实践操作的方式才能达到能力营销的目标。为此,我们提出如下命题:

P4:营销双方的沟通能力、学习能力越强,双方之间就越有可能选择能力沟通、销售和转移的方式;相反,营销双方的沟通能力、学习能力越弱,双方之间就越有可能选择能力联盟与共享的方式。

3.营销双方的组织文化距离与能力营销方式

文化距离(Cultural Distance)是一个企业的共同价值观念和标准不同于另一个企业的程度。在不同文化情境中的企业之间进行跨边界的能力营销要比处于相同文化中的企业之间营销更为复杂和困难。因为能力转移和营销本质上是一种跨文化管理形式,是一种跨文化交易行为。另外,文化距离还可以增加资源和技能分配与知识的粘性,因而可能会增加能力营销过程的复杂性从而对能力营销的效率产生负面影响。学术上一般均采用个人主义与集体主义、权力距离、不确定性避免、长期导向与短期导向等文化维度,因为它们反映了社会的差异性特征和人们处理信息的不同方式,本研究也采用这些维度来分析文化距离是如何影响能力营销方式的选择。

个人主义与集体主义维度是一个社会强调个人或集体成就以及人际间关系的程度。研究表明,这个维度影响个体分享其知识和能力的意愿。来自或处在集体主义文化中的人特别强调对组织的认同,不太倾向于与组织之外的成员分享知识和能力,而处于个体主义文化中的个体为了树立自己的权威和获得他人的钦佩,喜欢在他人面前表现自己和宣传自己的实力,因而更乐于与组织之外的成员沟通自己的知识和能力。权力距离维度强调社会中人们之间的平等或不平等的程度。在权力距离大的文化里，人们认为社会不平等和呈等级形态是很自然和正常的社会规则。权力距离的存在导致企业之间的能力营销往往讲究"门当户对"。在权力距离大的企业之间，他们的行业和社会等级观念非常强烈，更倾向于开展能力沟通、转移和销售等营销活动；而在权力距离小的企业之间一般更容易产生能力合作研发等联盟行为。不确定性避免维度是指社会对不确定性的容忍程度。具有高不确定性容忍的个体因能接受更高的风险而更愿意沟通和转移自己的知识和能力，因而更倾向于选择能力沟通和转移等方式。长期导向与短期导向维度关系到营销双方对能力营销意义的战略认识。持有长期导向的企业一般有较强的关系营销观念，将对方视为自己的战略合作伙伴，更倾向于与对方进行能力共享和联盟等长期活动；而持有短期导向的企业往往有较强的交易营销观念，更倾向于对方开展能力沟通、销售和转移等短期项目。基于以上分析，我们提出如下命题：

P5：均为个体主义文化的、权力距离大的、不确定性避免程度低的或持短期导向的企业，更容易进行能力沟通、销售和转移活动；均为集体主义文化的、权力距离小的、不确定性避免程度高的、或持有长期导向的企业，更容易发展能力联盟等项目。

4.营销双方的关系质量与能力营销方式

关系营销理论表明，企业关系是企业获取外部知识和技能的主要方式，因为它们有助于激活特殊的关系流程和机制，从而推动和刺激双方之间的互动以及甚至最复杂的和默会性能力的转移。这种观点为理解一些顾客为什么向供应商寻求技术知识和技能支持提供了一个新的解释,也为企业发展开辟了一条新的成长路径。

但是,企业与合作伙伴之间的不同关系质量(如正常的业务交易关系与密切的战略合作伙伴关系)在一定程度上决定能力营销的方式选择。正常的业务交易关系只是追求短期利益最大化的营销行为,并没有长期合作的持续关系导向;而且这种交易关系主要受市场价格等信息的影响,是纯粹的产品交换活动,或为支撑产品使用而提供相关的能力和技术方面的沟通和转移等服务,除此之外,并不含有任何其他额外能力的输出和联盟等内容。这就意味着只要价格稍微发生变化,企业就很有可能更换或改变合作伙伴。然而,密切的战略合作伙伴关系并不会因市场的变化而更换合作伙伴,因为合作伙伴之间的相互投入使相互之间的依赖程度很高,他们已经为合作和融合的需要而对各自的组织、流程和制度作了适度调整和变革,这意味着他们的知识基础和主导逻辑越来越趋向一致,因而更容易产生能力的合作与共享等长期性的联盟行为。基于此,我们提出如下命题:

P6:有一般业务交易关系的营销双方更倾向于选择能力沟通、销售和转移等方式;有战略合作伙伴关系的营销双方更倾向于选择能力联盟与共享的方式。

5.顾客价值、企业价值与能力营销方式

上述所讨论的因素如能力属性、营销双方特性、文化距离以及关系质量等虽然能够影响能力营销的方式,但最终所要营销的能力到底用何种方式,主要还是受企业对顾客价值和企业价值的综合权衡而决定的。例如,企业对先进制造技术进行投资在价值回报上就有两种方式可供选择:第一种方式是将先进制造技术作为产品生产效率和质量提高的驱动要素,也即采用能力转移的方式;

第二种方式是将其作为可交易的资产或者作为交易物的组成部分,也即采用能力销售的方式。但是在实践中,我们通常发现,企业在安装和引进先进制造技术后的初期,往往采用能力转移的方式,即将其作为一项提高产品生产效率和改进产品质量的驱动因素,但是到了利用这项技术能够获得预期的规模经济效应的时候,企业就会采用新的方式如能力销售的方式将其作为可交易的资产来直接利用它。譬如有的企业看到一些客户一直实施标准化的零部件采购模式而苦于回避昂贵的非标准化部件采购的做法时,企业就会使用这项新技术来进行定制化生产,而且以更低的价格将零部件提供给顾客。从而这种方式直接降低了顾客的成本或者使顾客从其顾客那里获得了更多的回报。因此可以看出,企业对能力选择何种营销方式来源于对顾客价值的观察,特别是对顾客价值中的成本与利益成分的识别。因为,供应商必须思考它所拥有的任何一种能力对降低顾客价值中成本成分或提高利益成分的潜在贡献。如果所拥有的能力或拟投资开发的能力具有能够对顾客价值直接做出贡献的潜力,那么将能力采用销售的方式就具有很大的可能性。

　　但是,能力应为顾客价值做出贡献只是能力营销方式选择的一个必要条件,只有在这种营销方式还能够提高企业自身创造价值能力或价值获取能力的情况下,能力才有可能用这种方式来营销。因为虽然理论上认为,企业存在的目的是帮助其他企业包括顾客企业创造价值,但是只有在它们预测能够获得或分享其中一部分价值的时候,企业才有可能帮助其他企业或个体创造价值。因此,供应商需要从顾客和自身的观点来评价每种能力的价值创造潜力,在对能力选择何种营销方式之前,供应商必须对因向顾客提供更大附加价值而所获利益与因此而造成收入减少的损失进行权衡。总之，不论企业所拥有的能力属于何种类型，营销双方的意愿和能力有多强，双方的组织文化有多接近和双方的关系质量有多高，对顾客价值和企业自身价值的贡献是企业最终决定营销方式选择的两个前提条件。基于此，我们提出如下命题：

P7：顾客价值与企业价值能够对能力属性、营销双方特性、文化距离和关系质量等因素与能力营销方式之间的关系产生调节作用。

第三节　结论与意义

本研究在总结能力营销方式的基础上探讨了能力营销方式的选择机理。其主要结论有：

（1）就能力营销的客体属性而言，能力的默会性和复杂性影响知识的可沟通性和能力与组织环境的粘性，因而，对所"营销"的能力而言，其知识明晰性程度越高或越简单，能力沟通、销售和转移的方式就越有效；其知识默会性程度越高或越复杂，能力联盟与共享的方式就越有效。

（2）就能力营销的主体特性而言，企业之间的能力营销方式选择还与能力营销双方的意愿、目标和能力有关。双方的能力营销意愿强弱一方面反映了双方感知能力营销活动对双方各自战略目标的潜在重要性。一般而言，营销双方的能力营销意愿越强，双方之间就越有可能选择能力联盟与共享的方式；相反，营销双方的能力营销意愿越弱，双方之间就越有可能选择能力沟通、转移和销售的方式。另外，选择不同的能力营销方式还需要营销双方具备相应的能力如沟通能力、学习能力或者吸收能力等加以支撑。因为营销双方的沟通能力、学习能力和吸收能力越强,则双方开展能力营销的方向、努力程度和速度就更符合所制定的计划和预期。因此,营销双方的沟通能力、学习能力越强,双方之间就越有可能选择能力沟通、销售和转移的方式;相反,选择能力联盟与共享的方式更为有效。

(3)就能力营销的文化情境而言,营销双方之间的文化距离及其不同维度是影响能力营销方式的重要情境变量。我们发现,均为个体主义文化的、权力距离大的、不确定性避免程度低的或持短期导向的企业,更容易进行能力沟通、销售和转移活动;均为集体主义文化的、权力距离小的、不确定性避免程度高的、或持有长期导向的企业,更容易发展能力共享和联盟等项目。

(4)就能力营销主体的关系质量而言,营销双方之间的不同关系类型反映了双方之间的相互依赖程度以及对关系发展的投入和承诺水平,因而在一定程度上决定双方对能力营销方式的不同选择。有一般业务交易关系的营销双方更倾向于选择能力沟通、销售和转移等方式;有战略合作伙伴关系的营销双方更倾向于选择能力共享与联盟等方式。

(5)就营销双方的目的而言,顾客价值与企业价值是能力营销的前提条件,能够对上述因素与各能力营销方式的关系产生调节作用。

上述结论具有重要的理论贡献和管理意义。

首先,本研究从营销的角度重新认识资源基础观,揭示企业能力营销的方式及其选择机理,这有助于更好的理解供应商的资源和能力在企业关系中的意义,而这一点在资源基础观中被忽视了。资源基础观被限制在"接收者"观点,即研究促使能力获取的流程和条件,很少有研究去考虑"发送者"的观点,即促使能力营销的流程和条件。本研究就是从"发送者"的角度来研究能力营销的情境条件和选择机制。因此,从这一角度来看,本研究的研究结论进一步拓展了该领域的研究。

其次,现有能力营销研究并未明确指出能力营销的方式,而本研究依据企业营销实践,并结合文献具体总结了能力营销的三种典型方式,并从营销客体、营销主体、营销情境、营销目标等方面探讨了影响能力营销方式选择的因素,揭示了不同能力营销方式的选择机理。这是对现有能力营销理论的一大贡献。

再次,本研究所归纳和界定的能力营销方式能为理论界下一步开发能力营销量表提供结构雏形和文献支持。从实践意义来看,能力营销的方式及其选择机理回答了企业开展能力营销的情境条件,有助于企业依据自身的战略目标、所拥有的能力属性和所处的商业环境制定有效的能力营销策略和选择合适的能力营销方式。

当然,本研究也存在一些不足有待更深入研究:(1)本研究以知识管理理论为基础,选择能力属性、营销双方特性、文化距离和关系质量等变量来探讨能力营销方式的选择问题,虽然这些变量已涉及能力营销的主体和客体等范畴,但本研究对主体和客体产生作用的一些环境变量(如产业因素、市场因素)并未考虑;同时,能力营销过程中的一些要素也未加以考虑,因此,未来的研究应该在深入探讨各个要素与各种能力营销方式作用机理的基础上,从综合的角度较为全面地构建一个能力营销方式的选择机理模型,以揭示能力营销的具体过程。(2)本研究虽然通过定性分析构建了能力营销方式的选择机理模型,但该模型的有效性还有待采用实证研究加以验证。

第九章 企业能力、能力营销与顾客价值的关系模型建构

据文献可知,国外的研究一般都聚焦在探讨企业能力与顾客价值的关系,而深入剖析不同企业能力与顾客价值之间的内在作用机理的研究相对较少。特别是,在现有的研究成果中,有关不同类型的企业能力、不同能力营销方式与顾客价值创造的作用机理研究明显欠缺;就研究方法而言,目前的研究大多是描述性的和探索性的,以质性研究方法特别是以案例研究方法为主,以实证研究方法进行的检验性研究明显不足。本领域的研究趋势是从研究顾客价值创造对企业能力类型的一般要求,转向对不同能力类型和不同能力营销方式的综合深入探讨,在方法上更加注重从一般的描述性和探索性的质性研究转向验证性的定量和实证研究。

第一节 企业能力、能力营销与顾客价值关系的概念模型

我们采用 Gibbert 等(2006)的能力营销定义,围绕核心构念"能力营销"来研究其测量维度、驱动机制与内容、方式选择和作用机理等问题。一个初步的整体研究框架如图 9-1 所示。整体研究框架包括 2 个构念(能力营销与企业能力)的测量、3 个子模

型(能力营销的方式选择模型,如图9-1的左半部分;能力营销的作用机理模型,如图9-1的右半部分;企业能力、能力营销与客户购买行为的关系模型,如图9-1的主体框架)的理论建构和实证检验。解释如下:

首先,根据能力营销的现有研究成果,我们归纳了能力营销的四个维度:能力沟通、能力促销、能力转移和能力销售等。这四个维度其实就是能力营销的四种具体方式。

其次,根据企业能力与顾客价值的关系理论(如 Glisby and Holden,2005;Berghman and Matthyssens,2006;Matthyssens 等,2009)、能力营销理论(如 Gibbert 等,2006;Blois 和 Ramirez,2006;Moller,2006;Zerbini 等,2006)、产业市场中的营销沟通理论(如 Ritte,2006)以及结合产业市场中制造企业的营销和采购实践(如 Nasution and Mavondo,2008),供应商应围绕自己为客户创造价值的优越能力如技术创新能力来营销。

再次,根据企业能力理论、知识管理理论和技术转移理论,能力营销与营销主体、营销客体等因素有关。其中,能力属性(如能力的明晰性和默会性)等客体因素是从某一具体能力的自身特点来考虑该能力的可营销程度和营销难度,从而决定该能力是否能够被营销;营销方的感知营销风险等主体因素是从营销方的利益来考虑某一具体能力被营销后所带来的风险和损失,从而决定该能力是否要被营销;营销双方的关系质量等跨主体间因素是从营销双方的信任和沟通水平这一合作基础来考虑能力营销的必要性和重要性,从而影响能力营销的意愿和方式选择。我们以某一具体的企业能力(如技术创新能力)为自变量、以营销方的感知营销风险、营销双方的关系质量和能力属性为调节变量、以能力营销为因变量构建一个作用关系模型(如图9-1的左半部分),其目的是探讨不同企业能力的最佳营销方式及其选择机制。

最后,根据企业能力理论、知识管理和技术转移理论,营销双方的关系质量和被营销方的吸收能力等主体因素可能影响不同能力营销方式的成效。其中,营销双方的关系质量关系到客户企业对供应商能力的了解程度和信任水平以及供应商对能力营销方式的选择,从而影响能力营销的绩效;被营销方的吸收能力关系到客户企业对供应商能力的价值判断和接受程度从而影响能力营销的效果。另外,行业类别、企业性质和环境动荡性等情境因素也会影响能力营销的绩效,本项目将它们作为因变量的控制变量。

为了详细分析供应商的能力营销活动对其产品营销和销售的影响,本项目选择决定供应商产品营销和销售是否成功的两个关键变量即客户感知价值和客户购买意向作为因变量来探讨能力营销的绩效问题,并借助企业购买行为理论,我们构建了两个模型:一个是以能力营销为自变量、以营销双方的关系质量和被营销方的吸收能力为调节变量、以客户感知价值与客户购买意向为因变量、以行业类别、企业性质和环境动荡性为控制变量,这个关系模型是用来揭示不同能力营销方式的作用过程和结果(如图9-1的右半部分);另一个是以能力营销为中介变量、以某一具体的企业能力为自变量、以行业类别、企业性质和环境动荡性为控制变量、以客户感知价值和客户购买意向为因变量,这个关系模型是用来检验供应商的能力营销活动在企业能力和产品销售中是否有作用以及揭示不同企业能力的营销过程和结果(如图9-1的主体框架)。

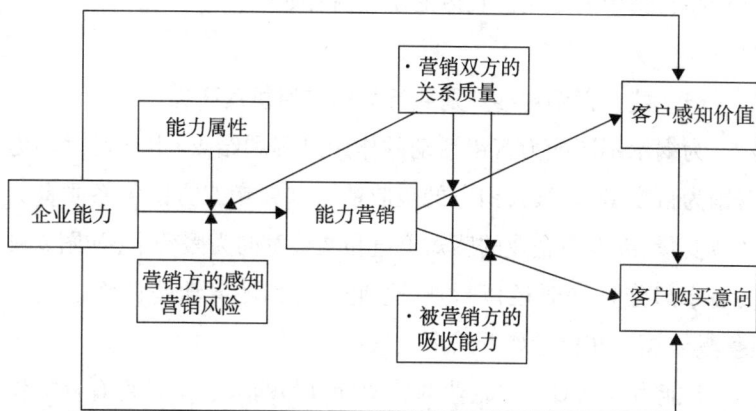

图 9-1 整体研究框架

第二节 模型解析

为了回答供应商为什么要对能力进行营销以及能力营销对产品营销和销售有何作用的问题,本项目选择决定供应商产品营销和销售是否成功的两个关键变量即客户感知价值和客户购买意向作为因变量来探讨能力营销的作用机理问题。这一问题可分为两个子问题:

(1)供应商的能力营销活动对客户企业的感知价值和购买意向是否有作用?这一作用又会受到哪些因素的影响?即揭示不同能力营销活动的作用过程和结果。

(2)供应商能力(供应商的技术创新能力)对客户企业的感知价值和购买意向是否有作用?供应商的能力营销活动在这两者之间又扮演什么角色?即检验供应商的能力营销活动在其具体能力

和产品营销中的作用。具体的研究内容如下：

一、能力营销对客户购买行为的作用机理研究

为揭示不同能力营销活动的作用过程和结果，本项目以能力营销为自变量、以被营销方的吸收能力和营销双方的关系质量为调节变量、以客户企业的感知价值和购买意向为因变量（如图9-1的右半部分），同时还以行业、企业性质和环境动荡性为控制变量，具体探讨和检验如下三个关系：

1.能力营销对客户企业的感知价值和购买意向是否有直接作用？即能力营销的每个维度（或每种方式）与客户企业的感知价值、购买意向等变量中的各个维度是否存在直接关系。其研究目的是识别和判断哪个能力营销维度或何种能力营销方式对客户感知价值和购买意向具有最大影响，而且这种影响主要表现在哪些方面。

2.客户感知价值在能力营销与客户购买意向之间是否有中介作用？首先从整体上判断供应商的能力营销活动是否通过客户感知价值对客户企业的购买意向产生间接影响？然后再逐个分析和检验能力营销的每个维度（或方式）是通过哪种类型的客户感知价值而产生间接影响的以及对客户购买意向的影响又具体表现在哪些方面，影响如何？等等。其研究目的是揭示每种能力营销方式的作用过程和结果。

3.被营销方的吸收能力和营销双方的关系质量对能力营销分别与客户感知价值、客户购买意向之间的关系是否有调节作用？即在明确了能力营销与客户感知价值、客户购买意向的关系以后，再进一步分析它们之间的关系会受到哪些因素的影响。根据企业

能力理论、知识管理和技术转移理论,营销双方的关系质量和被营销方的吸收能力等主体因素可能影响不同能力营销方式的选择和成效。其中,营销双方的关系质量关系到客户企业对供应商能力的了解程度和信任水平以及供应商对能力营销方式的选择,从而影响能力营销的绩效;被营销方的吸收能力关系到客户企业对供应商能力的价值判断和接受水平从而影响能力营销的效果。因而本项目选择这两个变量作为调节变量。其研究目的是检验营销双方的不同关系程度以及不同客户企业的吸收能力水平对各种能力营销方式的效果是否有影响以及有多大影响。

二、企业能力、能力营销与客户购买行为的关系研究

在明确了能力营销的作用过程和结果以后,那么对不同类型的企业能力而言,其营销的结果又是如何呢? 为此,我们在上述基础上进一步探讨企业能力、能力营销与客户购买意向之间的关系问题。该问题的研究是以具体的企业能力为自变量、以能力营销为中介变量、以客户企业的感知价值和购买意向为因变量,同时还以行业、企业性质和环境动荡性为控制变量(如图9-1的主体框架所示),重点分析和检验如下两个关系:

1.供应商能力对客户企业的感知价值和购买意向是否有直接作用? 即供应商某一具体能力的各个维度分别与客户感知价值各维度之间、客户购买意向各维度之间是否存在直接关系。其研究目的是识别每个具体的企业能力对整体客户感知价值中的哪个维度产生了作用以及对客户购买意向的影响具体又表现在哪些方面?

2.供应商的能力营销活动在某一具体能力分别与客户企业的

感知价值和购买意向中是否有中介作用？由于不同类型的企业能力具有不同的特点（如可表达性或可演示性），因而其营销方式也就不同；而不同的营销方式就会影响客户对供应商能力的理解和价值判断，进而影响客户的感知价值和购买意向。因此，本项目将能力营销作为供应商能力与客户感知价值、客户购买意向的一个中介变量来检验。首先从整体上判断供应商的某一具体能力如技术创新能力是否通过其营销活动对客户企业的感知价值和购买意向产生间接影响；然后再逐个分析和检验每个具体的能力维度是通过哪种能力营销活动或方式而间接影响客户感知价值和客户购买意向的，以及这种影响又具体表现在哪些方面，影响如何，等等。其研究目的是揭示供应商能力的营销过程和结果。

第十章　基于顾客价值的员工管理

企业创造和交付顾客价值的所有活动归根结底是依靠它的员工来完成的。优秀的员工是企业构建顾客价值优势的决定性因素。员工作为产品生产者、服务的提供者，是企业与顾客之间的直接"触点"，也是顾客个性化解决方案的设计者和实施者，因此，员工的满意程度与顾客所感知的质量之间具有很强的正相关关系。满意的员工会和顾客建立起积极的关系，而不满的员工会直接或间接地将负面的情绪传递给顾客，同时，满意的员工乐于提出革新和改进组织的建议，而不满的员工通常会抵制变化和学习。因此，企业要为顾客提供优质的价值，建立可持续的顾客价值优势，就必须要积极改善企业与员工的关系，通过员工满意来提高顾客满意，而要使员工满意，就必须要通过管理层的各种努力，努力营造员工满意的环境和条件，为增强员工服务顾客的意愿和提升价值创造能力创造各种激励和约束环境。

第一节　增强员工的意愿与责任感：
建立顾客价值积分卡

员工能否投身于为顾客创造价值之中，首先在于是否怀有强烈的意愿。本研究认为，管理层除了在企业内部倡导顾客价值优势文化,宣讲充分认识到顾客和为顾客创造价值的重要性,强调树立顾客价值意识以外,更重要的是实施顾客价值积分卡制度,根据不同员工类型设计不同顾客价值内容的积分卡,以年度为单位对员工的顾客价值积分卡进行考核,并作为薪酬分配的主要指标。同时,设立"年度最佳顾客价值贡献个人和团队奖",以鼓励员工对顾客价值的关注。Michael Treacy 和 Fred Wiersema(1995)发现,尽管不同企业战略的侧重点不同,员工工作中的中心也不同,但居于市场领导者地位的企业员工都普遍认同这两个概念:一是顾客价值是员工工作绩效的最终衡量标准;二是能否改进顾客价值、作出改进的速度等,是衡量员工成功的尺度。

企业应督促每个员工关注这样一个问题,即每个员工是否具有强烈的顾客价值创造意识? 每年每个员工为顾客创造和奉献了多少价值? 是否高于企业员工平均水平? 所做的创造顾客价值的努力与企业的价值构想是否一致? 为此,这就需要设计一个可以量化和比较的、区分不同顾客价值类型并反映时间长短的顾客价值测度量表。具体来说,企业应考虑以下事项:

第一,企业应根据行业和顾客的特性,从动态和静态角度对顾客所需要的价值进行分类以及对每种类型的价值所包含的内容进行详细描述,以明确顾客所需要的价值,解决企业需要做什么的问题。

第二,根据提供和交付这些顾客价值所需要的工作种类,对上述每种类型的顾客价值内容进行进一步细化,以明确到企业到各个职能、各个团队、各项流程以及各个岗位,其目的是确保每个员工每个岗位都有自己的工作任务。

第三,对每种顾客价值类型和其所包含的细化了的顾客价值指标根据它对顾客的重要性程度以及员工完成该工作所需要的工作量和其中所包含的工作难度,进行量化和标出权重。

第四,应确保每项内容的权重应该是灵活的,首先,对同一顾客而言,要能够根据顾客需求重点的变化进行调整,其次,对不同顾客而言,要能根据顾客需求的差异进行变化。

第五,成立顾客价值评估小组,明确评估小组的职责,这里主要包括两方面:一是对每项顾客价值的指标权重进行调整;二是给每个团队和部门的贡献依据标准的完成情况进行评估。评估小组的成员来源要体现出公平性和公正性,要吸收部分顾客和员工参与,同时设立相应的监督机制。

实施顾客价值积分卡方式能督促员工基于创造顾客价值做出自我评估:第一,我的工作是如何为顾客创造价值的? 我的工作是否为企业价值构想的实现做出了贡献? 如果思考这一问题所得出的答案是否定的,则可能存在两种情形:一是员工所处的工作岗位没有存在的价值,从而不应当继续存在;二是企业(有时也可能是部门)的价值构想不尽合理,员工应设法促进企业价值构想的调整。而如果思考这一问题的答案是含糊不清的,则或者意味着企业内部的沟通存在问题,员工不能清楚地理解企业的价值构想;或者意味着企业内部各种岗位职责界定不清晰。第二,与上一年度相比,我在本年度是否创造了更多的价值? 哪些因素使我创造的价值比上年度多或少? 第三,为在下一年度为顾客创造更多的价值,我应当采取哪些新的措施? 在下一年度中,我应当怎样帮助同事们,以便他们各自能为顾客创造更多的价值? 第四,哪些因素可能成为下一年度为顾客提供更多价值的障碍? 应当如何克服这些障碍? 员工就这四个方面进行评估形成习惯性思维,实际上也就是增强他们的创造顾客价值意愿和责任感。

另外,组织行为学理论认为,员工行为意愿的强弱还取决于其信心和动力。员工对建立顾客价值的信心既基于对自身能力的认识,更基于对企业能力及其运营环境的认识。如果员工不能理解企业的战略决定,就很难增强员工建立顾客价值的信心。鉴于此,管理层必须引导员工或是与员工共同分析企业所面临的外部环境和企业自身的条件,给予必要的支持,包括技术、资金、精神等方面的支持,并对员工的工作给予及时的反馈,帮助其借助自身和他人的经验更好地学习。在使员工认识到创造顾客价值必要性的同时,认识到建立特定的顾客价值优势的可能性,并帮助员工认清为顾客创造价值的正确路径。

第二节　提升员工吸收外部营销信息的能力

为顾客创造价值对员工能力的要求主要体现在员工寻找顾客、发现顾客、服务顾客和维系顾客等方面,这就相应地应发展和提升员工在预见、询问、观察和倾听顾客需求信息方面的能力。

一、预见能力

优秀的员工能力首先体现为员工的预见能力,特别是在寻找和发现未来顾客的潜在需求方面,员工的预见能力显得尤为重要。预见能力是企业感知顾客需求、技术创新、社会发展的长远变化趋势的知识与技能的集合(Hamel and Prahalad,1994)。纵观世界上长期保持成功的企业在复杂多变的环境面前,都能坚持自己的核心价值以及稳定的使命目标——为顾客创造价值。一些企业之所以能够不断地进行价值创新并在此基础上获得持续竞争优势,其根本原因就在于这种核心价值观念和使命目标的驱动,而这种核心价值和使命目标正是企业预见能力的主要源泉。从某种角度看,预见能力是指企业建立对未来顾客需求的假设,借以培养主动塑造产业发展所需的预知能力,因而这将影响产业转型的方向与形式,关系到企业在寻找顾客、开拓市场上领先地位的确立。它可以使企业具备领先到达未来并保持领先地位的潜力;可赋予企业以不同的特色来满足顾客需求;可使企业控制所在产业的发展方向,从而掌握自己的命运,其要诀在于在未来到达之前就看到未来。预见能力是对企业未来竞争环境的整体把握,但不是简单的理性预测分析,它是企业对产业未来发展趋势的独特的、感性的、主观的认识。

预见能力深深根置于企业全体人员以灵感和想象力表现出来的知识,而且这种非理性的直觉和感知往往比理性的分析和预测更为重要(Hamel and Prahalad,1994)。但是企业的预见能力又不是凭空想象的结果,它取决于对环境现状与发展趋势的深厚理解,包括科技、文化、社会,尤其是顾客需求的变化趋势,同时,预见能力还与企业发展的愿景,即企业想要拥有的未来市场地位有关。由于产业结构与竞争规则变化迅速,对外部环境的分析不仅要考虑企业所在产业当前的发展状况,还要从不同产业角度考虑企业更广泛的竞争范围,从而尽可能拓宽未来的发展空间。

因此,预见能力对企业生存和发展有着十分重要的作用。相反,一个缺乏预见能力的企业往往是十分危险的,它通常因为不能把握顾客需求的发展趋势而导致毫无用处或不切实际的企业战略(Andrew and Alexander,1997)。通过发挥企业员工的预见能力,把握企业未来的发展方向和市场机遇,是企业为顾客持续创造价值的一个重要条件。

二、询问能力

最终所有的公司都必须遵从市场指令,即顾客的意愿,否则公司将被市场淘汰(Piercy,2005)。企业只有在充分了解和把握顾客需求的基础上才能为顾客提供更多的价值。然而,顾客需要什么样的价值,是企业必须首先解决的问题。因为关键的问题不在于企业能够做什么,而在于顾客希望得到什么,这只能通过询问顾客才能得到答案。另外,通常在一定时间内企业就要失去若干数量的顾客,如美国企业平均每5年就要失去一半左右的顾客,而正是这些离去的顾客拥有企业成功所必须掌握的大量有益的信息。顾客背离企业主要还是由于企业未能真正了解和很好地满足顾客需求,未能采取有效措施阻止顾客流失。那么企业要想改变这种状况,就必须向顾客询问改变购买行为的真正原因,从而得到企业如何最有效经营的正确答案。

Piercy(2005)认为,询问顾客和市场导向还能提高组织的有效性,通过询问顾客所获取的信息可以作为创建新的市场以及在现有情况下发掘新的市场空间的基础。大凡成功的企业往往与其现有顾客保持持续的、开放式的沟通,以便能够及时准确地了解顾客需求及其变化趋势。特别地,企业往往还应区分出谁是企业的先锋顾客(pioneer),即甘冒风险愿意首先使用企业产品或服务的顾客,因为,正是这些顾客最有可能发现企业产品的缺陷所在。通过与先锋顾客进行充分地沟通,企业就可以了解技术的可能发展趋势,并不断地改进现有产品或设计换代产品。要经常询问顾客对企业所提供的产品或服务的感受,因为只有顾客才能帮助企业确定哪些功能对顾客是有益的,产品成本的边界在哪里,应该消除哪些不必要的功能以降低成本。总之,企业只有通过询问顾客,才能从顾客那里获得真实的需求信息,也只有顾客才能帮助企业进行更加有效的经营,实现企业生存与发展的目标。

三、观察能力

哈默和普拉哈拉德在其著作《竞争大未来》一书中指出,未来企业发展的最大机会之一,就是发现顾客不能表述的潜在需求并给予满足。由于传统的市场研究方法不能使企业真正了解顾客需求并开发出全新的产品或服务,因此企业需要寻找更有效的了解顾客需求的替代方法。由于现有顾客往往不能表述其潜在需求,或者顾客由于习惯了现有条件而没有想到会要求新的解决方案,这就需要企业能够寻找和发现顾客的潜在需求。Leonard and Rayport(1997)曾经提出了一种新的了解顾客潜在需求的方法——"移情设计法(empathic design)",其步骤是:第一,观察。由一支专业人员组成的队伍选择顾客在实际环境中观察其使用企业产品或服务的过程。第二,记录。由于要考察的是顾客使用产品或服务的整个过程,数据十分丰富,因而最好采用录像的方法。第三,分析。由研究人员对分析对象的行为动作、面部表情、身体语言等进行深入分析。第四,提出解决方案。经过分析发现未满足的顾客需求,并能设计出满足这种潜在的产品或服务。第五,提炼方案原型。在提出解决方案的基础上,提炼出产品或服务的原型,以帮助研究人员阐释新产品或服务的概念,这里强调的观察是在顾客自己的真实环境中进行的,即在顾客正常的日常业务或生活过程中,研究人员可以获得其他观察方法所不能取得的大量信息。通过观察顾客在真实环境中使用企业产品的过程,可以发现顾客已经遇到但尚未提出或尚未意识到的问题,从而获得顾客尚未知觉的需求信息,使企业进行进一步的顾客价值创新成为可能。

在企业提供给顾客的产品或服务中往往隐含有一些眼睛不能直接看到的突出属性特征(salient attribute),但它对顾客的心理与行为将产生重大影响,进而影响着顾客的需求与偏好,而这种突出属性特征只有通过观察顾客的购买或消费行为才能感受和发现(Macmillan and Mcgrath,1996)。如百事可乐公司在一次顾客行为研究中,曾经给购买百事可乐的顾客提供相当诱人的折扣价格,以促进顾客购买。但令人迷惑不解的是,不管顾客当时购买了多少瓶,总是在回家之前就喝完可乐,而不是因为价格便宜就多带一些回去以便第二天再喝。经过连续跟踪观察,百事可乐的研究人员终于发现,是瓶子的重量这一突出产品属性特征影响了顾客对可乐的大量购买。也就是说,顾客的购买行为不是取决于顾客对可乐的需求与偏好,而是取决于他把可乐带回家的能力。这一发现导致百事可乐公司把焦点放在更换可乐的包装上,即不再采用玻璃瓶子的包装,而是采用塑料瓶子的包装。这一改变,大大减轻了可乐的重量,促使顾客更加乐于购买百事可乐,从而在与可口可乐的竞争中,又占得一步先机。这一事例说明,企业人员的观察能力是企业进行顾客价值创造和创新一个重要前提。

四、倾听能力

来自顾客的声音是企业经营状况和发展趋势最有效的指示灯(Reichheld,1996)。爱尔兰的服务管理专家费尔格·奎恩,也是

"绿宝石岛"超市连锁店的总裁,在他的著作《为顾客加冕》一书中,对如何经常得到顾客的反馈意见这一问题,阐述了这样的观点:"要想真正以顾客为中心,唯一重要的就是倾听。"这一观点使他和他的超市由于对顾客意见有极其灵敏的反应,而早已在爱尔兰成为传奇。他创造了一套非常成功的所谓"倾听系统",这套系统包括顾客座谈会、面对面反馈以及直达投诉系统等方法。事实上,企业根本不应把顾客的抱怨和投诉看作是企业经营的一种消极因素,而应把这些抱怨和投诉看作是企业整体变革计划的一部分,使企业能从成本负担型转变为获利契机型。顾客的抱怨和投诉实际是在给企业提供生存和发展的机会,企业据此可以发现进行变革的方向,引入从未考虑过的新产品或服务,为顾客提供新的价值。

但在实践中,许多企业常常把顾客的要求或抱怨视为企业有效经营的某种障碍。在个人电脑刚刚开始进入发展阶段时,曾有顾客向当时的蓝色巨人 IBM 提出购买个人电脑的要求,但是傲慢自负的 IBM 却拒绝了这一要求,IBM 的一位经理甚至这样说道:"我们当然会生产这些个人电脑,但是 IBM 是靠大型机开创了整个电脑业。上帝既然安排我们靠此起家,就一定会将福于我们,使我们走向成功。"直到市场份额不断下降,IBM 才意识到他们应该对顾客的要求采取行动。而在这之前,许多小公司已经赶在 IBM 之前对顾客需求快速地做出了反应。

倾听顾客的声音是企业成功进行价值创新的重要保证,因为顾客同样有着丰富的思想来源,是企业创新的重要源泉之一。倾听顾客的声音,是永远的学习过程,因为顾客在自己的领域中同样是专家。顾客可以传递最新的产品信息、竞争对手的情况、对偏好变化的预测以及对服务和产品使用方法的及时反馈等。不论何种类型的企业,也不论企业内部的何种层次,都需要倾听来自顾客的声音。在摩托罗拉公司,包括总裁在内的管理和决策委员会,都要定期有规律地亲自与顾客会面,倾听顾客的声音;美国钢铁公司,所有机械操作人员都要定期到顾客的工厂去,了解顾客的需求。

第三节　为员工提供必要的管理和组织支持

在倡导顾客价值中心文化,采取多方面措施增强员工创造顾客价值的信心和意愿,提升员工服务顾客、创造价值的能力的同时,管理层还必须从多方面采取措施为员工施展才能创造价值,提供管理上和组织上的支持。

一、鼓励员工参与管理

为顾客创造价值,必须是全体员工的意志和行为,而不能只是管理层的意志和行为,更不能只是抽象的企业意志和行为。在谁是企业的顾客、顾客需要的价值是什么、如何创造顾客价值等一系列问题上,管理层应当广泛听取员工意见,将员工参与作为决策过程中必不可少的一个环节。而且,员工的广泛参与一方面有助于充分吸收来自各方面的意见,使创造顾客价值的方案变得更为完善;另一方面,员工,特别是一线员工,是顾客价值创造链条上至关重要的一环,广泛的员工参与也有助于增强员工努力的主动性,使顾客价值的各种决策方案得以更好地实施。通用电气公司鼓励员工参与决策的成功充分说明了鼓励员工参与所可能起到的巨大作用。20世纪80年代中期,韦尔奇提出了著名的"群策群力"计划,

其中心思想就是"把最接近实际生产过程的员工召集起来，由他们描述和归纳公司目前正在使用的生产方法，确定可以去掉的多余环节"。"群策群力"计划起到了鼓励员工参与、改进沟通的作用，通过弱化等级束缚和提高员工的实际参与，极大地提高了通用电气的生产效率。

二、将顾客价值作为员工绩效衡量的重要指标

"你无法控制你不能衡量的事物"[①]。只有当管理者能够恰当地衡量被管理者工作的成功程度时，才能对被管理者的工作进行有效的管理。错误的衡量标准可能引导员工行为向削弱而不是增强顾客价值优势的方向发展。例如，一个服务中心使用以下五种标准评价客户对他们的支持代表的满意程度：(1)电话被接之前的振铃次数；(2)每位顾客的平均等待时间；(3)每位代表每小时接顾客电话的次数；(4)顾客被搁置的次数；(5)每小时与顾客谈话的时间。但使用了这些标准以后，该中心发现，即便使用了这些标准，用户还是非常不满意。因为客户满意度与支持代表回答的准确率等方面没有作为被衡量的标准。在以上评价标准的驱动下，顾客支持代表们强化了与其利益相连的评价标准，总是给顾客最方便的回答，而不是能够使顾客最满意的回答。这就说明，拥有评估标准并不能自动地使问题得到很好的解决，使用错误的标准不但无助于解决问题，反而可能进一步恶化问题。做好员工绩效衡量工作，不是简单地回答员工做了多少，也不是简单地衡量员工

---

① ［美］阿姆瑞特·蒂瓦纳：《知识管理精要》，徐丽娟译，电子工业出版社2002年版，第212页。

投入了多少,重要的是衡量员工为赢得顾客满意、顾客获得更多的价值而做出了多大的贡献。Michael Treacy and Fred Wiersema (1995)发现,居于市场领导者地位的企业员工都普遍认同两个概念:一是顾客价值是员工工作绩效的最终衡量标准;二是能否改进顾客价值、作出改进的速度等是衡量员工成功的尺度①。为此,企业必须在界定顾客价值和企业对顾客价值的贡献因子的基础上,在合理设计作业流程和合理分工的同时,科学界定对每个员工或团队的绩效衡量标准,帮助员工了解与个人或团队绩效挂钩的奖惩措施。要准确地确定顾客价值贡献因子并据此制定科学的绩效衡量标准,需要企业管理层仔细分析帮助企业赢得顾客价值优势的因素的类别,进而在众多因素中找出主要的因素,归纳出有助于建立和增强顾客价值优势的员工行为标准和绩效衡量系统。合理的绩效衡量就是要设法就员工为顾客创造价值的过程和结果的实际付出进行衡量。

三、提高员工对管理层的信任水平

在建立和保持顾客价值优势的过程中,整个企业应当是一个大的团队。而能否形成团队,通过全体员工之间的密切配合实现顾客价值创造过程效率的最大化,关键之一在于能否建立不同层次员工之间、管理层内部及管理层与下属员工之间的相互信任关系。而从调动员工积极性角度出发,最为重要的是管理层与下属员工之间的信任关系。下属员工对管理层缺乏信任,员工不相信

---

① Michael Treacy and Fred Wiersema.The Discipline of market leaders.Addison-Wesley Publishing Company,Inc,1995:179~180.

管理层的判断,对管理层的承诺将信将疑,不仅会加大组织内部沟通的成本,而且也会降低员工自身对创建顾客价值的承诺,使所有激励制度的效用大打折扣。员工对管理层的信任既源自对其工作能力,特别是职业判断能力的信任,又源自对其职业道德的信任。要建立员工对管理层的信任:一是管理层必须注意不断提升自身的能力,特别是对外部环境变化趋势进行判断的能力;二是要珍视自身的信用,尽最大可能做到言行一致;三是要能够客观公正地处理员工之间的利益纠纷;四是要能够从企业和员工角度出发考虑和处理问题;五是勇于承认自己的不足和错误,并虚心接受他人意见,积极采取措施改正错误;六是愿意与员工分享信息,并勇于面对坏消息。

四、提供信息和创新支持

要提升员工为顾客创造价值的能力,在鼓励员工加强学习、提高自身素质、更好地掌握为顾客服务的技能的同时,还必须为员工提供各种必要的支持。首先,必须通过倡导形成以顾客价值为中心的企业文化,简化工作中的人际关系。复杂的人际关系在耗费人们大量精力的同时,也必然会降低员工为顾客创造真正的价值的能力。倡导形成以顾客价值为中心的企业文化,就是要简化企业内部的评价体系,以为顾客创造价值作为衡量员工工作绩效的关键标准,形成员工为顾客创造价值、顾客为企业带来利润、企业激励为营造顾客价值优势做出贡献的员工、员工更好地为服务于顾客的良性循环;就是要将整个企业的活动流程转化为以创造顾客价值为中心目标,以直接为顾客提供服务的一线员工为最重要的支持对象的支持体系。在创造顾客价值的过程中,信息支持是员工需要得到的来自组织和其他员工的一种重要支持。许多企业之所以能够在顾客心目中确立高效、具有责任心的形象，重要原因之一就是企业能够向直接为顾客服务的员工提供及时而又充分的信息支持，包括产品信息、市场信息、客户信息以及其他相关资源信息。正是借助于这些信息支持，一线员工能够对顾客需求变化做出迅速反应。鉴于信息支持在创造顾客价值过程中的重要性，企业必须围绕顾客价值创造这一中心目标，合理设计信息流程，优化信息系统。

对创新行为的支持是另一重要的支持。竞争全球化、技术和消费需求的快速变化决定了既有的顾客价值优势以及构建这种优势的方法都将以更快的速度丧失效用。在快速的变化面前，要能保持优势必须创新，而员工无疑是创新的主体。支持创新行为，就是要对成功的创新行为给予必要的鼓励，同时又要能够允许和容忍失败。同时，创造新的价值或是以新的方式创造相同的价值均需要学习。事实上，一种新的价值或新的价值提供方法的出现可能经历了若干次失败，是不断学习的结果。为此，企业内部要建立鼓励学习和创新的机制。有些企业内部建立了"新冒险计划"组，专门对那些计划组认为具备可行性的新的计划进行支持，这一方面起到了鼓励员工参与的作用，另一方面也起到了促进学习和创新的作用。

五、谨慎授权

权力是能力发挥的重要前提。当人们不拥有处置某些问题的权力时，就很难真正提升处理那些问题的能力。向员工授权，使其能够有权直接处理顾客服务及企业内部管理中的许多问题，无疑

是提高顾客满意程度的重要手段。为了使顾客获得更好的服务，也为了使员工能够更好地、迅速地为顾客提供最佳服务，上海波特曼丽酒店给每位员工 2000 美元的授权。在此额度范围内，员工不用请示上级就可做出力所能及的决策，碰到突发事件也可以及时给客人满意的答复。同时，向下属授权，也能使高层管理者将精力集中于处理宏观性、长期性的战略问题。在充分认识到向员工授权的必要性的同时，领导者还必须认识到哪些是可以下放的权力，哪些是不可下放的权力。在努力营造顾客价值优势的过程中，必须赋予员工灵活处理某些问题的权力，但与此同时，有些权力，特别是涉及企业整体形象、企业对外政策一致性的若干权力，就不能随意下放。此外，在向员工授权之前或是在授权的同时，领导者还必须帮助员工尽快提升使用被授予的权力的能力。如果员工不具备用好所授予权力的潜能，则授权就是盲目且危险的。有些时候，领导者需要给予下属以必要的示范，帮助其学会如何正确运用有关权力；有些时候，则可以通过树立正确使用权力的样板，或是提供必要的培训和辅导，帮助员工尽快学会正确使用被授予的权力。信任、信息分享和有效的监督考核也是授权过程中必须要解决好的问题。领导者必须充分信任员工，授权的基础是对员工能力的信任，授权之后也必须要充分地信任员工，给予其足够施展才能的空间，并与其分享做出各种决策和判断所必需的信息。强调有效的监督考核则是要建立良好的权力使用的制约机制。为使企业全体员工都能为创造顾客价值而努力，考核和监督应当尽可能与员工为顾客创造价值所做的贡献挂钩，并以顾客，包括外部顾客和内部顾客的评价作为考评的主要依据。

为顾客提供高质量的价值和服务是一个持续不断的过程。在这个过程中,为顾客创造优质价值是目的,员工是关键主体,而员工之间、员工与顾客之间、企业与其他环境要素之间的互动则是三种基本的互动关系。良性的互动表现为员工满意程度和服务技能的不断提高;表现为企业为顾客服务的手段和方法的不断改进以及顾客满意程度的不断提高;也表现为企业的市场份额和经营规模的不断扩大以及盈利能力的不断增强。在这一过程中,毫无疑问,员工是至关重要的一环,也是企业能够予以有效控制的一环。虽然员工工作绝非企业为顾客创造价值活动的全部,也并非企业执行力提升的唯一力量,但做好了员工工作,意味着为建立和保持顾客价值优势创造了最为重要的企业内部基础,为企业执行能力的提高奠定了基石。

第十一章 基于顾客价值的价值创新

Kim 和 Mauborgne（1997）在《哈佛商业评论》上发表的《价值创新:高速成长的战略逻辑》一文中首次提出了价值创新的概念。他们认为,顾客价值创新就是基于顾客需求,通过为现有市场提供完全新型且优越的顾客价值或使顾客价值得到重大改进而使企业的产品或服务与竞争者的产品或服务无关,给予顾客强烈的心理上的获利感受。自此之后,价值创新成为国内外研究的焦点。就创新方式而言,通过文献综述可以归纳为以下几点:

（1）改变产业假设,争夺产业先机。殷瑾和陈劲（2002）认为,以顾客需求为基础的价值创新要求企业不应把视野局限于本产业所明确界定的产品或服务的范围之内,企业可以使业务跨越产业边界,突破产业现有条件的限制。并且指出,一些相关产业,如替代品产业和互补品产业等,应该成为企业进行顾客价值创新时主要的考虑因素。芮明杰（1999）针对波特（Porter, 1985）所提出的企业首先要考虑自己所要进入产业的状况的思想,提出了全新的"产业领先"概念。他认为,消费者都有一种消费需求的本能欲望,但是人们有时并不知道他们自己真正想要什么,因此企业如果能够把握人类的基本需求欲望,开拓人类的未来需求,那么企业就可以自己开创一个新兴产业,从而在产业演化更迭中最先获得领先者的地位,尽量把握新兴产业在成长过程中给企业带来的无穷收益。倪自银、韩玉启(2004)认为,企业要在激烈的市场竞争中获胜就必须在寻求竞争优势上有所突破,以价值创新的逻辑去创造和把握市场机遇可保持企业的竞争优势。他们提出创造产业先机的一般路径:①树立企业产品信誉并占领市场的有利地位;②确定行业的技术标准;③获得资源的高效配置。

(2)资源整合与开发。杨庆山(2002)认为,企业是一组资源的集合,企业的成长是对资源不断开发、积累、整合和运用的过程。价值创新需要一定的资源基础,因此在进行价值创新时,应识别企业的关键资源以及这些资源的市场导向,初步划定目标市场的范围,识别目标市场中顾客尚未被满足的需求,研究满足顾客需求的基本方式。白长虹和武永红(2002)在对价值创新战略逻辑研究的基础上,将研究的范围锁定于关系资源,描述了基于顾客关系进行价值创新的三条途径:①从产品到能力和资源的转变,通过改变关系双方交互的内容来提升顾客价值感知;②提高顾客的信任度来提升顾客价值感知;③为关系增加情感要素对顾客具有特殊的价值。

(3)产品与业务创新。殷瑾和陈劲(2002)基于产品功能和业务活动两方面提出了价值创新的四种方式:①旧业务活动方式——渐进式产品创新。这种方式主要是在现有业务活动方式保持不变的情况下,通过提高产品功能或提高服务质量来实现顾客价值创新。在试图提高顾客认知价值时,通过分析产品或服务的功能要素,找出顾客最为重视而企业在该项指标上又比较薄弱的属性特征,对其进行改进和提高,达到顾客价值创新的目的。②新业务活动方式——渐进式产品创新。这种方式是指企业为了更好地进行顾客价值创新,并最大程度地发挥顾客价值创新的战略效应,通过变革现有的业务活动方式或采用新的业务活动方式,为顾客价值创新活动提供强有力的支持。③旧业务活动方式——跳跃式产品创新。这种方式是指在保持现有业务活动方式不变的情况下,通过不断地进行技术开发和产品创新,为顾客提供全新的产品或服务从而达到顾客价值创新的目的。④新业务活动方式——跳跃式产品创新。这是指企业同时在产品功能和业务流程上进行价值创新。

顾客价值创新是一个完全不同于竞争战略逻辑的战略类型,正如 Kim 和 Mauborgne(2005)所提出的完全不同传统"红海战略"的"蓝海战略"一样,有着完全不同的创新方式。在红海中,产业边界是明晰和确定的,游戏的竞争规则是已知的,身处红海的企业以竞争为主要手段,以击败竞争者为目标,遵循价值与成本互替定律,根据差异化或低成本的战略选择以攫取已知需求下的更大市场份额,当市场空间变得拥挤时,利润增长的前景随之黯淡。与之相反,蓝海代表着亟待开发的市场空间、创造新需求和高利润增长机会,它通过扩展已经存在的产业边界而形成,发现蓝海的企业重新制定游戏规则,无须竞争,打破价值与成本互替定律,同时追求差异化和低成本。下文将从创新理念、创新工具和具体方式上对顾客价值创新进行探讨。

第一节　价值创新的基本导向

根据 Kohli 和 Jaworski(1990)的观点,以市场为导向的组织应该深入了解顾客实际的需求,搜集相关的营销情报,将情报通过内部营销与跨部门传递来获得共识,然后再整合整个组织的力量,针对不同目标市场的需求提供差异化的营销组合。这些相关的情报信息经过组织成员消化理解之后，积累成为组织重要的知识来源，而这种重视搜集、处理、吸收信息的工作，就是组织学习的内涵，因此培养组织的学习导向，对于市场导向的执行过程与行为质量具有相当重要的影响。而最近一系列的研究也提出组织学习通过改善市场导向行为的质量进而影响组织绩效，且通过创造性的学习产生在产品、程序和系统上的创新进而直接影响组织的绩效。顾客价值背景下的技术和产品创新应该有别于以往的探索驱动型（学习型）和竞争驱动型创新模式，因为顾客价值就直接规定了产品创新的最终方向和评价标准，因此，这种注重时效的创新能力培养应突出以市场和学习为导向。

一、市场导向与价值创新

市场导向是组织获取和分配市场信息以及对市场信息进行反应的程度和速度（Kohli and Jaworski，1990）。市场人员所持有的传统观点认为，顾客应当是产品创新背后的驱动力量。文献中也有相当一部分探索了市场导向或顾客导向对新产品成功的影响（Gatignon and Xuereb，1997；Slater and Narver，1994）。Slater 和 Narver（1994）发现市场导向与新产品成功存在着正向关系。Gatignon and Xuereb（1997）发现在需求不确定的市场中企业应以顾客和技术为导向，这种导向将能更好地营销新产品和提高企业绩效。另外，Han，Kim and Srivastava（1998）也证实市场导向与企业的技术创新水平正向相关。Han，Kim and Srivastava（1998）的研究还支持了这一观点，该研究表明，组织创新与顾客导向之间的因果关系比与竞争导向、部门之间的协调更具有必然性。因此，在过去30年里,新产品开发过程主要依靠顾客输入端来评估新产品的设计和定位。自从20世纪70年代以来,基于顾客导向的技能研究如概念开发、产品试销、组合分析和分销建模一直到现在仍然占主导地位(Wind and Mahajan,1997)。

虽然市场导向的创新模式得到了营销理论的认可,但是,在许多组织中,即使没有顾客反馈或跨职能产品开发团队中几乎没有市场信息输入也能产生创新突破(Workman,1993)。因此,一些学者开始对顾客应当是产品创新背后的驱动力量这种假设产生质疑。Rao(1997)指出,虽然"…营销理论从顾客视角对研究和构建新产品开发方式和模型做出了很大的历史贡献,但在决定新产品开发成功的内部开发流程中它没有扮演关键角色。这些内部流程除了显而易见的产品设计、工艺、作业、成本和加工等要素以外,还包括更为广阔的、驱动新产品开发团队行为的学习导向"。在两者的关系上,Baker and Sinkula(1999b)进一步指出,关键的问题并不是市场导向是否是一个企业最佳文化的必需构成元素,而是,市场导向是否是创造一个最理想创新环境的必要和充分条件。因为一个企业可能存在市场导向,但是它的市场导向行为质量相对其他企业可能更为逊色(Day,1994b;Dickson,1996)。因此,那些能对市场导向行为质量产生影响的资源比市场导向显得更为必要,而学习导向就是这样的一种资源(Baker and Sinkula,1999a)。同时,那些仅仅依靠顾客、竞争者和供应商的信息进行创新的企业可能会越来越把它们的创新活动局限于现有的技术范式之内(McKee,1992)。而根本性创新或突破性创新则要求抛弃各种保守的市场理念和大胆探索新技术的潜力,用独特的方式来满足现有需求(Baker and Sinkula,1999b)。

从上述观点综述可以看出,许多学者更倾向于认同价值创新应以学习为导向的观点,结合我们的实证研究结果,即市场导向对产品创新能产生直接正向作用,因此,本研究坚持 Han,Kim and Srivastava(1998)等学者的观点,即价值创新首先应当坚持以市场为导向。

二、学习导向与价值创新

学习导向是组织对学习的承诺(commitment to learning,指组织将学习视为公司最主要的基本价值)、分享愿景(shared vision,指组织中的主管将公司未来发展的愿景与员工互相分享)及开放心智(open mindedness,指组织不能受限于仅以自己熟悉的方式去思考,而是超越陈规进行创意思维)的程度(Sinkula,Baker and Noordewier,1997)。学习导向在一定程度上关系到企业是否把组织学习视为企业的核心竞争力(Slater and Narver,1995)。一个企业的学习导向,其关键是企业承诺以开放的心智去审视外部市场和内部运营流程。高学习导向的企业更愿意对长期所拥有的有关市场导向导致成功创新这样的假设产生质疑(Baker and Sinkula,1999a)。学习导向型企业并不是"范式主导"的企业,它们有时认为打破现有范式可能更为合理。它们承认突破性创新并不总是来自对市场的反应,有时需要对市场发挥丰富的想象力。高学习导向的企业可能承认产品创新并不因对现有顾客、渠道和竞争者信息的准确理解就可以达到最佳状态。

学习型文化鼓励企业对它们加工处理的信息和特殊的创新方式产生质疑。高学习导向的企业会对建立在过去成功基础上的有关顾客、竞争者和供应商的核心理念在未来的可适用性产生质疑，它们为了以更好的方式传递核心产品利益也不断审视外部环境以获得新的技术创新范式（Baker and Sinkula，1999b）。

企业实施市场导向并不一定要采用学习的方式进行，相反，可以用狭窄的、机械的方式来获取、传播市场信息以及对市场信息做出反应（Slater and Narver，1995）。因此，市场导向行为并没有表明组织对高学习导向的认可和赞赏（Dickson，1996）。然而，高学习导向的企业鼓励员工对实施市场导向的行为、信息的输出方式以及信息的整合方式产生质疑（Day，1994a）。

Rubbermaid 公司的案例说明了学习导向是如何提高基于市场的新产品开发的。虽然该公司采用市场驱动的产品创新方式，但产品设计经理 Richard Ahern 认为传统的研究工具可能会将产品创新导入歧途。他指出，新产品开发应当把顾客和管理者的思想同时整合起来，顾客研究不应当被看作是寻找答案的主要方法，而应当看作为新产品开发团队为寻找独创性解决方案而获取关键市场信息的方式。这就是学习导向观，因为它鼓励新产品开发团队去获取但并不盲目依赖通过市场导向行为所产生的知识，同时也承认顾客信息可能有缺陷或带有误导性，因为顾客并不能预见突破性技术应用所带来的影响，从而经常对现有技术范式内所创造的"新"产品概念产生乐观评价。

因此，从上述可以看出，技术或产品创新存在两种不同的导向观：一些学者（Gatignon and Xuereb，1997；Slater and Narver，1994；Han，Kim and Srivastava，1998）主张产品创新应当以市场为导向，还有一些学者（Baker and Sinkula，1999a；Dickson，1996；Day，1994a）在市场导向对创新的不良影响的分析基础上认为产品创新应以学习为导向,结合我们在《市场导向、学习导向、产品创新与组织绩效的相关研究》论文的实证研究结果,即学习导向与市场导向两者均对产品创新产生直接正向作用,其中学习导向与产品创新的相关系数为 0.41(4.44),市场导向是产品创新和组织绩效的必要但并非充分条件,同时还必须结合学习导向才能大大提高企业创新和组织绩效的水平。因此,本研究认为培育和提升顾客价值背景下的创新能力应将学习导向与市场导向两者结合起来,顾客价值创新既要发挥市场导向的获取和分配市场信息以及对市场信息进行反应的功能,也要利用学习导向的优势,以开放的心智去审视外部市场和内部运营流程,对加工处理的信息和特殊的创新方式产生质疑,对建立在过去成功基础上的有关顾客、竞争者和供应商的核心理念在未来的可适用性产生质疑,挑战现有创新范式,不断审视外部环境以获得新的技术创新范式。

第二节　价值创新的主要工具

进行价值创新,其实也就是重构买方的价值元素,塑造新的价值曲线。Kim 和 Mauborgne(1997)在《创造新的市场空间》一文中提出了价值曲线的概念和开发价值曲线的方法。他们认为,价值曲线是一个公司或者行业向它的消费者展示提供出售物的方法的图形描述,是一个创造新的市场空间的强有力的工具,是由通过沿着在行业或种类中定义竞争的关键成功因素、代表提供物相对于其他选择的性能的所有点的集合所构成的曲线。

为了开发新的价值曲线,Kim 和 Mauborgne(1997)认为,高层管理者需要弄清楚挑战产业现有战略逻辑和商业模式的四个关键问题,如图 11-1 所示。

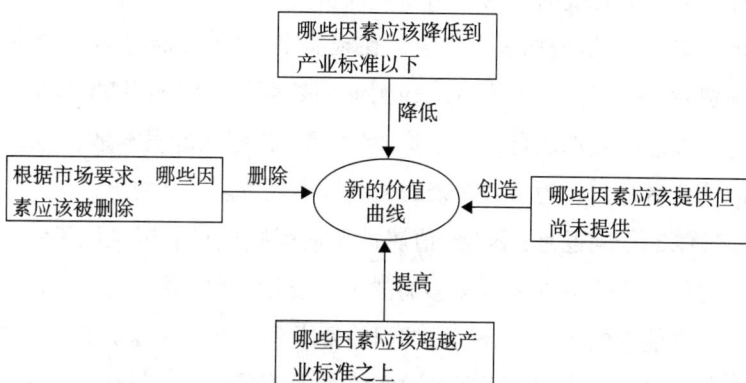

图 11-1　开发价值曲线的方法

资料来源:Chan Kim,Renee Mauborgne.,Value innovation:the strategic logic of high growth. Harvard Business Review,1997,January-February:103-112.

(1)哪些被产业认定为理所当然的元素需要剔除?

(2)哪些元素的含量应该被减少到产业标准以下?

(3)哪些元素的含量应该被提高到产业标准以上?

(4)哪些产业从未有过的元素需要创造?

第一个问题是,企业为客户所提供的产品或者服务所赋予的价值属性要素中,剔除所在产业中企业长期竞争攀比的元素。通过对该问题的回答,公司需要对所提供的产品或者服务中的价值构成要素进行全面考虑,以便确定哪些要素是处于竞争目的,但实际是冗余的。这些要素或者是因为竞争性模仿或者基准化带来的,或者是客户原来需要因而成为了行业标准但随时间推移客户已经不需要而需要废弃的。通常企业对于这些要素没有从客户价值的角度去分析考虑,而是根据竞争对手,或者现有的状况理所当然地予以保留。这些冗余的功能,不会给客户带来价值,相反客户却要为这些冗余的要素付出额外代价,会降低客户价值。因此必须予以剔除,以增加客户价值。在现实中,这种功能过多,但实际消费者不需要而又需要付出的例证随处可见。例如手机,很多生产厂商总希望功能是多多益善,但实际上许多功能根本是多余的,但消费者却需要为这些多余的功能付出代价。

第二个问题是,哪些价值属性要素削减至行业标准以下? 那些对于客户价值具有负面影响的价值要素,就要降低到比行业水平尽可能低的水平。该问题的回答要求公司确定其提供的产品或者服务是否因为迎合或者击败竞争对手的需要而过分设计。这些过分设计的功能或者成分部分,尽管是构成产品或者服务不可缺少的部分,但客户却对这部分功能或者成分并不特别认为重要,因此厂商应该对功能的技术、设计、材料以及质量标准等方面,进行适当的降低,只保持基本的功能或者成分需要。如美国的 Compaq 公司,在 1989 推出其第一台服务器 SystemPro,该服务器设计可以运行五种操作系统,SCO Unix,OS/2,Vines,Netware 和 DOS 以及许多应用程序,但绝大多数服务器如同 SystemPro 一样,可以处理很多操作系统和应用程序。然而 Compaq 却观察到,大多数的客户仅仅使用了服务器很小一部分的功能和能力,在确定了大众用户的需求后,Compaq 决定生产完全简化的服务器,系统进行优化只运行 Netware 和文件以及打印。因此 Compaq 通过价值创新在 1992 年推出了 SysternSignia。新的服务器是原来 SystemPro 两倍的文件处理和打印速度,而价格只有原来的三分之一。这种通过对价值要素的削减,客户价值得到极大的提升,而公司通过削减实现了较低的制造成本和较大的市场份额。

　　第三个问题是,哪些价值要素应该提高到行业水平之上? 对这个问题的回答,可以推动公司发现和消除那些行业迫使客户所做出的所有的妥协。在现实商业实践中,在很多情况下客户不得不对不能尽如人意但在行业内被认为理当如此的部分进行妥协。例如在家庭装修行业,客户不得不接受现有的模式:要么花更多的代价请有一定声誉的专业装修公司,要么自己花费时间精力去雇装修工和购买材料。而且消费者不得不承受装修材料和工程的质量和价格在行业内难以透明的事实。Home Depot 却通过价值创新创造性地开创了家庭装修"自己动手"(Do-it-yourself)的家庭装修市场。Home Depot 管理者发现,客户不得不请专业装修公司只是因为专业公司具有家庭业主所没有的专业诀窍,因此他们所采取的经营模式的关键就是帮助家庭业主掌握这些专业诀窍。为此,公司招聘了具有很好专业素养的销售助手,通常是以前的木工和油漆工。这些销售助手经过培训后,要求在所有的工程中走访和帮助客户,包括安装厨房设备,建造台板,布置电线和管道铺设安装。此外 Home Depot 还通过赞助店内装修诊所的方式,教授客户有关的布线、木工和管道方面的技能。在其他方面,Home Depot 分析发现客户需要的是价廉物美,并不需要装修商场的市区的位置、邻近的服务或者精美的陈设货架。因此公司剔除了这些成本高但客户不需要的特征,采取了自助服务的装修店模式。公司的间接成本和维护成本因此大大降低,在采购和最小化库存方面产生了规模经济,因此价格可以让大众购买者普遍能够接受。经过价值创新的努力,Home Depot 在短短的 20 年内已经成为营业额240 亿美元的企业,在 660 多个商店内创造了超过 13 万的就业岗位。到 2000 年年底,公司在美洲地区开办 1100 多家店面。令人称奇的是 Home Depot 所实现的增长，并不是从其他装修商店那里抢夺的市场份额，而是通过价值创新创造出了全新的市场空间。

　　第四个问题是，哪些价值要素行业从未曾提供但应当创造？对于该问题的回答可以帮助厂商打破现有行业规则和技术的界线，发现全新的客户价值的源泉。这一方面需要企业在技术或者管理诀窍方面有新的突破，并且把创新成果以大众消费者能够接受的价格迅速扩大市场。如 Wal-Mart 独特的供应链管理系统（SCM），这种供应链管理方式主要通过网际网路的整体解决方案，把产品从供应商那里迅速有效地送抵客户端。公司通过对物流配送、库存管理、订单处理等信息流的处理和整合，再通过网路的传输，可以有效地降低库存成本、加快物流配给速度、提高服务质量，从而极大提高客户价值的量级。供应链管理系统是一种管理创新，在这种全新的管理系统的支持下，企业的组织形态和资源配置方式也发生根本性的变化。以供应链管理系统为纽带，形成了以资源外取为特征的集成式企业网络，或者动态的企业联盟。Wal-Mart 通过价值创新，以不断提高客户价值的量级为基础实现了规模和利润的快速增长。许多年以来，美国主要的电视网络沿袭了千篇一律的新闻节目制作和播放方式。所有的节目都在相同的时间段播出，并且各个电视网络都在时事分析、发送节目的专业性、节目主持人的受欢迎程度上展开竞争。1980 年，CNN 首次登台亮相便显得令人耳目一新：变集中于电视网络竞争为集中于创造客户价值量级的跳跃。CNN 用全天二十四小时报道来自全世界实时新闻取代原来的新闻报道方式。CNN 因此脱颖而出，不仅成为全球新闻播报的领袖，创造了世界新的需求，而且能够以网络新闻一小时节目制作成本五分之一的成本便制作出二十四小时的实时新闻节目。CNN 的价值创新活动,不仅引发了新闻报道的革命,而且彻底改变了人们对世界的了解和认识。

Kim 和 Mauborgne(1997)指出,解决前两个问题(剔除和减少),能让管理者明白如何把成本降到竞争对手之下。他们研究发现,在产业惯于攀比的元素方面,企业经理们很少去系统地剔除,减少投资,结果是成本不断增加,商业模式也日趋复杂。与之相对,后两个问题(增加和创造)让管理者能够系统地探索如何跨越替代性产业,重构买方价值元素,向顾客提供全新体验,同时降低企业自身的成本。这其中最重要的就是剔除和创造两个动作,它们使企业超越以现有竞争元素为基础追求价值最大化的境界,促使企业改变竞争元素本身,从而改变现有的产业竞争规则。

例如,法国 Accor 公司是一家提供餐饮住宿等服务的公司,上个世纪 80 年代中期,这个行业在法国处于停滞状态,行业供给远远大于需求,面对这一现实,公司董事会副主席主张重新思考顾客的需求,打破传统营销理念所追求的向顾客提供服务的方式,弄清顾客价值的诉求点,有针对性地为顾客提供服务,从而与原有服务形成区别,该价值曲线如图 11-2 所示。

Accor 公司把市场分成两类,第一类又分为两种,即无星级和一星级宾馆(如图 11-2 所示),这类宾馆的价格一般定位在 60—90 法郎之间,消费者在这类宾馆里可以享受价格上的优惠,另一类宾馆是两星级的宾馆(如图 11-2 所示),这类宾馆的价格一般在 200 法郎左右,它主要以就餐条件、房间大小、家具等吸引顾客。

通过调查,Accor 公司准备进行价值创新,通过削减一些不是关键顾客价值因素的服务,降低住房的建筑成本和顾客的消费成本,节省的成本使得 Accor 公司得以改善顾客最看重的服务,使其

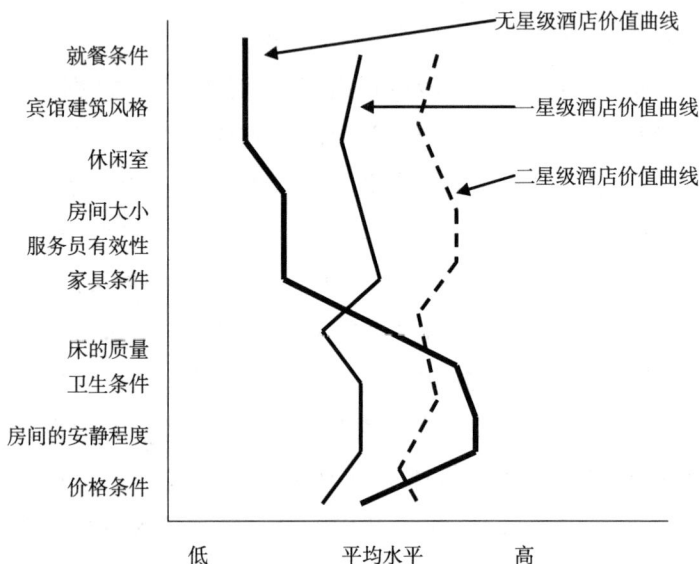

图 11-2　Accor 公司对行业市场的价值曲线分析图

资料来源：Chan Kim，Renee Mauborgne.，Value innovation：the strategic logic of high growth. Harvard Business Review，1997，January-February：103-112.

远远超过法国一般二星级宾馆的水平，使顾客在接受服务时可以比原来少支付 25%—35%的费用，却实现了自身的价值诉求点，从而创造了新的价值曲线。

第三节　价值创新的有效策略

传统的市场战略理论其实质是以"竞争"作为战略分析的基点，其重心是竞争，这种战略思维实际上关注的是"用不同的方法做同样的事"，即比竞争对手做得更好。结果它们的战略都具有相似的特点。企业在这种竞争性逻辑的指导下,对竞争对手的过分关注将会使企业注意力偏离市场结构或顾客需求的变化(这些变化可能蕴藏着巨大的尚待挖掘的价值)。在复杂多变的动态环境中,企业必须走出传统的思维陷阱,关注"做不一样的事",因而必须探寻价值创新空间的新思维和新视角。具体来说,可以从以下几个方面入手。

一、分析替代产业和他择产业之间的空隙

传统的硬碰硬的正面竞争强调与产业内的竞争对手的比拼,然而,从广义的角度来说,一个企业不仅要与自身产业内的对手竞争,而且还要和提供替代产品(Substitutes)、他择产品(Alternatives)的企业竞争。替代产品是形式不同但功能或核心效用相同的产品或服务,他择产品是功能与形式都不同而目的却相同的产品或服务。例如电影院和餐馆在形式与功能上都不相同,但两者都能服务于消费者同一目的,即消费者晚间出门散心,因而两者不是替代产品,而是属于他择产品。大多数企业都把精力放在产业内的竞争对手方面,如一个竞争者调整售价,改变产品款式,或者推出新的广告都会引起本行业内竞争对手的强烈反应,但在一个替代产业、他择产业里同样的举动却通常引不起多大的反响。殊不知,这种替代产业、他择产业之间的距离却可以为企业的价值创新提供许多机会。为此,企业所要做的就是,找出相对你的产业来说,替代产业、他择产业有哪些?分析顾客为什么会在它们之间作出权衡取舍?并通过集中力量提供那些促使顾客跨产业权衡的关键元素,剔除或减少其他元素,从而开辟一个崭新的价值空间。

例如,正如上面所说的 Home Depot 公司,在 20 世纪 80 年代初注意到了家庭装修者的两种选择,一是选择职业装修人士,因为他们具有丰富的专业知识和经验,二是自己到五金店购买工具和原材料并自己动手做,主要是出于减少成本的考虑。Home Depot 瞄准这两个替代产业的缝隙,创造了经典的 DIY 市场;雇佣了一大批专业装修人士为顾客提供家装的指导和建议,又删减了一些如陈设精美的货架、租金昂贵的选址之类耗费成本的项目,采用自助式仓储格局以减少管理及存储成本,最终能以比五金店更低的价格提供专业装修人士特有的知识和经验。该公司正是在正确分析顾客对两种替代产业的权衡取舍的基础上,吸取了两种产业的长处,从而能够将顾客对家装市场的潜在需求转化为现实需求,为顾客创造了一个与众不同的价值产品。

二、超越战略集团的思维模式

一个产业是由一些采取相似战略的战略集团所构成的,多数企业注重改善他们在一个特定战略集团内部的竞争地位。例如,奔驰(Mercedes-Benz)、宝马(BMW)和捷豹(Jaguar)这些品牌,一门心思想在豪华汽车的细分市场内卓尔不群,而经济型汽车制造商也把资源主要集中在自己的战略集团内与对手争夺高低。这两个战略集团都没有去关注对方的目标和战略,因为,他们认为他们之间并不存在实质性的竞争关系。而超越战略集团的思维模式就是突破现有战略集团的狭窄的思维视野,基于对产业内不同战略集团及相关地位的分析,从中挖掘新的价值创新点。为此,企业所要做的就是,判断你所在的产业中存在哪些战略集团,分析顾客在不同战略集团之间作出选择的决定因素,并据此结合不同战略集团之间的优势,创造出顾客满意的新产品,从而跳出长期身陷集团"窝里斗"的格局。

上面的法国 Acoor 公司改变旅店服务方式的事例,很好地说明了这一点。法国的一星级旅店原本属于经济型旅店,但 Acoor 公司推出的服务方式,在房间内的卫生、床的质量和安静程度等方面超过了二星级旅店,但在房间大小、房内设施等方面又低于一星级旅店,从而把价格控制在与一星级旅店相近的水平。这种超越战略集团的做法吸引了包括卡车司机和需要短时间休息的商务旅行人员在内的众多顾客。再如,美国的 Ralph Lauren 公司开创了"无时尚新款"的时装市场。其高档时装店的设计师名字、店面的典雅以及面料的豪华,抓住了顾客对高级时装所看重的地方;同时,经它更新改良的传统造型及价位又整合了经营传统款式服装的商家如 Brooks Brothers 公司和 Burberry 公司的优势。通过将这两个集团各自最吸引人的因素结合起来,Ralph Lauren 公司的 Polo 品牌不仅从两个细分市场内获得了市场份额,而且也把许多新顾客吸引到市场中来。

三、重新界定产业的目标顾客群

产品或服务的目标顾客是谁? 这似乎是一个很简单的问题,其实不然。在很多情况下,产品或服务的购买者、使用者和重要影响者各不相同,他们一起构成了一条所谓的顾客链(customer chain)。这条顾客链上的每一方对价值的定义都会有所不同。例如,购买者可能关心的是成本,而使用者却关心使用是否方便。一般地,每一个产业对本产业的目标顾客是谁都持有趋同的定义,结果都聚焦于单一的目标顾客群。例如,制药产业几乎把全部注意力都集中在影响者——医生身上,而办公设备产业聚焦于购买者——公司的采购部门;服装业主要是针对使用者。其实,这种目标集聚只是产业长期实践的结果,在某些时候超越这种对目标顾客群的传统思维定势,挑战产业有关目标顾客群体的成规惯例,将关注点转移到那些曾被忽略的顾客身上,会使公司获得重新创造市场的敏锐洞察力。为此,企业所要做的就是,识别你产业的买方链是由哪些价值主体构成,判断产业的目标顾客是其中哪个群体?分析当把目光从该群体移到另一群体以后,怎样才能为新的目标顾客群体创造新价值?

　　荷兰飞利浦公司是这方面成功的典范,传统上,飞利浦的照明灯泡的目标顾客是公司采购部经理,其关心的是灯泡价格及使用寿命,但忽视了灯泡报废之后还要花费高昂的处置成本(因为有毒物质的存在),而这却是公司 CFO 所重视的。因此,飞利浦在1995 年发明了一种环保型灯管,并面向 CFO 和其他影响者促销。这种环保型灯管可以减少顾客的总成本并迎合了其对环保的迫切要求,从而获得了极大的成功。再如,佳能复印机通过把关注点从企业采购员移到使用者身上而改变了复印机产业的目标顾客,从而开创了小型桌面复印机市场。

四、挖掘互补性产品或服务的需求

　　企业提供的产品和服务在很多时候都不可避免地受到其他一些产品或服务的影响,但令人遗憾的是,大多数企业总是集中在本产业的产品或服务范围内进行竞争和创新。以影剧院为例,临时停车的方便与否以及相应的成本将会在很大程度上影响顾客是否去看电影,虽然这些补充性产品或服务已经超出传统定义的影剧院产业边界,但很少有影剧院的经营者去关心和解决这些问题。其实,在补充性产品或服务中蕴藏着许多尚未开发的需求,要将这种需求挖掘出来,最简单的方法就是思考顾客在使用你的产品之前、之中、之后还需要什么。停车位是在进影剧院之前需要的,操作系统和应用软件是在使用计算机之中需要的,对航空产业来说,地面运送则是飞行之后需要的。企业应善于从互补性产品或服务中寻找价值创新的空间。为此,企业所要做的就是,明确顾客在使用你产品之前、之中、之后存在哪些需求,找出顾客在此期间的烦恼之处,分析如何通过互补性产品和服务的完善来解决顾客的烦恼。

例如,目前我国很多图书超市重新定义了他们所提供的服务范围,如聘用一些高层次员工为顾客提供购书指导,提供书桌、古典音乐甚至开辟专门的"书吧"和邀请名家举办知识讲座,为顾客创造良好的购书氛围,实际上就是一种通过提供互补性产品或服务来实现价值创新的一种营销模式。

五、重新思考产业的功能与情感导向

当今产业内的竞争导向有两种:一是基于价格和功能的理性式竞争,二是基于情感和关系的感性式竞争。一般地,企业一贯采取的竞争方式会以一种循环强化的方式向顾客灌输对一种产品的定向期望。由此,功能导向的企业会变得更加理性,情感导向的企业则变得更富有情感,两者之间的隔阂越来越大,两者的产品同顾客的需求也越来越不一致,因为顾客已被企业看成所期望的、自我定义的顾客。事实上,企业如果勇于挑战这种功能——情感导向,将会发现新的价值创新空间。情感导向的企业如果抛弃一些成本

较高但无助于性能增强的额外因素,将会创造一种简化的、低成本的、低价格并受顾客欢迎的商业模式,相反,功能导向的企业如果注入一点情感的因素,则会创造新的顾客需求。为此,企业所要做的就是,判断你的产业是在功能层面上竞争还是在情感层面上竞争? 如果是在情感层面上竞争,分析去除哪些元素可以使之功能化? 如果是在功能层面上竞争,分析添加哪些元素可以使之情感化?

例如,20 世纪 80 年代后期,美国咖啡市场被食品总公司、雀巢和宝洁这三家最大的咖啡公司所控制,为争夺市场份额,价格战此起彼伏,消费者把喝咖啡视为日常生活的例行公事,并通过比较价格、折扣券及品牌等理性化因素来决定购买。结果是造成行业低增长及利润微薄。鉴于这种状况,Starbucks 公司抛弃传统的把咖啡视为功能性产品的思维,为咖啡注入一些情感因素,采用咖啡吧这种有别于传统罐装售卖的新形式,通过给顾客提供休闲和社交的场所,而使喝咖啡成为一种"情感体验"。同时,由于其价格合理,Starbucks 无需借助广告,便实现了 5 倍于行业平均利润的奇迹。Body Shop 化妆品店是化妆品行业从情感导向转为功能导向最成功的例子。它通过简化包装材料、减少各种形式的魅力广告和降低价格等情感因素,增添消费者所关注的天然成分、使用健康等理性因素,从而创造了一个令人耳目一新的化妆品市场。

以上分析,其意义不在于它提出了一种创新模式,而在于其改变了企业的认识角度。这对于企业跳出传统的产业竞争范式,改变传统的依靠聚焦竞争者、打败对手的争夺市场方式,开辟更广阔更富有价值的市场空间提供了不同的思维视角。

第十二章 基于顾客价值的流程设计与优化

第一节 定义流程的特性

Dr.Akao 在《哈佛商业评论》的"质量屋"一文中提出了质量功能发展(QFD)的概念。QFD 始于对顾客需求的了解,根据需求的重要性对每一种需求赋予权重,然后经过一连串的矩阵推导后,界定能满足顾客需求的产品特性,最后,通过进一步向后推导,便可得知制造该产品所需的元件和个别零件的实际规格。波士顿大学的 Henderson 教授仿照这种思想,创造了一个类似 QFD 概念的架构,运用这个架构,企业可以把希望达到的结果作为起点(即达到特定的企业目标,如成本、市场占有率),然后向后推进(即向公司内部推进),以找出流程特性与基础建设,而流程特性与基础建设也都必须加以衡量,才能确保实现理想的目标。如图 12-1 所示,Henderson 教授的衡量结构是先决定"理想的结果是什么",进而推出所需要的业务技能,然后,公司的管理团队向后推导:"为达到理想的结果必须要有哪些流程特性"、"这些流程必须采取什么样的衡量标准?"以及"基础建设中必须有哪些要素,才能保证流程顺利运行?"

利用这个衡量思想,我们也可将相同的水平逻辑运用到垂直

图 12-1 水平连接的衡量系统

资料来源：John C. Henderson, N. Venkatraman. Strategic alignment: leveraging information technology for transforming organizations.IBM Systems Journal,1999,Volume 38, Numbers 2/3:472-484.［美］哈维·汤普森：《创造顾客价值》，赵占波译，华夏出版社 2003 年版。

架构上，使每个员工（个人目标的实现）、部门（员工整体如何使部门实现目标）和企业（所有部门如何使企业整体实现目标）之间组成一个完整的网络体系。如图 12-2 所示，其结果是一个九格的架构，成为一个完全整合的衡量系统：水平的方格表示在流程和基础建设中要衡量什么，以达到理想的最终结果；而垂直的方格则代表在个人和部门层级上应该衡量什么，以达到企业预期的结果。

Henderson 教授的九格架构显示出企业成功所需的垂直和水平结构，即理想结果与流程特性、支援性基础建设之间的关系，企业与部门、员工个人之间的关系，只要找出和处理好其间的相互关系，便可运用特定的衡量方法来确保每一格的组成部分都运行良好，并且可以互相支持。我们把这个架构与 QFD 概念相结合来设计和优化顾客价值导向的流程。具体来说，将企业的基础建设、所需流程与顾客价值统一和整合起来，由顾客需求来定义和决定流程特性，并依据顾客需要，从矩阵最右边向内部推进，以推断企业所需的流程能力，然后进一步向内推，找出需要的支援性基础建设。

	基础建设衡量	流程特性衡量	结果衡量
个人	个别员工基础建设衡量	流程中个人层级绩效衡量	个别员工结果衡量
部门	部门层级基础建设衡量	流程中部门层级绩效衡量	部门结果衡量
企业	企业层级基础建设衡量	流程中企业层级绩效衡量	企业结果衡量

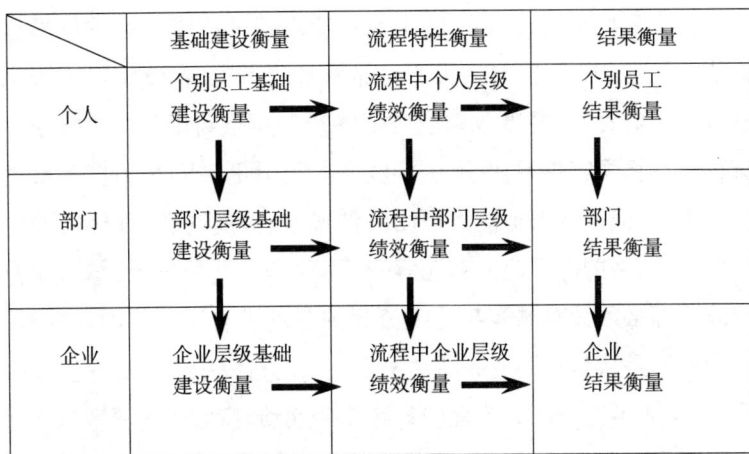

图12-2 水平与垂直相连结的衡量系统

资料来源：John C. Henderson, N. Venkatraman. Strategic alignment: leveraging information technology for transforming organizations.IBM Systems Journal, 1999, Volume 38, Numbers 2/3:472-484.[美]哈维·汤普森:《创造顾客价值》,赵占波译,华夏出版社2003年版。

第二节 确定流程优化和改善的范围

流程改善的范围是由特定目标顾客的价值愿景所涵盖的范围确定的。了解顾客价值愿景所涵盖的范围,其有效方式是通过与顾客良性互动。根据顾客愿景范围来改善和设计业务流程,其范围主要包括三个层级：

一、以企业部门为范围,改善部门内某一特定流程

单一流程往往涉及公司部门内部的多个垂直功能,产生于与顾客互动的结果。这种范围的流程改善主要适用于:(1)顾客的

不满集中于特定的流程;(2)企业希望以某种特殊流程提供顾客价值,以进行差异化;(3)基于内部因素的考虑,企业将投入资金改善某一流程(如降低成本或瑕疵率),并希望利用这个机会使该流程对目标顾客更具吸引力;(4)为了吸引更多顾客和提高市场占有率,使流程或渠道能大幅度降低成本、提高利润(如银行的电话理财、网络的电子商务功能等)。不论哪种适用情况,单一流程的改善都必须针对顾客与特定流程的互动进行详细的微观分析,因为顾客是从与不同业务活动发生关系的过程中形成对此流程的看法,企业可能会认为流程中只有几个互动时刻,然而顾客却常常认为有很多个互动时刻。只有站在顾客角度,才能识别出不同的互动机会,才能在关键的互动时刻找出高价值顾客的需求,然后调整流程能力以满足这类需求。

二、以整个企业为范围,改善企业内多个流程

整个企业包含了许多内部流程,这些流程组成了公司内部的价值链,也会影响产品、服务或接触顾客的方式。以整个企业为范围来改善业务流程,主要适用于:(1)企业采取非价格的竞争方式时,就要对业务流程进行整体分析,找出关键流程再加以调整,以创造高价值,并在提供给顾客的服务上进行差异化。有些公司中的产品或服务可能定位很高,但依然广受欢迎,就是因为顾客能认同其整体服务所提供的价值。(2)企业计划进行大型的基础建设或资本投资时,例如采取信息技术战略或实施企业信息化改造时,就能以整个企业为范围进行改造,使企业对顾客更具吸引力。因为,既然要进行大翻修,又要添购新设备,何不干脆在此时进行全方位的规划,这样既可以吸引更多的顾客,又可以占领更大的市

场。(3)当企业的市场占有率正节节下降,或面临大量的顾客流失时,就必须进行跨部门分析,以找出顾客不满的业务流程与服务,从而消除使顾客流失的原因。此外,还必须同时分析竞争对手的类似业务流程,以得知竞争对手是否提供了更高的服务价值。以整个企业为范围来改善或设计流程,需要对整个公司的顾客互动关系进行宏观分析,发现现有流程的表现差距,找出高标准的流程进行改进,然后将关键流程(可能是几个流程或单一的高标准商业流程)的绩效能力加以整合改进,以满足高价值顾客的需求。

三、以多个企业为范围,改善企业间的整体价值链

以多个企业为范围的分析是为了改善企业间的整体价值链,以增进水平流程的效率和价值。这种范围的流程改善主要适用于:(1)企业希望与其他公司组成联盟,结合多家公司的核心能力,产生竞争对手无法轻易复制的产品或服务;(2)企业希望能降低成本和提高效率,将各方参与者视为一个整体,将所有活动视为单一价值链;(3)企业希望充分发挥渠道的影响力,为渠道提供高水平的支持,使之成为最终顾客的理想渠道。由于以多个企业为范围的价值链改进贯穿多家企业,包括内部流程、供应商、联盟、渠道与最终顾客,因此,此时对互动时刻的分析需要在企业价值群或价值网络的层面进行。跨企业范围包含了多层次的顾客与供应商关系:在公司业务流程中,工作经过各个业务部门直到完成,单个业务部门在顾客与供应商关系中自行运作;在一个企业内部,当业务活动经过企业中多个流程时,单个流程都是在顾客与供应商模式中自行运作;在整个价值链中,从最开始到最终产品提供给顾客,公司都是顾客的供应商。因此,跨企业的流程改善应该从顾客

的观点来进行,由一家公司统筹全局,将所有活动看作为一个流程或将所有流程有机整合为一条价值链,将所有的价值主体视为一个整体,将焦点放在最终顾客身上,并以其为根据来进行流程的最优化。这样不但可以提高顾客满意度,还能降低参与者的经营成本。

第三节　确定流程的优化顺序

一、用顾客的观点和企业的观点作为流程优化顺序的标准

从经营管理的角度来看,市场中到处弥漫着顾客的呼声,顾客的需求、希望、欲望、抱怨、期望以及预测时时都在水涨船高。企业由于资源、能力有限,不可能在任何活动上都做到世界级水准,不可能在各个环节让所有顾客的所有需求都得到满意。因此,企业面临的挑战就是要将这个杂乱无章的顾客愿望清单,转换成一套合理的、优先次序分明的企业改善方案。为此,企业必须明白:(1)一家公司应该如何监督并了解快速变化的顾客期望?(2)哪些动态的顾客期望是一定要满足的?(3)哪些顾客期望如果没有得到满足就会对公司业务的持续发展产生重大威胁?(4)哪些顾客期望的表现达到产业最佳水准,就会对公司的利润产生重大的影响?(5)如果公司只能改善一项顾客期望,那么应该是哪一项?(6)如果公司只能改善两项顾客期望,那么应该是哪两项?只能改善三项呢?

为了获得以上问题的答案或顾客的观点,企业可以举办一些代表各个顾客群的焦点小组座谈和开展问卷调查,这样,通过座谈会可以了解顾客的需求内容,通过问卷调查可以知道每个需求的

重要性以及顾客对目前公司表现的看法，从而最终确定顾客认为最重要的事或顾客的观点。此外，企业还可以通过调查竞争对手的顾客，找出公司的表现和主要竞争者之间是否有落差。只要突出对企业造成最大威胁的部分，那么在将顾客关于优先事项的观点转化为企业的观点时，就可以把企业表现的差距作为重要的考虑因素。一旦顾客的观点转化为企业关于优先事项的观点时，就可以对确定流程改善的先后顺序，从而使企业的能力与有着最大购买潜力的顾客需求趋于一致。

因此，确定流程优化的优先顺序标准，主要是同时考虑顾客的观点（顾客对每个需求所定义的重要性以及对公司实际表现水平的感知）和企业的观点（就顾客需求对顾客购买行为影响的判断，以及企业在需求满足上相对于竞争者的表现落差）。具体来说，就是确定以下四个问题的答案：某项顾客需求对顾客而言有多重要？这项顾客需求对公司而言有多重要？跟竞争者相比，公司在满足这种需求上表现如何？哪一项顾客需求在改善之后，会对企业的利润产生最大的影响？

二、流程优化顺序的方法与选择

如同许多类似的管理方法一样，确定流程优化的优先顺序可以用不同复杂程度和深度的方法：

（1）初级的顾客价值管理。这种方法是指，在找出顾客愿景后，采用比较标准的定量市场调查取得顾客对个人需求所赋予的权重，以及对企业表现的实际感受，也即获得顾客的观点，并据此进而确定优先改善事项。这个方法可以找出顾客觉得重要的需求，并且帮助该公司了解需要改善的方面，至于改善的程度则需视其与竞争者的差距而定。但是,顾客需求对购买行为的影响却没有获得评估。

(2)中级的顾客价值管理。这种方法是指,在获取顾客观点以后,将顾客需求分成几种驱动购买行为的层级(如基本性需求、满足性需求和吸引性需求),结合其对公司的投资报酬作进一步的分析,以及评估现有流程相对竞争对手的表现水平,从而将顾客观点转换成企业观点,并以企业的观点确定优先事项。

(3)高级的顾客价值管理。这种策略是指,根据顾客定义的需求重要性、顾客对公司表现的实际感知、需求对购买行为的影响、企业表现与竞争者的落差以及所需改善程度等综合因素,运用自动化与专家系统,来找出最重要的优先事项。鉴于此方法的复杂性,以及结合本研究的目的,本研究暂不讨论此方法的实际运用。

至于方法和策略的选择,则将根据公司组织的复杂程度以及实际的策略或需要解决的问题而有所不同。

三、确定流程优化顺序的步骤

1.第一步:顾客细分,寻找高价值的顾客

并不是所有潜在顾客对企业都具有相同的价值。有些顾客群能为企业提供更大的营业收入增长机会、更高的利润潜力以及较少的风险,因此比其他顾客更有价值。另外,某些顾客群的需求与企业现有流程能力、基础设施相符,企业不需要投入更大的成本和进行变革就能满足这些顾客的需求。因此,锁定目标市场,根据价值对顾客进行细分,是确定顾客需求优先顺序的第一步。具体来说,首先,企业必须根据每个顾客群的购买行为、对公司的价值、以及他们的需求与公司的战略或能力是否匹配,来选择并锁定特定顾客或顾客群。不同顾客群的行为表明他们有不同的潜在需求、希望和价值,因此,吸引不同顾客群所需要的成本也不一样,这也为确定优先顺序的标准增加了新的变数。然后,寻找有关顾客交易资料。因为数据开发技术及商业知识应用程序能将上百万笔交易记录,转换为一组组行为类似的顾客群。结合顾客资料、交易记录、从内部或外部取得的资料库,在依照现今及未来的获利性、风险评估、购买偏好及其他可以精确定位的标准,就可以将顾客进一步地细分。

2.第二步:顾客需求细分,寻找重要性的顾客需求

并非所有的顾客需求都具有同等的重要性。因此确定优先顺序的第二步,就是确定那些具有高度价值的需求对顾客的相对重要性。

这可以通过市场调查来进行。在初级的顾客价值管理中,利用典型的定量市场调查可以明确顾客需求的重要性以及顾客对公司需求满足表现的实际感知。如果一家企业的主要目的是达到顾客期望,降低顾客不满或减少顾客流失,或缩小与竞争者之间的差距,而不想花费太多的时间或资源来成为行业中的最佳典范,或投资某个顾客愿景以提供理想的价值。那么这种基本调查就足能有效地确定企业流程设计和改善的重点。例如,有些企业可能会因为顾客满意度过低或市场占有率流失而感受到巨大的压力,因此,他们只想尽快了解情况,改善少数几个造成流失的关键事项。运用这个方法,最重要的商业改善机会将是顾客认为最重要而公司的表现却也最差的需求。

3.第三步:将顾客观点转换成企业观点

有些创新的企业试图引进有创意的新价值,借以吸引顾客并增加市场占有率。而它们所面临的问题是,典型的市场调查无法

评比顾客不同需求的重要性对购买者决策制定过程的影响。有些高优先顺序的顾客需求能够驱动顾客的购买行为,而有些顾客认为的高优先顺序需求对行为只有极小的影响,而市场调查则无法确定在这些顾客需求中,哪些对顾客购买决策的影响最大。如果企业所提供的产品是同行中最优秀的,那么哪些顾客需求或产品与服务特性会增加市场占有率? 哪些需求因不能带来更多的收入或利润而不用优先考虑投资的? 对于这些问题,需要采用企业的观点和更高级的顾客价值管理方法。

初级的顾客价值管理分析是找出顾客对需求、希望与期望的观点后,然后以此来设定流程改善的优先顺序。而中级的顾客价值管理分析则是投资导向的,它能将顾客的需求联系到顾客的购买行为与企业的收益,进而把顾客的观点转化为企业的观点。在这个层次上,企业必须利用较为复杂的技术,在典型的市场调查当中加入高级的顾客价值管理方法,例如,首先,利用焦点小组座谈,发展互动时刻的创新附加价值,以便让企业产生差异,并成为顾客心目中最理想的供应商。这样的理想价值提供可以有效地将业务改善的设计重点从"满足顾客期望"转变为"建立并提供超越顾客期望的新价值"。然后,采用定量调查,包括顾客需求的层次分析方法,以找出顾客需求与希望对实际购买行为的影响,以及促成购买行为所需的企业表现与投资程度。

日本加纳教授认为,在顾客心目中,并非所有的顾客需求都有同等的重要性,而且,并非所有的顾客需求都对企业有相同程度的影响,并在此基础上提出了顾客需求的三层次架构。见图 12-3。他的发现为确定顾客需求与价值的优先顺序提供了新的角度,即考虑这些需求与价值对购买行为的影响程度。

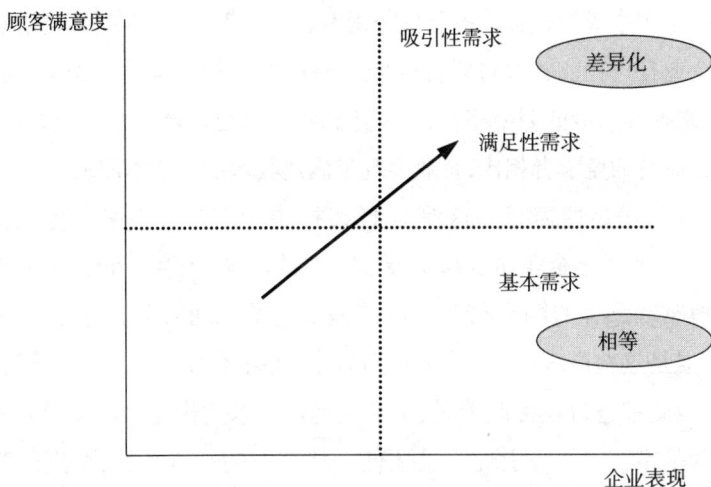

图 12-3　顾客需求的层次:非常实用的优先顺序确定工具

资料来源:[美]哈维·汤普森:《创造顾客价值》,赵占波译,华夏出版社 2003 年版。

（1）基本需求。这是狩野架构中最底层的需求（见图 12-3），代表企业生存最基本的要素或所需的基石。基本需求也是顾客最基础的要求,如果企业无法达到,就会造成顾客严重不满,或使顾客流失转向其他竞争者。因此,企业只有达到这个水准,才有资格成为供应商,它们是公司进入市场的门票,并且定义了在该行业中生存所需具备的基本业务能力。但是,狩野博士发现,基本需求是单方面的现象。如果把基本的事情都做得非常突出,也不会让顾客的满意度达到顶点,而竞争者的顾客也不会因此而放弃他们的忠诚,而被你吸引过来。这个重要的发现说明,基本需求的相对影响和优先顺序标准应当只以"预防表现没有达到水准"来评价,企业应当:一是确保企业满足顾客的最低需求,二是避免不必要的投资,以免使企业在满足这些基本需求方面的花费太高。因此,从企业的角度并运用中级的顾客价值管理分析看,尚未满足的顾客基本需求将是企业在进行业务改进时优先顺序最高的部分。这类优先事项包括:跟顾客的最低期望相比,尚未达到特定水准的基本必要需求;跟业界成功的竞争者相比,企业表现未满足其水准的基本需求。

(2)满足性需求。这是狩野架构中中等层次的需求(见图12-3),但对于企业而言却是最不重要的需求,因为它们并不能单独地驱动顾客的购买行为。尽管满足性需求可以让顾客感到满意,但是这些需求(单一或个别的需求)并不会驱动顾客的购买行为,因此在进行业务改善时,个别满足性需求的优先顺序比尚未满足的基本需求或吸引性需求还低。从企业的观点来看,个别的满足性需求在进行业务流程改进时,将成为优先顺序的最低者。

(3)吸引性需求。这是狩野架构中最高等层次的需求(见图12-3),如果在这类需求上的表现能达到业界最佳水准,就能将企业的差异化价值提供给顾客,并吸引竞争者的顾客,进而提高市场占有率。从企业的观点来看,一旦达到最低的基本顾客需求,接下来优先顺序最高的就是吸引性需求,因为只有吸引性需求才能对企业业绩的改进发挥最大潜力,而顾客也才会被表现最好的公司吸引。这些吸引性需求包括:目前企业的表现尚未满足标准,或落后于业界最成功竞争者的吸引性需求;目前业界中没有任何公司提供,但在技术上已经可能实现的吸引性需求。

中级的顾客价值管理不仅能帮助确定企业改善的优先顺序,还能找出应该以哪一个竞争者作为衡量的标准,以进行绩效上的比较。就基本需求而言,企业应和业界的平均表现水准相比,"业界平均"成为实质的标准,因为企业无须表现得最为优秀;就吸引性需求而言,应以最成功、最优秀的竞争对手作为参照点,因为如果这些需求的表现没有达到最佳的水准,便可能流失顾客;而对满足性需求而言,应采取什么样的标准,企业无须浪费太多精力,然而,如果同时提供几个满足性需求,不但成本不高而且可以吸引顾客,那么这些表现应与业界一般水准相比较。

因此,在确定流程改善的优先事项时,企业既要获得最为重要的顾客观点,同时也必须将顾客的观点与企业的观点加以整合,不能纯粹"问顾客想要什么,我们就提供什么",而要进行谨慎分析,将顾客的意见转变为企业制定流程改进决策的基准。

第四节　流程设计和优化的几种情境

在分析了流程优化或改善的范围、确定优先事项的标准和方法以后,下面将整合这些内容,具体阐述基于顾客价值的流程管理方法。这种方法必须考虑四个主要的变量(见表12-1),这四个变量分为两类:一类是程度,一类是方法。

表 12-1　范畴与策略整合表

		方法	
		初级顾客价值管理	中级顾客价值管理
程程	设计新流程	●顾客对重要性的比重	●顾客对重要性的比重; ●加上狩野架构中对顾客购买行为影响的额外百分比
	改善现有流程	●顾客对重要性的比重; ●加上目前的表现落差。根据消除落差所需的改善,得出额外的比重百分比	●顾客对重要性的比重; ●加上目前的表现落差。根据消除落差所需的改善,得出额外的比重百分比; ●加上狩野架构中对顾客购买行为影响的额外百分比

（1）流程改善的程度

设计一个全新的流程。为一个新流程确定顾客需求的优先顺序时，只需考虑需求的重要性。最重要的顾客需求便成为主要的设计重点，不论这些顾客需求在旧流程当中表现如何，全都必须在新流程中加以满足。

改进现有的流程。为改善流程而确定顾客需求的优先顺序时，要同时考虑每个顾客需求在现有流程中的重要性以及目前的表现。因此，顾客认为最重要、而公司表现最差的部分便成为改进计划的首要事项。

（2）流程管理的方法

初级的顾客价值管理。分析的焦点只着眼于顾客的观点，即顾客每个需求的重要性和对企业表现的感知。

中级的顾客价值管理。分析的焦点必须同时考虑顾客的观点和企业的观点（即顾客需求对购买行为的影响以及企业表现相对竞争者的落差）。

针对两种改进程度（设计一个新流程或改善现有流程），结合任意一种管理方法，便可以解决不同的问题。在某些情况下，企业可能只需花费少量的精力和投资，实施短期的顾客价值管理方法（初级的顾客价值管理），便可以解决问题。而在某些情况中，问题可能牵涉长期的投资，或将对重要的顾客关系有深远的影响，此时就必须运用较为深入的方法（中级的顾客价值管理）。

一、新流程设计的优先顺序

1.用初级顾客价值管理方法设计新流程

运用初级的顾客价值管理方法为新的流程确定顾客需求的优

先顺序,就要将所有重要的顾客需求都必须看作是新流程中的首要事项。这可以用顾客对于问卷调查中量化问题的回答(例如,请以 1 到 10 来标明下列每种需求的重要性)来决定流程设计中顾客所定义的优先事项(见图 12-4)。

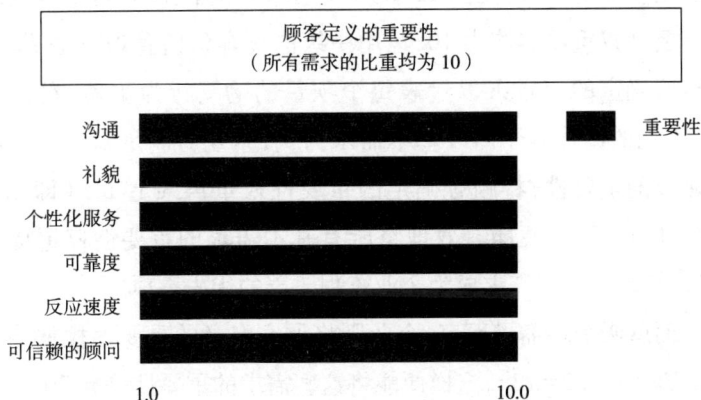

图 12-4　顾客观点:确定新流程设计的优先顺序

以顾客服务流程为例(见图 12-4),其中顾客已经找出他们对该项业务流程所期望的六个方面。在要求顾客指出这些项目的相对重要性时,顾客表示每个需求的重要性程度完全相等,如图 12-4 显示,每个需求的重要性比重均为 10,其中,1 代表“不是非常重要”,10 代表“极为重要”。虽然这在实际的商业情境中或许不可能发生,但是我们下面将说明,加入额外的数据以后,它将对管理阶层的决策有极大的帮助。

在这个范例中,我们只知道顾客对每个需求的相对重要性观点。如果必须大幅改造,或需要设计一个全新的流程,那么所有最重要的需求都必须列入设计要求,并且根据这些需求来确定优先事项。

2.用中级顾客价值管理方法设计新流程

如果运用中级的顾客价值管理方法,企业便能在重要性权重中加入额外的类似狩野架构的购买信息,进而有效地改变权重,以反映出企业的观点(见图12-5)。在图12-5中,顾客对所有需求的重要性权重原本均为10,运用中级的顾客价值管理方法后,将顾客所确定的权重乘以代表每个项目的购买行为驱动(狩野架构)类别的额外因子。以基本需求为例,企业对满足基本需求给予额外的重要性,将顾客确定的重要性权重再乘上 1.5(即 10×1.5=15)。这样便能有效地将所有基本需求的重要性权重提高50%,并确保这些需求成为企业流程改善的优先事项。

而就吸引性需求而言,企业则将顾客定义的重要性权重乘上1.2(即10×1.2=12),这样便能将这些需求的重要性提高20%,成为企业次重要的事项。因为,企业必须先满足所有的基本需求,才能在吸引性需求上进行流程优化投资以寻求差异化。

满足性需求的重要性则未加以提高(即10×1.0=10),仍维持在原本顾客给予的比重,而成为企业最底层的优先事项。

由此便产生三组优先顺序等级,每一等级都有不同优先顺序的需求,而每一个等级都对企业有不同的影响。这些等级代表了企业对于顾客需求的观点。图8-5显示出,在分析中考虑顾客购买行为因素,便能使最重要的需求脱颖而出,而且能放在同一群组中。该图也明显地指出某些顾客需求对企业有较显著的影响,因此在确定企业业务流程改进时,必须考虑这三组需求对企业的个别影响。

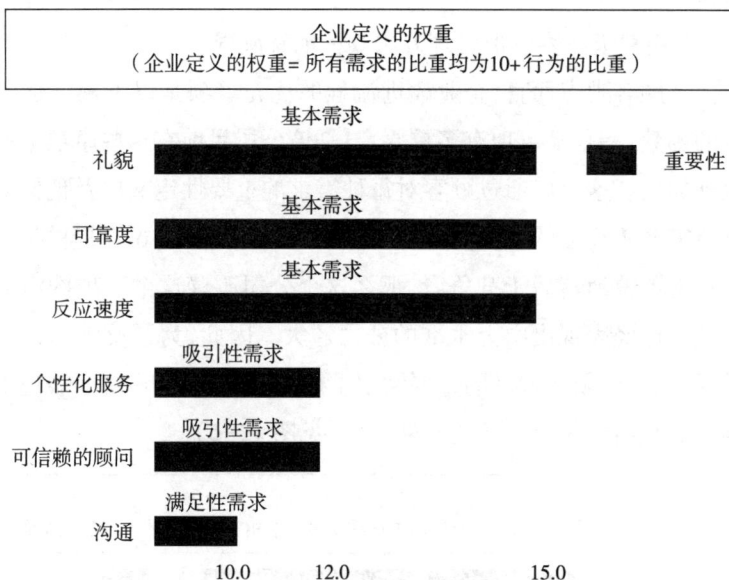

图 12-5　企业观点：确定设计新流程的优先顺序

二、改善现有流程的优先顺序

上述范例说明，在设计新的企业流程时（或表现差到必须建立或再造一种全新的流程时），应采用不同的方法来确定顾客需求的优先顺序。如果需要建立一种新的流程或服务，则企业对每个顾客需求的现有表现或企业的提供水准并不重要，因为不论其目前的表现如何，所有重要的需求都必须涵盖在新的设计当中。如果要对现有流程进行渐进式的改善，则在制定优先顺序的准则中，必须同时考虑每个需求的重要性权重，以及目前的表现水准。首要的业务流程改善事项将是最重要的需求，同时也是目前表现最差的事项。同时，为了以更完善的方法来确定优先事项，企业还必须考虑主要竞争者的表现，以了解达到或超越竞争者的水准所需做出的努力。

1.用初级顾客价值管理方法改善现有流程

就顾客观点而言,企业改进流程的优先事项是以下两方面因素的函数:一是某事项有多重要,二是该公司目前在这些事项上的表现如何。这可以通过顾客对每种需求的重要性定义以及他们对于所需改善程度的看法的综合权重来决定。如果公司在提供某项需求上严重地落后于竞争者,那么这个公司改善这个事项的潜力当然比已经表现出中上水准的公司还大。因此,为了反映出这个差异,企业必须将顾客的重要性权重加大,以反映公司由于表现不佳而必须给予这个项目的额外重视(见图12-6)。

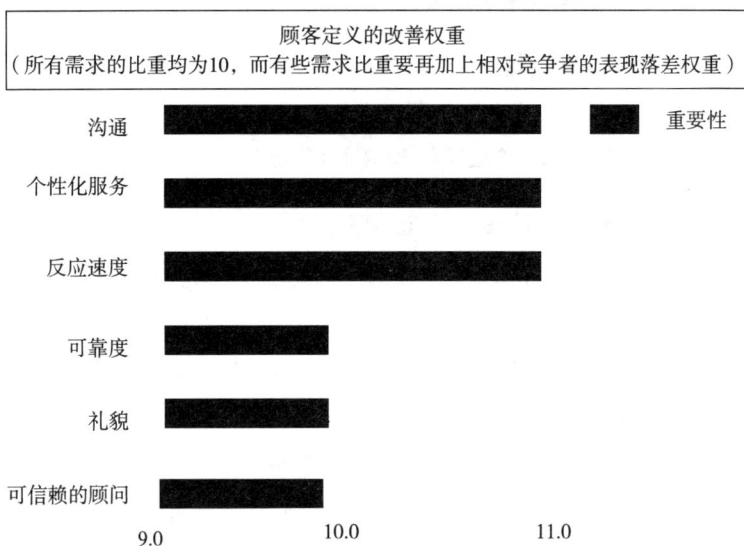

图 12-6　顾客观点:衡量顾客需求,确定流程改善的优先顺序

在图 12-6 中,顾客对改善事项优先顺序的观点是以增加额外的10%来显示三种需求的重要性(如"沟通"、"个性化服务"、

"反应速度"),因为顾客认为这三种需求是公司目前表现不够水准而且落后于竞争者10%。在"设计新流程"的情况下,六个顾客需求中,每一个的重要性比重均为10。如果这些需求的表现均令人满意,而且没有落后于竞争者,那么在"流程改善"的情况中,其重要性的比重也将保持不变。但是,顾客认为公司在这三项需求("沟通"、"个性化服务"、"反应速度")上的表现低于标准10%(也就是说,他们在比较公司的表现与其他竞争者的表现时,发现公司落后10%,或者以1到10来衡量顾客满意度时,公司只获得9分),因此,在这三个项目上,必须额外加上10%的重要性权重,以表明顾客认为公司应该更加重视这些方面的观点。从顾客的观点而言,表现不够水准的程度(跟竞争者相比的结果),将使得改善该需求比改善其他需求更加重要(就程度而言)。

2.用中级顾客价值管理方法改善现有流程

如果运用中级的顾客价值管理方法来改善现有流程,企业则要加入另一个因子,即每个需求对购买者行为的相对影响力,以及日后进行业务改进的潜力。这将为管理阶层确定优先顺序与制定决策提供了一个更为详细的分析标准(见图12-7)。

图12-7运用重要性权重、行为类别与表现落差等中级的管理策略,来找出分类更仔细的业务改善优先事项。在图12-4中,所有顾客需求的比重均为10,而这对管理阶层制定优先顺序并没有多大价值。但运用中级的顾客价值管理策略,就提供了(图12-7)比较详细而可行的分析内容,共有五个等级的优先事项。其中,表现尚符合顾客期望、没有落后于一般竞争者的基本需求("礼貌"和"可靠度")(图12-6),并非是进行改善的重要机会,因此无须以1.5的因子将其重要性提高,即使在设计新的流程时

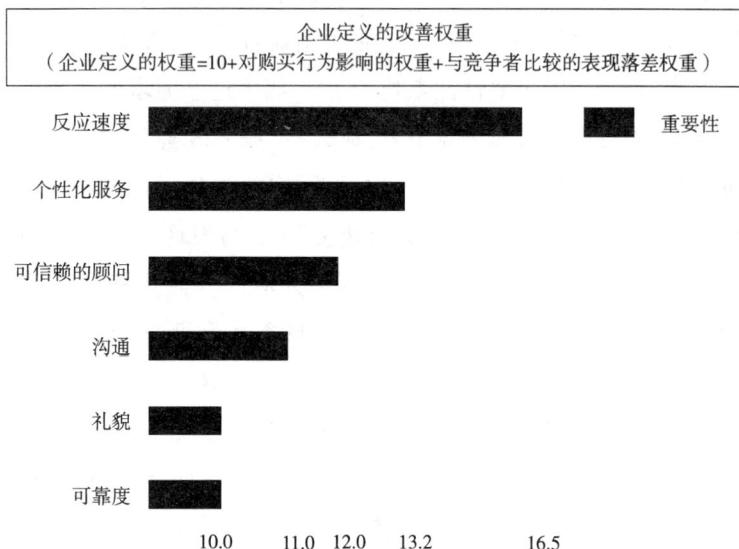

图 12-7　企业观点：衡量顾客需求，确定流程改善的优先顺序

也是如此。因此，这类表现尚可的基本需求，通常会降到中级顾客价值管理流程改善分析中的底层（图 12-7）。然而，如果这个基本需求的表现落后于一般竞争者，并且造成顾客不满（如图 12-6 中"反应速度"），那么这个需求就是该公司进行改善的重要机会，因此在图 12-7 中必须增加权重，以提高其重要性。业务流程改善中，次重要的类别是由吸引性需求所组成（如图 12-6 中的"个性化服务"），而在图 12-7 中，其改善的优先比重，则包括公司所需的额外重视程度，以便消除与最重要竞争之间的 10% 的差距。

从上述分析可以看出，进行流程改善或设计新的流程时，必须将顾客观点和企业观点结合起来评价流程改善或设计的优先事项。因为顾客观点不等同于企业观点。在顾客观点中，权重非常类似的需求,可能会成为非常不同的企业优先事项,因为结合影响顾客购买行为程度的分析,会拉开这些需求的权重距离;在顾客观点中,权重比其他需求还低者,也有可能成为层级较高的企业优先事项,因为跟竞争者相比较的负面表现落差会增加这些需求的重要性,使其成为优先改善的对象;在顾客观点中,比重比其他需求还高者,也有可能成为层级较低的企业优先事项,因为跟竞争者相比较的正面表现差距会降低企业进行进一步投资改善的意愿。

第十三章　基于顾客价值的组织
文化培育与变革

第一节　顾客价值背景下的组织
文化特征与变革方向

组织文化是指组织内部、组织人员所共享的基本理念、价值观、规范和信仰模式。Hofstede(1991)对组织文化的定义是"一种集体思维模式,是不同组织的根本区别","共同的日常行为方式是组织文化的核心"。组织特有的规范和行为都应该反映这种文化价值观,包括营销战略和措施。组织文化可以突破具体组织结构和管理过程的限制,是一种基本的价值观,它决定了组织行为以及组织中的个人行为。

Hofstede 认为可以从 6 个方面衡量组织文化:

(1)过程导向与结果导向;

(2)员工导向与工作导向;

(3)学习导向与效率导向;

(4)开放系统与闭合系统;

(5)宽松控制与紧密控制;

(6)意识规范与实际效果。

本研究认为,与关注股东价值、关注组织持续发展的组织文化相比,基于顾客价值的组织文化应该有自己的特色。很多文献认为,追求股东价值或组织持续发展目标的文化是以效率和员工为导向。关注效率体现了股东对投资收益最大化和降低风险的短期追求,关注员工,提高员工对组织认同感和归属感,能够为组织创造持续发展的动力。本研究认为,一个以顾客价值为目标的组织应该形成一种开放和参与的文化。具体来说,开放性表现在以市场为导向,关注顾客、关注竞争者和关注组织跨部门间的协调,强调对外部营销信息的获取、传递与共享以及做出反应。Kasper(2001)在研究文献的基础上进一步提出,这种市场导向的组织文化中的管理行为应该具有下述特点:

(1)从目标上来说是以市场和顾客为导向的,有着清楚的使命和目标描述,而且有足够的动力做到最好;

(2)从实现过程来说是以员工为导向、在宽松和紧密之间依据实际效果做出判断和选择,培养员工为顾客服务的主动性并且知道在过程中学习;

(3)从控制上来说注重实效,满足顾客的需要是首要目标,结果比遵守预先设计的服务过程更重要(以培养员工的判断和权变能力),敢于承受一定的风险和不确定。

参与性表现在以学习为导向,采用宽松的控制手段和强调对人的关心,而且这种宽松的控制和对人的关心应该以是否能支持学习和关注顾客来衡量的。以顾客价值为目标的学习导向也应区别于组织平常的一般学习,应该打破企业边界,以顾客为主要学习对象,在强调向顾客学习的同时,应该引导顾客向自己学习和共同相互学习。

以顾客价值为中心的市场导向和学习导向作为组织文化,对于市场信息的处理过程,尤其是对信息转化为知识起重要作用。市场导向主要强调对客户和竞争者的(Market Information Processing,

MIP)活动,特别是信息的获取,信息的分配,以及对于所接收到东西在行为方面的反应能力。Kohli and Jaworski(1990)把市场导向定义为"组织范围内对关于现在和未来客户需求信息的生成,跨部门的信息扩散,以及组织范围内对信息的响应性"。从这个定义可以推出市场导向对顾客价值具有四个方面的作用:一是了解顾客的需求;二是构建交付顾客期望的价值模式;三是监督包括现有的和潜在的竞争者并对他们的行为作出反应;四是当市场条件改变时,调整价值创造流程。Narver and Slater(1990)的市场导向方法指出,MIP之所以非常关键,是因为如果缺乏有效的信息获取和扩散的过程,组织就不可能具有客户导向、竞争者导向和职能之间的协调。因此市场导向是把MIP活动置之于优先地位并在战略过程中使用的组织特征。它影响了MIP活动的范围和重要性。

组织学习的概念是由Sinkula(1994)、Slater和Narver(1995)导入营销学的。他们认为,市场导向和学习导向相结合能够大大提高组织绩效。学习导向在新的竞争优势理论中占有主导作用,是能够创造竞争优势的企业资源,学习导向之所以比其他资源更加优越,是因为只有通过学习,才能比竞争对手以更快的速度改善市场信息处理(MIP)活动,公司才能够保持长期的竞争优势。公司通过利用高级的学习过程可以改善其市场导向和市场驱动活动,强化企业的市场能力。企业成功不仅要依靠以即时的方式获取、传播和响应市场信息的行动,而且要依靠管理者质疑公司通常用于决定信息的获取、传播和作用的组织惯例的能力,更为重要的是要依靠这些信息如何被解释而获得未来组织行动的推断。公司没有获得更高级的学习能力而一心一意地专注于客户、渠道和竞争者,事实上会在现有的决策框架内把公司局限于渐进适应的行为而阻碍突破性概念、系统、程序的产生。

学习导向和市场导向这两个概念都对市场信息处理（MIP）产生重要的影响，市场导向影响着指向客户、竞争者和渠道的市场信息处理活动并且优先把市场信息处理使用在战略过程方面。学习导向反映了组织价值观念的显著特征，企业认定并且利用该价值观念不仅熟练地对环境变化做出反应，而且不断挑战限定组织与环境关系的假设。如果组织具有强势的学习导向和市场导向，组织就有创造持续竞争优势更高的可能性。强势的市场导向要求公司集中于那些有可能影响公司，使得客户满意度相对竞争对手而言最大化能力的环境事件，但市场导向主要是有助于适应性学习的机制，该机制有助于渐进式创新，即在现有范式内创新；而本质上不能够促成间断创新，即创造新范式的创新。学习导向是直接影响组织对旧的市场和企业组织方式假设的挑战能力的机制，因此它能促成间断创新。然而，如果强势市场导向没有为其提供基础，学习导向也会导致企业误入歧途。因此，市场导向和学习导向两者对组织绩效有独立而又协同的影响效果，以顾客价值为中心的文化应把两者融合起来。

基于此，本研究认为，以顾客价值为中心的文化变革方向应该是市场导向和学习导向并把两者统一起来。

第二节　以顾客价值为中心的市场导向文化培育

一、培育市场导向型企业文化的阻碍因素

有关市场导向研究的文献较多，但专门就企业市场导向文化

培育进行完整论述的并不多见,只是粗略地涉及市场导向的活动,而市场导向的活动正是培育市场导向文化的具体途径。这些有关市场导向活动的研究(Borghgraef, Verbeke, 1997; Marty, 1995; Narver, Slater, 1998; Ruekert, 1992; Webster, 1988)也主要是从实施市场导向的障碍视角来研究的,没有从整体系统的角度来深入阐述这个问题。这些障碍因素主要包括:

(1)员工的信念(Fishbein, 1980; Eagly, Chaiken, 1993; Soderlund, 1993 et al)。信念是企业文化的一部分,对员工的工作态度具有直接的影响。Soderlund(1993)认为,员工的信念影响到他们在进行企业决策时所做的选择,强调要认识到顾客的重要性,把顾客当作市场导向的主要角色,并总结出以下具有负面影响的市场导向信念:市场导向会影响企业的稳定性程度、引起业务重心的改变、有可能造成顾客混乱、伤害员工情感等等;其次是对营销近视(Marketing myopia)的恐惧,认为市场导向意味着企业由顾客主导,企业有可能失去核心业务;其三是忽视其他非市场导向的观念,如产品观念、成本导向等等。

(2)组织因素(Marty, 1995; Harris, 1996)。它包括正式的权力结构、沟通、任务分配以及协作机制等。传统的层级制结构不利于市场信息的流动,阻碍了企业跨部门进行协作以对顾客需求变化作出反应。顾客的问题往往需要创新性的解决之道,但企业的标准化或者规范的做事程度则会与之产生矛盾。

(3)人力资源管理(Felton, 1959; Ruekert, 1992; Jaworkski, Kohli, 1993)。主要指没有适当的市场导向员工的招聘、评价及考核、晋升机制,从而产生以下后果:具有市场导向能力的员工没有被招聘或者提升;企业内部的营销措施没有增加市场导向活动的附加值,从而没有在企业中形成公开的市场导向氛围。

（4）组织氛围（Burton，Obel，1998；Piercy，1995；Jaworski，Kohli，1993）。组织氛围同企业的价值观、企业员工的感觉及行为是联系在一起的。因为市场导向需要企业各部门的协作,如果部门之间没有信任、相互承诺的气氛就很难有效进行活动。

（5）管理人员的特质（Felton，1959；Hulland，1995）。有的经理对于他擅长的领域更有兴趣也更关注,对其不了解的领域则关注不足;风险规避型的经理在针对市场变化作反应决策时易受其特质的影响,等等。

从上述总结可以看出,对市场导向文化培育带来阻碍的因素主要涉及到企业的三个层面:组织人员包括管理者和员工、组织结构与组织机制、组织氛围。这三个层面是企业开展市场导向活动和培育市场导向文化时要系统解决的问题。

二、市场导向型企业文化的培育模式

培育市场导向文化的目的在于创造顾客价值。其实,市场导向文化的建立更多的是对原有企业文化类型进行适当的变革,或者是原有企业文化类型向市场导向文化转型。这就需要区分原有文化的类型。Cameron，Freeman（1991）及 Quinn（1988）等利用管理控制和战略重点两个维度将企业文化划分为以下四种类型（如图 13-1 所示）。

这四种类型的企业文化具有不同的特点:克兰文化的主要特点是协作、参与以及采用团队的工作方式,领导者如同良师益友或如同提供方便和关心的父母,战略重点在于人力资源发展与承诺、士气等。而第二种创业导向的文化的主要特点是创业精神、创造

内部维系：整
合、流程顺畅

外部定位：竞
争、差异化

弹性、有机

克兰文化
（Clan）

理解支持模式

市场文化
(Market)

高管推动模式

层级文化
(Hierarchy)

双渐变模式

创业文化
(Adhocracy)

控制、命令

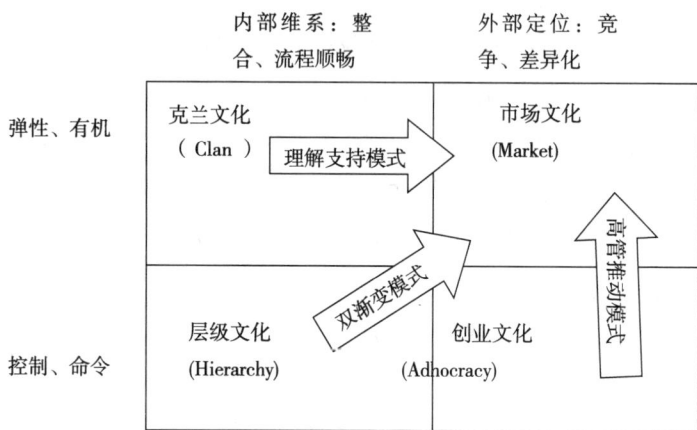

图 13-1　企业文化类型划分与演变

资料来源：根据 Deshpande, R., Farley, D., Webster, F., Corporate culture, customer orientation and innovativeness in Japanese firms: a Quadrate analysis. Journal of Marketing, 1993, Vol. 57:23-27 修改。

性以及适应性,领导是创业家、创新者及风险承担者,以创新、增长和新资源开发为战略重点;层级文化则以命令、规则及统一为主要特点,以命令、政策及流程把企业人员结合起来,战略重点是稳定、可预测及平稳运作;市场导向的文化以竞争力和目标实现为特点,领导风格是以实现绩效为目标,用竞争、生产及企业目标把人员结合起来,战略目标在于取得竞争优势。

　　随着企业生命周期的发展和环境的变化,上述前三种类型的企业文化会逐渐向第四种进行变化,例如,伴随创业型文化的企业进入成长和成熟期,其文化也要相应地进行变革,由于这种类型的企业家在变革之初掌握有绝对的资源,因而这种变革将主要由企业创业领导来推动。

　　我们把这种创业型文化的培育模式称为高管主导模式;对于

层级文化来说,需要企业全体员工逐渐地改变机械的内部控制和内部导向的文化,我们把这个模式称为双渐变模式;而对于克兰文化,企业人员之间的联系以忠诚、人际协作为主要特点,较之层级企业,其文化培育更能够得到全体人员的理解和响应,我们称之为理解支持模式。因此,市场导向文化大体上存在三种形成模式或变革模式,我们分别称之为双渐变模式、高管推动模式和理解支持模式,如图 13-2 所示。

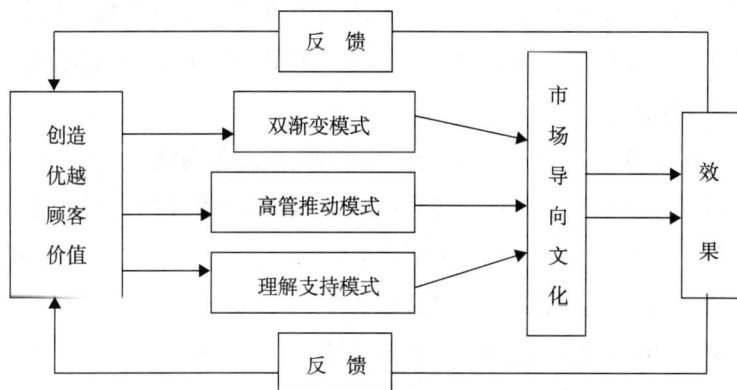

图 13-2　市场导向文化的变革或培育模式

(1)双渐变模式。这种模式下,企业的高层管理人员和其他员工在建立市场导向文化上逐步达成一致认识,通过对原有的企业价值观、准则等逐渐、局部地调整而确立新的市场导向价值观、准则等。其他员工在工作过程中,对于既有的企业文化会提出一些改进意见,例如对于内部工作流程的设计、对顾客管理、员工薪酬、企业氛围等提出他们自己的见解和期望,而高层管理人员受企业目标使命、企业发展规划、社会舆论以及他们自身对于经营观念变化的影响而逐渐形成新的见解。

企业在上述两方面的认识都逐步得到提高,相互交流和协调,形成一致的价值观和企业理念,并体现为具体的制度等。因此,这种模式是以渐进的方式逐步实现的,企业经营受到的冲击较小,文化变革成本也较低。

(2)高管推动模式。双渐变模式一般需要较长时间,在环境变化比较快速和剧烈的情形下,有时难以满足企业的需要。在这种情况下,更常见的是用高管推动模式来建立市场导向文化。高层管理人员根据企业战略的要求,决定市场导向文化的核心理念,并制定出相应的规章制度,然后以命令的形式进行公布,要求员工遵守和执行。

对于高管来说,他们对企业价值观、准则等的看法是突变的,突破了原有文化关于企业经营的假设,他们运用准则等制度强制向员工灌输新的文化。这种模式下,员工处于被动地位,他们的期望有时没有得到充分的反映,从而不利于提高他们致力于市场导向活动的积极性。成功的高管推动模式往往成为企业文化中的故事,这种事例具有强大而持久的影响。

(3)理解支持模式。高层管理人员与员工都要积极地共同参与文化建设,改变原有企业经营的假设,树立全新的经营思想,并建立相应的制度。这种模式更注重利用企业经营过程中的重大事件甚至危机等经营临界点来触发、改变企业全体人员的价值观。这些重大事件使企业全体员工对于企业以往的业务假设(包括企业文化)发生置疑,从而思考如何建立新的业务假设,并根据经营结果形成新的价值观,建立新的制度等。因为这种事件的发生往往具有很强大说服力,能够克服文化转变过程的巨大阻力,见效很快。

第三节　以顾客价值为中心的学习导向文化培育

顾客价值管理不仅要求企业关注企业外部，培育市场导向文化，处理市场信息活动，而且要通过与顾客积极互动、接触和沟通，建立起知识共享的学习型关系，不断提高组织获取、管理和预测顾客价值的能力。提高组织向顾客的学习能力，构建顾客知识管理系统，有效界定、获取、共享、创新和应用顾客知识，是顾客价值管理模式成功实施的长期保障。

一、面向顾客的组织学习方式和途径

面对不断变化的竞争环境，许多企业深刻认识到需要不断调整和创新来应对这种变化，因而组织的学习能力越来越成为最重要的核心能力之一，是企业生存的必要条件。"组织学习"的概念由 Agryris 和 Schon(1978)正式提出，他们认为组织学习是指"发现错误，并通过重新建构组织的'使用理论'(theories in use)(人们行为背后的假设，却常常不被意识到)而加以改正的过程"，Agryris 也因此被誉为"组织学习"之父。Huber(1991)从信息过程角度来看，认为组织学习是一个包含知识获取、信息分发、信息解释和组织记忆的过程。而后，组织学习的概念、理论逐渐受到学术界和企业界的重视，如 Hult 和 Ferrell(1997a,1997b)根据组织学习的特性，分别从团队(Team)导向、系统(Systems)导向、学习(Learning)导向及记忆(Memory)导向等四个因素来衡量组织学习；Baker 和 Sinkula(1999a)等则以市场信息流动过程(Market formation processing）为基础，提出以对学习的承诺（Commitment to learning，指组织将学习视为公司最主要的基本价值）、分享愿景（Shared vision，指组织中的主管会将公司未来发展的愿景与员工互相分享）及开放心智（Open mindedness，指组织不能受限于仅以自己熟悉的方式去思考，能超越成规创意思考）等三个变量来衡量组织学习。可见组织学习的操作性定义与衡量似乎是由研究者依实际研究的具体情况来加以诠释的，在这些衡量方式中，本研究认为以 Baker 和 Sinkula 等学者所使用的量表对组织学习内容的衡量最为完整与全面。

在顾客价值管理中，组织学习主要是面向顾客的学习或与顾客共同学习。其中，与顾客共同学习是促进顾客价值增值的根本方法。企业与顾客共同学习式有以下三种方式：向顾客学习、引导顾客学习和企业与顾客的互动学习。

（1）企业向顾客学习。向顾客学习是企业组织学习的一个基本方法，顾客知识是企业产品和服务创新的重要来源之一。对顾客信息和知识的准确了解、分析、预测和掌握是企业更好满足其现实和潜在需求的前提。因此，在顾客价值管理过程中，建立详尽的顾客资料数据库并有效地加以利用对企业顾客知识的获得非常重要。同时，由于企业为顾客创造的价值，必须是能够被顾客感知到并认可的价值，因此，只有向顾客学习，以顾客认可的价值标准来进行产品和服务等的生产、设计和改进，及时了解顾客满意与不满意或流失的原因，顾客价值才能最终被顾客和市场所接受，才能留住忠诚顾客，企业自身的价值才能实现。向顾客学习体现了企业生产和经营的视角从"内视型"向"外视型"的重要转变。

（2）企业引导顾客学习。企业不仅要向顾客学习，还要积极引导顾客学习。最新的学习理论认为,顾客对于企业的产品和服务的价值判断和偏好的形成都是"学"来的,是学习行为的结果。顾客不是与生俱来知道想要什么,而是更多地学会要什么。顾客学习的途径有直接学习和间接学习两种。因此,企业除了向顾客学习发现顾客的现实和潜在需求之外,还应该对顾客的学习过程施加影响,积极引导顾客学习。引导顾客学习的目的是使顾客了解企业的产品和服务信息,建立起信任和积极的偏好。为此,一方面,企业可以通过加强品牌形象和服务理念等企业信息的宣传,使顾客领会到企业的产品和服务与自身需要之间的联系;另一方面,企业应通过多种方法为顾客创造积极的顾客体验,增强顾客的满意感,赢得顾客的忠诚。

(3)企业与顾客的互动学习。企业与顾客之间的学习不仅是以上两种单向方式进行的,还包括他们之间双向的实时互动学习。在现代市场条件下,企业不但要及时了解和掌握顾客需求和变化的信息和知识,还要针对顾客的变化快速做出反应并对顾客的学习有效施加影响;而顾客也要通过学习不断积累和掌握有关商品和服务的知识和信息,提高自身的购买决策能力,保证自身购买价值的实现。斯图尔特曾通过3M公司与顾客建立相互学习关系的实践,总结出企业与顾客学习关系的两种模式,即"蝴蝶结模式"和"钻石模式"。其中,在"蝴蝶结模式"中,供应商与顾客之间仅仅是以销售——采购为纽带的一般交易关系,而在其他方面没有学习行为发生;而在"钻石模式"中,供应商与顾客之间的合作关系更为密切、更为全面,在研发、制造、质量控制及后勤等各方面管理职能上,形成共生的学习网络,为企业和顾客共同带来更大的价值。企业与顾客之间的互动学习关系是企业组织学习和战略制定的重要依据。

　　不论采用以上哪种学习方式,企业都可以尝试以下几种学习途径:(1)顾客接触。顾客接触是向顾客学习,了解和掌握其需求的直接方法,企业可在顾客接触基础上获得基本的顾客资料,掌握其购买量、购买频率等购买行为信息和需求信息;(2)顾客沟通。企业通过与顾客的沟通,不仅可以向顾客及时传递企业商品和服务的信息,还可及时了解顾客对产品和服务的意见,动态监测其购后感受及满意或不满的原因,以便及时有针对性地做出回应、化解抱怨;(3)顾客服务。优质的顾客服务是企业赢得顾客满意的根本方法;(4)顾客关怀。与顾客服务相比,顾客关怀是全方位的、多方面的,在关怀中还包括为顾客传递并分享愉悦的情感和体验,增加其多方面有益的知识,提高其购买能力等等;(5)顾客参与。让顾客以多种方式参与到企业的新产品设计、开发和老产品的改造等生产过程中来,可以将顾客的知识转化为企业的能力,提高生产和经营的针对性和个性化水平,在量身定制的个性化生产中,这种学习方式尤为重要。在顾客价值管理的实践中,有效的学习方式还需要结合企业自身实际不断探索。

二、组织学习与顾客知识管理

　　Wayland 和 Cole(1997)在他们共著的"Customer Connections: New Strategies for Growth"一文中首次完整地提出了"顾客知识管理"(Customer Knowledge Management)这一新概念,也是理论界和企业界比较认同的一种解释。他们认为:"顾客知识管理是指顾客知识的来源与运用以及怎样运用信息技术建立更有价值的顾客关系。它是在获取、发展以及保持有利可图的顾客组合的过程中,发挥信息和经验的杠杆作用"。

A lan Cooper(1998)指出,顾客知识管理是通过利用先进信息技术与顾客互动交流,帮助顾客找出问题及其答案进而适应周围环境,顾客需求过程与企业的营销过程有力地交织融合在一起,最终实施"定制化"服务。综合现有各种观点,本研究认为,顾客知识管理是企业为了提高其核心竞争力,贯彻以顾客为中心的发展战略,利用先进的计算机、网络、信息处理技术,有效的界定、获取、共享、创新和利用顾客知识,从而实现提高顾客获得、顾客保留、顾客忠诚和顾客价值的目的的整个管理过程。

组织学习与顾客知识管理相互影响、相互促进。组织学习最大的特点是以共享的知识基础为核心,利用相关的组织学习机制,循环和加速知识的创造和转换。可以说,组织学习为组织知识创新提供了最为有利的手段。知识管理的出发点是把最大限度地掌握和利用知识作为提高组织竞争力的关键,其主要涉及知识的获取、使用、累积和保护等主要活动的计划、控制和协调的过程。同时,它也是促进组织实现显性知识和隐性知识相互转化和共享的重要过程。这些过程离不开组织学习,因此,组织学习贯穿于知识管理的全过程,知识管理过程本质上就是一种组织学习,同时,知识管理对于组织学习环境的改善和成员之间的有效协作具有重要意义。另外,知识管理强调运用结构和战略为组织学习提供导向的同时,也为组织学习的实现提供了相应的学习内容和学习工具两个具体的维度。

三、构建顾客知识管理系统

作为企业重要的资产,顾客知识对企业创造竞争优势的作用越来越重要。借助顾客知识,企业可以了解到顾客对企业的产品或服务不断变化的需求和在购买、使用或维护产品中所积累的经验等,这些知识常常是企业预测市场发展趋势、发现并识别新的市场机会、改进产品或服务、合理确定企业目标所必须的关键信息,它们有利于提高企业的产业预测能力、应变能力和价值创造能力,因此构成企业动态环境下竞争优势的基础。

目前有许多企业和研究者意识到了顾客知识的重要性,但很多时候将顾客知识管理等同于顾客信息管理或者顾客关系管理,主要的注意力放在研究收集顾客信息、顾客资料,显然这是不够的,企业必须学会分析这些信息并把这些信息转化为知识,依据这些知识制定行为方案来影响顾客购买。但仅有顾客知识是不够的,还必须有效地管理、使用顾客知识,才能为企业和顾客带来价值。良好的顾客知识管理可以作为电子商务的一个显著的竞争优势,灵敏地感知顾客需求的变化,更好的识别和细分用户的需求,通过对顾客知识的把握,识别和潜在顾客和新的市场机会。顾客知识管理是通过在与顾客互动的交往中创建、交流和应用顾客知识来增加顾客价值和维持企业竞争优势的过程。

1.界定顾客知识

顾客知识是企业进行商务活动所需的一类重要的商务知识,是企业知识的一个重要组成部分。国内有学者认为顾客知识就是"在顾客关系方面投资的成果"。而美国学者 A lan Cooper(1998)认为,顾客知识是关于产品或服务满足顾客需求的情况、顾客的具体需求和欲望、顾客与企业互动的难易程度甚至顾客是如何应对人生的压力的知识。

对顾客知识管理的分析要从顾客信息开始。顾客信息的积累是获取顾客知识乃至顾客知识管理的第一步。顾客信息是指顾客喜好、顾客细分、顾客需求、顾客联系方式等一些关于顾客的基本资料。顾客信息是顾客知识的原材料，只有把信息以一种有意义的形式组织在一起时，信息才会变成知识。对顾客信息的收集，是每个企业都在进行的工作，但这些顾客信息一般都被不同的部门所有，信息往往不是连续变化的，零乱和支离破碎的顾客信息没有丝毫价值，企业在进行营销决策和销售时很难用好这些顾客信息。即使是再完善和丰富的顾客信息也无法直接利用，只有通过科学手段对顾客信息进行去伪存真、去粗取精，精心提炼，才具有利用价值。顾客的信息就像原材料一样，被专门的组织进行整理、分析并可以在组织内部形成共享后，就转化成顾客知识。

2.获取顾客知识

有效的顾客知识获取，第一步是决定在整体的顾客知识中哪一个层面对企业的发展最有价值，因为只有当顾客知识管理的收益大于或至少等于进行顾客知识管理的成本时，企业才有动力实施。企业在确定合适的顾客知识层面时要充分考虑其产品或服务的特征、与顾客沟通获取知识的便利性及成本效益，从而选择在个体、团体或整个市场层面上来收集顾客知识。

其次，获取顾客知识还要考虑顾客知识的深度因素。企业所需的顾客知识的深度取决于产品的特性和顾客的心理需求特征，产品中无形的服务所占的比重越大，消费心理越是难以揣摩的，企业就越需要深层次地了解顾客知识。例如人寿保险公司就应该努力了解顾客的心理知识和情感倾向，以及未表达出来的潜在价值和需求，因为这些是影响购买决策的决定性因素。

最后，获取顾客知识的前提是信息的收集和处理，企业如果能保证信息处理的质量,企业的营销决策就能极大地从顾客知识中获益。企业利用信息提炼出顾客知识主要有四种途径:企业可以从顾客的购买行为中找到彼此之间的联系;整理顾客对企业产品或服务的意见或建议,从中找出改进产品或供应链的知识;从顾客数据库中寻找并分析潜在顾客的属性;总结、分享各接触点在与顾客打交道过程中获得的经验教训。其中,从现有数据挖掘有用知识,是获取顾客知识的一个重要途径,能有效增强企业商务智能。数据挖掘一般通过数据总结、数据分类、数据聚类和关联规则来发现知识。

3.共享顾客知识

顾客知识共享就是打破不同知识所有者之间的壁垒,实现知识在一定范围内的自由流动和自由使用。顾客知识共享要解决如何建立和谐的共享文化和灵活有效的激励机制,减少共享过程中存在的各种障碍,促进顾客知识在企业不同群体之间自由流动,减少顾客知识生产的重复性投入问题,以最大的程度节约知识获取成本,并有利于顾客知识的应用和创新。具体来说,包括:

(1)通过数字化和知识化将大量无序信息加工提炼成为有序的知识,为员工提供知识共享的环境,提高其工作效率和创新能力。对知识进行加工是在组织中体现知识价值的一个重要步骤。编辑和整理赋予知识以永久性,否则知识只能存在于个人头脑中或者停留在混乱的数据及信息阶段。企业加强对各种技术文档资料的管理,可以促进部分隐性顾客知识的显性化,而有序化和显性化是顾客知识共享的前提。如华为公司十分重视技术文档的书写,他们认为没有技术文档的工作是无效的工作。

(2)储备企业顾客知识。将个人知识和信息提升为组织知识,减少员工休假、离职而造成的损失,平时就要提供相应的工具来收集、整理与各员工工作紧密相关的各种有价值的信息源,如报告项目总结、电子数据表、参考书、说明书等,这些信息源不仅限于印刷材料,也包括各种工具、设备和特殊的应用软件。

(3)创造知识共享的机制,培养知识共享的文化。以上两点属于标准化管理的内容,标准化管理是对数据信息和知识的系统整理、分类和处理使之更便于使用,是知识管理的重要手段之一,但是标准化管理只是以强制的方式来促使知识的转移和共享,无法处理隐性知识共享的冲突,因此,创造知识共享的机制、培养知识共享的文化才是促进知识共享的根本措施。企业的绩效评价和奖励制度应该对知识共享的行为给予充分的肯定;通过创办企业报、构建企业内部信息网、定期开办讲座或经验交流会等形式,把员工拥有的顾客知识转化成组织财产;采用工作小组、矩阵式组织或精益组织形式来促进组织成员之间的合作和知识的共享。

(4)提供适当的工具和环境辅助员工同相关顾客和工作伙伴进行直接或间接交流,从所处网络环境接受知识,形成"边干边学、在干中学"的终生学习机制。这种机制不仅对员工有很强的吸引力,而且也决定了企业在经营活动中获得增值知识的多少。

4.创新顾客知识

日本管理学家野中和竹内提出了知识转化和创新的四种模式,即 SECI 模式。个人的隐性知识经过社会化(Socialization)、外在化(Exterior)、组合(Combination)和内化(Interior)四个阶段,可实现个人之间、个人与组织之间的知识传递,并最终产生新的隐性知识。这个过程中,显性知识和隐性知识发生了转化,是一个动态的、渐进的过程,实质上就是顾客知识创新的过程,被称为"知识螺旋"。"社会化",是从显性知识到隐性知识,通过观察、模仿和亲身实践共享经验。"外在化"是从隐性知识到显性知识,利用类比、隐喻和假设将隐性知识清楚地表述出来,倾听和会谈是推动隐性知识向显性知识转化的重要工具。"组合"是从显性知识到显性知识,将零碎的显性知识进一步系统化和复杂化,将员工脑中的零散知识整理为组织知识。"内化"是从显性知识到隐性知识,员工将系统化的显性知识运用到工作中,并创造出新的隐性知识,它意味着组织知识又转化为组织中其他成员的隐性知识。

　　每一种知识转化模式所产生的知识内容不同,社会化模式产生的是一种"意会"知识;外在化产生的是概念化的知识;组合产生的是系统的知识;而内化产生运营知识。知识创新是一个螺旋上升的过程,例如,关于顾客需求的隐性知识可以通过社会化和外在化转变成为新产品概念,这种概念化知识又可以通过组合产生系统化知识,开发出新产品原型,而系统化知识又可以通过内化转化成为运营知识,进行产品的大规模生产。这样,基于经验的知识又启动了新一轮的知识创新过程。由知识创新的过程,我们知道企业要促进顾客知识的创新,必须创造良好的环境来促进隐性顾客知识和显性顾客知识之间的转化,例如,创造有利于顾客知识创新的环境和氛围,充分重视来自员工的意见和建议,将管理模式由控制变为支持,由监督转为激励,由命令转为指导,自上而下地形成一种创新的宽松环境;加强对员工的培训,鼓励员工自我学习,应将人事调动和教育培训相结合,通过工作内容的丰富化,让员工在实践中提高能力;强化员工之间的交流制度,通过多种形式的、经常性的、正式或非正式的交流与沟通,促进顾客知识尤其是隐性顾客知识的共享,从而为顾客知识的创新奠定良好的基础。

5.应用顾客知识

将顾客信息和知识投入使用是顾客知识管理的最后一个环节。顾客知识管理能否获得成功，很大程度上在于产生的与顾客有关的信息和知识能不能投入使用。企业通过制定和实施顾客参与计划（Customer involvement plan），在产品创新与开发、营销、销售、顾客服务等环节邀请顾客共同参与，能够发挥顾客知识在顾客价值创造中的最大效应。

Toffler（1980）首次提出了"支持型顾客"（Prosumer）这一概念，用来特指可以同时扮演生产者和消费者双重角色的顾客。同时 Wikstrom（1996）在研究中也提出了类似的观点，顾客同时参与消费、营销、设计开发和生产等流程，扮演共同生产者的角色。Von Hipple（1977）发现多数产品并非来自企业内部，而是来源于产品的最终用户。Thomke（2002）等人指明了顾客成为共同创新者和共同开发者的方式，并列举了通用电器和通用面粉公司的例子。

在实务中，Bosch 公司与奔驰汽车公司就曾经一道开发了引擎管理系统，其创新之处在于：与顾客一道共同创造知识的角色模式和互动规则。货车运输产业的 Ryder 系统公司是另外一个通过共同创新而利用顾客知识的典型案例。在与顾客密切合作的过程中，Ryder 系统公司深入研究顾客的作业、制造与供应链战略，成功地为顾客开发出复杂而先进的物流解决方案，他们共同开发有关货车司机需求的专门知识，并据此重新构造了货车人事管理活动。实际上，通过共同的顾客创新，Ryder 系统公司已经成为物流系统方案的专家，而不再是一家单纯的货车公司。另外，宜家公司也是与顾客合作生产的典范，向人们展示了活动与收益在企业与顾客之间的重新分配。宜家公司的顾客知识应用过程把顾客转化为价值的共同创造者,赋予顾客新的竞争能力和贡献机会。通过不受限制的"价值创造思维模式"来鼓励顾客参与,从而对共同生产和体现在家具产品与服务中的新价值产生了影响。

四、构建渠道知识共生网络

在知识经济时代,对于生产消费品的企业而言,对渠道成员的知识储存、共享和转换能力直接关系到企业的核心竞争力。渠道成员是互补性知识的载体,构建渠道知识共生网络,增强他们的知识共享和转化能力对于增强渠道系统的整体竞争力和增进渠道成员之间的共生关系具有重要意义。

渠道知识共生网络是一个完整的系统,这一系统由共生单元(分销链上各个独立的企业或个人)、共生关系(企业共生的模式)和共生环境(渠道共生组织存在的外部环境)三要素构成。在渠道知识共生系统中,共生单元、共生关系与共生环境的相互关系十分重要,它反映了知识共生的条件、性质及共生的动态变化方向与规律(见图13-3)。在图13-3中,制造商、分销商、零售商和用户表示四个共生单元,他们形成了一个共生主体网络,企业之间的箭头连线表示各共生单元之间的共生关系。在这个共生系统中,共生组织网络外的知识输入四个共生单元后,通过共生网络的一系列协调、整合,输出新的知识网络绩效。如果四个共生单元的结构和配置合理,相互协调、整合有力,就会产生新的能量,产生1+1>2的放大效应,从而提高整个渠道共生系统的知识挖掘力、整合力、学习力和转换力。

1.构建逆向营销渠道模式。逆向营销渠道是制造商从营销渠

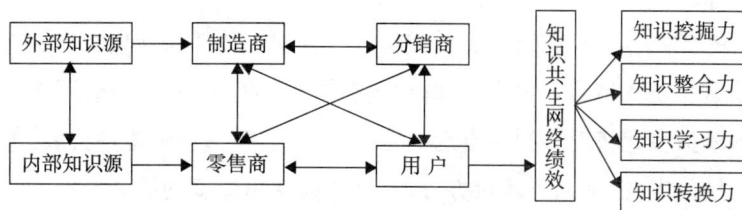

图 13-3　渠道知识共生网络

道的末端开始向上考虑整条渠道的选择,即根据消费需求、消费行为和产品特性选择零售终端,充分考虑零售终端的特性和利益,并根据分销商财力、信誉、能力和与零售终端的关系,进一步向上选择分销商,直至与企业有直接业务联系的分销商。逆向模式以系统化的经销商甄选标准和过程化的控制模式为基础,以协作、双赢、沟通为基点来加强对渠道的控制能力,达到为终端用户创造价值的目的。这种模式促进了终端用户知识在渠道中的流通和共享,以终端用户价值作为渠道的超级目标,生产出顾客所需要的产品,进而确定各个渠道成员均能接受的价格和利润,真正实现多方互惠,提高渠道成员的满意度和忠诚度。

2.建设信任和互惠的渠道文化。渠道冲突的一个重要原因就是对现实的不同理解,而相互信任的文化有助于消除这种认识上的差异和分歧。渠道成员是专有知识的拥有者,在渠道关系中,每位成员既要贡献自己的知识,同时又担心知识被共享而失去价值被替代,这是困扰渠道建设的一个难题。信任和互惠文化的建立有助于消除这种矛盾,通过建立一种信任机制,确立一种不成文的关系规范,从而与渠道成员建立了一种心理契约,使成员相信打破这种规范的成本太高,从而敦促每位成员重视这种关系资本的维护和发展。渠道文化保障了正式契约的有效实施,并减少了交易中的谈判、监督、履行等交易成本。一种建立信任和互惠文化的有效途径是实施客户组织化战略,进行俱乐部营销规划,渠道网络中的成员彼此将对方视为自己的客户,交换管理人员和客户代表,进行换位思考,深入了解对方,这有助于渠道忠诚度的提高。

3.不断进行知识创新,发展渠道成员自身的稀缺性资源。稀缺性资源能够促使渠道其他成员增强对自身的依赖性,如果渠道成员都在不断增强自身知识的稀缺性,使得渠道成员间的知识专用性和互补性越来越强,从而增强彼此的依赖程度,有利于渠道网络的稳定。渠道成员的专有知识包括可以编码的显性知识和“只可意会不可言传”、不可编码的隐性知识。显性知识因为容易传播和搜寻,不足以构成企业的核心竞争力。隐性知识由于难以编码和共享,因此是企业获得竞争优势的源泉。渠道成员的专有显性知识很容易共享,而隐性知识则很难被编码,属于非常个性化的资源,因此,隐性知识的积累是渠道成员增强其资源稀缺性的有效途径。

4.实现知识共生网络的知识增值,提高每位渠道成员的竞争力。渠道知识共生网络的建立,为渠道知识流的传播和共享创造了新的平台。渠道网络外的知识输入到渠道共生网络中,由于渠道成员良好的协作和信任机制使得知识能够在渠道成员间传播和共享,从而促进了知识在“量”上的增值。不仅如此,渠道成员间的隐性知识如果不能够被挖掘和共享,将不能形成共生网络的核心竞争力。信任机制的建立增加了渠道成员间的相互交流和学习的深度,彼此学习和探询自己所需要的互补性知识,逐渐开发出成员间的隐性知识并将其显性化和社会化,促进了隐性知识的传播和共享,从而增强了渠道共生网络的知识竞争优势。渠道成员可以实施数据库营销,使信息在渠道网络中顺畅传播,共享彼此的互补性知识,提高成员的知识竞争力。

知识流在经过渠道共生网络实现增值后,其输出的知识不论在"质"上还是在"量"上都较原来有了较大的提高,提高了知识共生网络的绩效。这种绩效主要表现在渠道知识共生网络的知识挖掘力、知识整合力、知识学习力和知识转化力的全面提高。

第四节　面向顾客价值的组织
文化变革的注意事项

前面四节已论述了顾客价值背景下组织文化的主要特征、变革方向以及市场导向与学习导向文化的建设,本节将探讨顾客价值导向型文化变革的注意事项。这包括:首先,必须了解企业文化的形成过程,然后结合企业文化的现状,掌握文化变革的有利时机,实现组织要素、企业战略、顾客价值管理与组织文化的协同,最后将组织文化变革的成果进行巩固和强化。

一、理解文化的形成过程

企业文化的形成是从物质行为、企业制度到价值观体系层层递进的,因此,塑造以客户价值为中心的企业文化,必须掌握企业文化从表层向深层转化的原理。从文化的起源上,企业文化常常反映创始人的远见使命,这起因于创始人的创造性思想以及实现这些创新思想的倾向性。创始人确立影响员工开展工作的思维与方式,往往就形成组织的早期文化。由于企业建立之初规模不大,依靠创始人的人格魅力与运作能力把大家凝聚在一起,因此创始人的行为与态度深刻影响着组织中的所有人。所以,文化起源主要是两方面因素相互影响的结果:创始人的倾向性与假设;第一批成员从经验中领悟到的东西(Robbins,1997)。并因此形成了企业特有的做事与思维方式。

企业文化的起源与形成机制对构建顾客价值为中心的企业文化其意义表现为三个方面:首先,对于新创立的企业,如果创业者欲实施顾客价值管理,就必须注意自己的言行,通过强调顾客价值的重要性与提出顾客理念的相关假设与信仰,使顾客价值成为核心价值观。若创业者有相应的能力与人格魅力,刚成立的企业塑造以顾客价值为中心的文化就比较容易。

其次,对于已有一定规模与历史基础的企业来说,要强化顾客价值导向或把自己原有的文化改变为顾客价值中心型文化,就必须注意发挥高层领导的作用,一旦高层领导没有相应的理念与努力塑造这一文化的决心,那么更换其中的关键领导就成为必不可少的环节。

第三,塑造特有的文化是一个循序渐进的过程。企业欲树立以顾客价值为中心的文化并非一朝一夕之事,而是一个由表及里、不断强化的过程,必须以行为的强化、制度的保证为基础,并逐渐促使企业员工形成以顾客价值为中心的市场导向、学习导向的核心价值观念,一旦忽视文化形成的基本规律,不但塑造了不了新的价值观,甚至可能破坏原来有价值的文化基础,并导致员工思维与行为方式的混乱。

在理解文化生成过程的基础上,就可以正确地理解文化的现状,分析现有文化与预期文化之间的差距,发现现有文化改进或变革的关键要素。通过文化分析,并掌握文化生成的过程与原理,也就基本抓住文化的本质。

二、文化变革的时机抉择

文化作为企业中的一种客观存在,渗透于企业日常运作的各项经营活动领域内,影响企业员工做事情的思维与行为方式。文化的形成需要很长时间的经验积累,并经有意识升华提炼而成,并深深地扎根于企业的创业史话、模范事迹、行为习惯、规章制度、精神风貌、道德准则之中,一旦形成就难以改变,并对企业塑造新的文化价值观造成重重阻力。因此,企业欲建立顾客价值中心型的企业文化,就必须把握文化变革的有利时机。一般来说,以下时机为重塑文化创造了有利条件。(如图 13-4 所示)

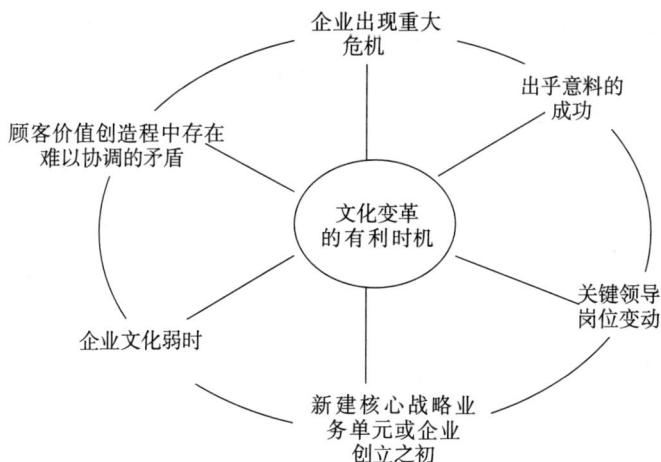

图 13-4 顾客价值中心型文化重塑的合适时机

第一，企业遭遇重大危机。这可以引发企业员工对现有文化与战略间适应性的思考，对文化中不合时宜的价值观念做出较为客观的评价。与此同时，企业高层致力于推进新型文化的设想与措施得到员工认同的可能性更大。譬如，顾客的大量流失、失去部分最有价值顾客群或顾客投诉日益增多，或者处于高速成长行业的企业的顾客规模与顾客份额几乎没有变化等，都是企业塑造顾客价值中心型文化的合适时机。

第二，意料之外的成功。出乎意料的成功可成为企业改变原有价值观念的有利条件。因为它促使人们重新思考原来做事情的思维模式，认识到"新的方式能取得更大的成功"。所以，对于集团公司来说，如果某一下属企业因为致力于顾客价值创造，而获得比其他企业高得多的收益，集团高层就可以趁机向所有员工灌输顾客价值的理念。就个别企业而言，如果其驻外的销售分部，或者某一销售团体或个人，因为注重与顾客的关系，获得大量订单与产生可观利润，获得超越员工期望的成功，企业也可借此机会推动员工关注顾客价值。

第三，关键领导岗位变动。对于试图实施顾客价值管理的企业来说，主管市场营销的经理人员是关键领导，或者企业中最有权力的部门领导人。这些领导岗位因故变动，往往就给员工一个预期，那就是新领导往往会带来新的价值观念，会有新的业务运作模式。因此，新的领导推行顾客价值理念，员工的抵触情绪要低得多，相对来说更容易开展文化的重塑活动。

第四，新建核心战略业务单元，或企业创业之初。由于经营环境的变化，如技术变革、国际经济一体化、社会制度变革等，企业此时会新建核心战略业务单元以抓住新出现的机遇。由于新业务单元的权力体系、机构设置、员工配备都需要重新组合,如果能得到企业总部支持且业务单元的领导坚强有力,在新业务单元中建立一种顾客价值导向的新型文化,就相对容易得多,而一旦新业务单元的文化塑造获得取得成功,就可以为整个企业文化的转型创造机会。对于新成立的企业,文化还没有成型,管理层更容易向员工传播他们认同的价值理念。

第五,企业文化较弱时。企业中如果已经具有比较稳固的价值观念,那么改变就比较困难。而文化弱的企业,由于还没有形成主流的价值观,在建立新文化的过程中,就不存在必须先消除固有文化影响的问题。因此,弱文化的企业具有更强的可塑性,企业构建以顾客价值为中心的文化更容易得到员工的认同与支持。

第六,顾客价值创造流程中存在难以协调的矛盾。为顾客创造价值的过程涉及一系列连续的活动,如果某一个环节出现瓶颈,就不但会降低企业的运作效率,而且会引起顾客的不满,并导致顾客流失。如果企业一直不能解决这一问题,就会导致盈利能力的持续下降,并可能造成重大危机。因此,企业在推进员工分析顾客价值流程的过程中,员工会逐步认识到能否为顾客创造卓越的价值,将依赖于全体员工的团队合作精神。企业趁机推进顾客价值观念,更容易获得员工的理解。

三、顾客价值管理、组织转型与文化变革的协同

企业实施顾客价值管理的过程中,必然对内在组织结构与业务流程重新调整,以更好地为顾客创造价值,为此,必须关注组织结构变革与企业文化的适应性情况,并采取合适的变革措施。在顾客价值管理中,组织结构变革与企业文化的适应性可分为四种

类型:一致、潜在一致、不很协调与很不协调(如图13-5所示)。"一致"是指企业实施顾客价值管理时,组织要素变化不大,且所发生的变化与企业原有的文化相融合,这种情况对企业开展新型管理模式非常有利。企业应充分利用当前的有利条件,充分发挥现有组织体系的优势,巩固与加强现有的企业文化。

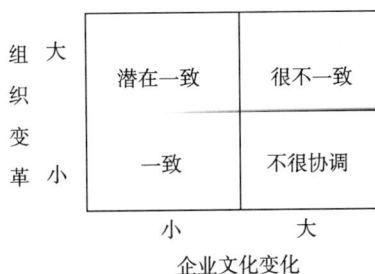

图13-5   企业文化变化与组织变革的相互适应性

"潜在一致"是指企业实施顾客价值管理时,组织要素发生很大变化,但变化趋势与原有文化之间仍有潜在一致性。在这种情况下,虽然员工安排、权力体系、业务流程等发生了变化,但这种变化同企业现有文化的核心价值观是基本一致的。即现有文化的核心价值观强调顾客价值,只不过现有的组织体系限制了员工为顾客服务的效率。因此,在对各种规章制度、组织结构进行逐步完善时,只需对企业文化作适当调整,不需要破坏已经形成的核心信仰与假设。这样,企业就可保持原由核心理念的同时,成功进行顾客价值管理。

"不很协调"是指为了推行顾客价值管理,组织要素变化不大,但这些要素的变化却与原有文化很不协调。在这种情况下,企业应当对某些做出变化的领域做出重点管理,建立适应这一要素变革的特有文化。如在顾客价值管理过程中,部门设置与员工安排可能几乎不变,但需要突出顾客信息管理、顾客知识管理的作用,这时营销部门或信息管理部门可能就拥有整合顾客信息的责任,相应地就拥有更多的权力,其他部门也必须在顾客档案管理上配合营销部门或信息管理部门的行动,相应地,就要求企业建立新型的顾客信息管理的思维方式与行为习惯。

"很不一致"是指顾客价值管理过程中,组织要素变化很大,且发生的变化与原有文化极不一致。在这种情况下,因为实施顾客价值管理必须对原有文化进行彻底变革,可能会导致员工的抵触,风险较大,所以企业就必须系统地思考如何建立新文化,并考虑所采取的措施可能引起的后果。一般来说,选择某些部门或项目作为突破点,可能会收到更好的效果。如果成功,可以赢得员工对顾客关系管理的信任,而即使失败,因为只涉及少数部门与员工,不会引起重大的波动。

四、顾客价值管理、企业文化与企业战略的协同

试图实施顾客价值管理的企业必须从战略高度审视企业与顾客的关系。战略作为企业经营的指导思想,如果无法实现与企业文化的匹配,就不能对企业的顾客管理实践发挥指导作用。企业欲想成功地实施顾客价值管理,企业管理者要做的一件重要事情是实现企业文化与战略的协调。

顾客价值管理、文化价值观、企业战略之间的相互适应会提高组织的绩效。根据企业所处的竞争环境所需的灵活性或稳定性程度,以及战略的焦点侧重于内部与外部的程度,对战略、环境、文化的匹配情况可分为四种情况,即适应性或企业家精神文化、使命型

文化、小团体式文化、官僚制文化(见图 13-6)。适应性或企业家
精神文化是实施灵活性有适应顾客需要变化的战略把战略焦点集
中于外部环境。这种文化鼓励变革与创造性。企业在实施顾客价
值管理时,如果面对的经营环境复杂多变,那么适应性或企业家精
神文化就有利于企业塑造以顾客为中心的价值观与推进顾客价值
管理。

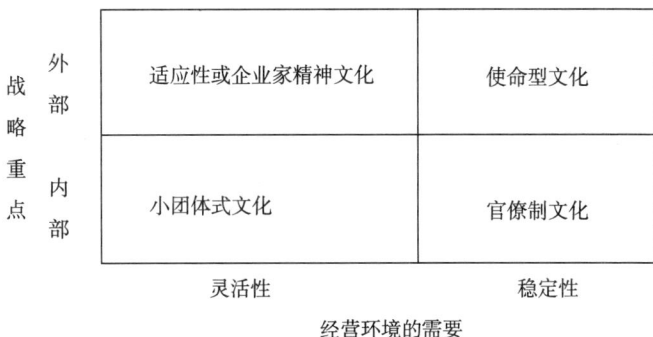

图 13-6　企业文化、战略与环境之间的关系

　　使命型文化适应于外部环境中为特定顾客群提供服务,且不
需要迅速改变的组织,其特征是着重于对组织目标的清晰认知与
组织目标的达成。如果企业面对的经营环境相对稳定,企业的目
标顾客也相对容易确认,那么具有使命型特征的企业文化与顾客
值管理就不会存在太大的冲突。需要引起注意的是,虽然环境
的稳定性有利于企业把愿景转换为可以度量的目标体系,但必须
更多地把顾客价值管理的效果与员工的绩效测评进行挂钩。

　　小团体式文化强调企业成员的参与、共享与外部环境所传达
的快速变化的期望。这一文化的主要价值观是关心员工,以适应
竞争与不断变化的市场,如果企业经营的成败与决策权主要掌握

在专业人士与创业员工身上，那么关心员工、参与、共享的文化会产生责任感与对组织的认同感，增强对外部环境的适应，就有利于顾客价值管理的实施。但是如果企业的员工不具备较强的能力，且对顾客不重视，那么小团体式的文化就会成为障碍。

官僚制文化强调内部管理，强调对稳定环境的一致性适应。这一文化支持企业运作的程序化。这一文化必须以非常稳定的环境为基础，而且企业的内部程序运作能产生满意的结果。面对极其稳定的环境与企业高层领导的专制作风，如果企业能建立较为完善的顾客价值管理程序，企业也有可能取得成功。不过，当前每个行业的竞争环境都日趋复杂多变，官僚制文化因而也就难以同顾客价值管理实现有效兼容。

从文化、战略、顾客价值管理的匹配性讨论中，可发现企业文化与战略之间有一种内在联系，要塑造顾客价值导向的核心理念，就必须从战略的高度出发，通过一系列的实施方案，促进文化朝预期的方向变化。这并非指必须特别制定一种文化战略，而是指文化应渗透于战略的实施过程中，应同企业的经营环境相匹配。文化的形成是一个长期的过程，顾客价值理念的形成需要经由战略层次的指导与顾客管理的重复实践，因此，在战略的指导之下，将文化理念渗透于相关管理行为中是企业文化塑造的重点工作。

五、文化强度与顾客价值文化的巩固

企业文化有强弱之分。强文化企业，即强烈拥有并广泛共享基本价值观的企业，比弱文化企业对员工的影响大。根据价值观是否"重视顾客"与文化的强弱程度可把企业文化分为四种情况（见图13-7）。如果企业的文化属于类型1（顾客重要性得到部分

员工认同的弱文化)或类型2(非顾客价值导向的弱文化),说明在企业中还没有形成主流的价值观念,组织中还分不清什么是重要的,什么是不重要的,因此企业致力于塑造一种主流的文化就相对容易一些。对于类型1来说,顾客价值导向理念已成为一部分群体或某个职能部门所认同的价值观,企业应采取的主要措施是进一步强化顾客价值理念,突出遵循顾客价值理念的那部分群体或相关部门的重要性,通过给予合适的机会与特权,以及奖励创造优异顾客价值的行为,有意识地把其中的某些人或某些部门塑造为顾客服务先进代表,以新故事、新典型来传播以顾客价值为中心的理念;就类型2来说,顾客价值导向的理念甚至不能得到部分人的认同,企业必须通过教育与培训等手段向员工灌输顾客价值理念,并制定相关的制度以激励员工为顾客创造价值,把顾客价值的理念慢慢培养成企业的主流思想。

	弱文化	强文化
重视顾客	类型1 顾客重要性得到部分员工认同的弱文化	类型3 顾客价值导向的强文化
忽视顾客	类型2 非顾客价值导向的弱文化	类型4 非顾客价值导向的强文化

图13-7 结合文化强度与价值取向的组织文化分类

若企业的文化属于类型3(顾客价值导向的强文化)或类型4(非顾客价值导向的强文化),那么企业中已形成主流的价值观,对于什么是重要的,什么是正确的思维与行为模式,什么有利于企业的发展,已达成公式。企业的现有文化对组织中的管理者与普通员工产生了重大影响,企业文化的变革往往会触动大多数人的反应。对于类型3来说,企业中的核心价值观不是以顾客价值为本的,并深刻地影响着员工的行为,因此企业必须选择与创造文化变革的有利时机,如向员工灌输危机意识,让他们认识到企业如果不转变经营理念,企业的生存与发展就会遭遇致命威胁,让员工产生紧迫感,对现有文化引起反思,从而为塑造以顾客价值为中心的文化赢得机会;或通过权威专家的培训以改变员工对现有文化的看法;或任命推崇顾客价值理念的领导,向员工展示新的工作模式,把顾客价值理念与新的行为规范迅速地注入企业中。

第十四章　基于顾客价值的能力营销：客户推荐营销策略

当前, B2B 营销实践中存在一种被称为"客户推荐营销"的新型营销形式。例如, 在工业品展销会上, 许多工业品制造企业通常会向客户企业赠送推荐客户名单、展示与大型客户企业成功合作的新闻报道；一些高技术领域的公司特别是大型跨国公司, 例如 Siebel、Edwards 和 Sun Microsystems 还制定了个性化的客户推荐计划, 专门建立一个"客户价值案例库"来记录和沟通推荐客户从供应商提供物中所获得的价值；一些大的 IT 企业如微软、戴尔、IBM 和 SAP 还设计各种形式的奖励机制以激励他们的客户参与成功案例编写、电视宣传制作和接待潜在客户参观等各种不同的推荐活动。

这表明, 客户推荐营销已成为 B2B 营销中供应商向潜在客户证实自己解决问题和为客户创造价值能力的一种强有力的营销工具。虽然客户推荐的作用已受到产业供应商和潜在客户的一致认可, 但令产业营销人员感到困惑的是, 由于推荐行为来自于现有客户对供应商产品、技术和解决方案的正面评价, 而且, 即使是相同的评价, 不同的客户对潜在客户的推荐效应也存在显著差异, 那么产业供应商应如何选择推荐客户呢？另外, 作为一个利益相对独立和产业供应商难以控制的推荐客户, 产业供应商又该如何有意识地引导和管理他们的推荐行为呢?

从理论上来看,有关客户推荐的研究要明显滞后于产业实践(Jalkala and Salminen,2009)。现有研究主要集中在消费者市场,而对产业市场的关注相对较少,国内有关产业市场中的客户推荐研究几乎是空白。从内容来看,有关产业市场背景下的客户推荐研究主要探讨了客户推荐的实质及其在供应商发展中的地位;客户推荐对供应商和潜在客户的作用;客户推荐的驱动因素;供应商使用客户推荐的动机(Salminen and Moller, 2006)和目标等(Jalkala and Salminen,2009)。

这些研究具有两个显著特点:首先,从整体来看,现有研究大多数是从客户视角来探讨客户推荐的影响因素和作用,很少有研究从供应商视角来考察供应商应如何利用和管理这些客户推荐信息和推荐行为;其次,虽然有少量文献已经识别了供应商利用推荐客户的不同动机和目标,但是对产业供应商应如何开展客户推荐营销实践以实现这些目标的研究却相当不足。Ruokolainen(2008)甚至还指出,未来研究的一个潜在领域是进一步开发一个基本框架,确定如何事先设计和选择推荐客户以获得良好的推荐效果。

本研究的研究目的是基于供应商的视角探讨供应商的客户推荐营销模式和过程。为了实现这一目的,本研究具体研究两个问题:(1)供应商应如何利用推荐客户,即探讨客户推荐营销的一般模式;(2)供应商应如何选择和管理推荐客户及其推荐行为,即分析客户推荐营销的一般过程和具体方式。

第一节　客户推荐营销的内涵与价值

一、客户推荐营销的内涵

客户推荐作为一种新型营销资产,同口碑一样是企业客户资产的重要组成部分(Hooley et al.,2005)。虽然一些学者将口碑营销和客户推荐营销视为可交替使用,但两者是两个不同的概念,而且区分这两个概念对企业营销实践和客户管理具有重要意义。口碑营销是指客户之间特别是消费者之间就供应商及其产品和绩效所进行的非正式沟通(Trusov et al.,2009)。它是市场层面的一种自发式营销现象,很难被市场人员所控制,因此企业也并没有将口碑客户作为营销工具来利用(Ryu and Feick,2007)。在理论上,有关口碑营销的研究最初起源于消费者市场,一般关注的是个人层面和个人为什么要传播他们体验过的产品和服务。在 B2B 市场中,口碑行为也受到一定程度的关注,但这种非正式的口碑营销在产业市场中比消费者市场中更为少见(Hansen et al.,2008)。

客户推荐营销是产业供应商为吸引和获得新客户在其营销实践中利用一些重要客户关系和一些重要价值创造实践的营销活动(Jalkala and Salminen,2009)。很明显,客户推荐营销并不是客户之间的非正式和自发式沟通,而是供应商在营销活动中有意识地组织和利用现有客户和为客户创造价值活动的一种现象(Gomez-Arias and Montermoso,2007)。因此,产业市场中的口碑信息通常是由供应商提供,潜在客户和现有客户之间的互动也是由供应商尽可能来组织(Jalkala and Salminen,2009),现有客户的推荐活动也常受到供应商的影响和干预。

二、客户推荐营销的价值

从供应商来看,客户推荐关系是产业供应商的重要营销资产。一些研究具体指出,客户推荐关系对供应商的价值主要表现在提高供应商的网络化潜力、创造结识网络新成员的机会、延伸客户基地的市场功能等。另外,Salminen 和 Moller(2006)发现客户推荐对供应商的产品和市场增长都有显著作用。因为良好的客户推荐关系能够为供应商带来新的市场进入和新的关系合作等信息(Biggemann and Buttle,2005)。Dekinder 和 Kohli(2008)也指出,客户推荐是新创企业销售的有效手段。Currie(2004)还认为客户推荐对新技术的合法化具有决定性的作用。除此之外,在产业市场中,客户推荐还能提高供应商的市场信誉。因为具有良好声望的客户与供应商合作在某种程度上就成为了供应商产品和服务的代言人,供应商可以从这些客户中获得声誉转移效应。

从潜在客户来看,客户推荐一直被认为对降低买方感知风险具有重要作用。因为客户在作出购买决策时面临多种不确定性,例如,供应商所提供的解决方案是否适合自己企业的需求,是否如供应商自己所宣称的那样能够给客户带来优越的价值,是否能够被成功交货和产生较好的投资回报等(Sharma,1998),为了降低这种不确定性他们在投资决策中往往倾向于依赖于第三方组织(如推荐客户),而推荐客户作为绩效证据能够客观阐明供应商解决方案的利益和可用性,这对降低潜在客户的感知风险和与提供物价值相关的不确定性非常有效(Anderson and Wynstra,2010)。另外,客户推荐还能够对竞争者产生影响,如使竞争者产生不安全感、吸引竞争者抵制竞争性标价或排除竞争性产品和技术等(Gomez-Arias and Montermoso,2007)。

第二节　供应商开展客户推荐营销的模式

客户推荐是供应商与其现有客户之间所形成的能够用来吸引新客户的一种关系(Salminen and Moller,2006)。这种推荐关系是以现有客户对供应商产品、技术和价值创造的评价为前提,而推荐客户的这种以经验为基础的评价能够影响潜在客户的供应商选择策略。因此,供应商利用客户推荐关系在本质上就是构建一个包括供应商、推荐客户和潜在客户等企业主体在内的关系网络。由于利用相同的推荐客户来获取不同的新客户,难以满足不同潜在客户的具体需求,也容易被潜在客户理解为这是一种具有功利性和商业性的推荐关系。因此,产业供应商需要通过建立和利用多个推荐客户关系来获取新客户。如图 14-1 所示。供应商 A、推荐客户 B_1 和 B_2、潜在客户 C 就构成了一个推荐关系网络。在整个推荐关系网络中,供应商 A 和它的推荐客户 B_1、B_2 之间的关系是其他所有网络关系(包括供应商 A 与潜在客户 C、推荐客户 B_1 和潜在客户 C、推荐客户 B_2 和潜在客户 C、推荐客户 B_1 和 B_2 等之间关系)建立的基础。因为只有推荐客户 B_1 和 B_2 承诺作为供应商的推荐客户,它们才愿意参与供应商的推荐材料制作和愿意接待潜在客户 C 对自己企业的现场参观和咨询。

根据图 14-1,潜在客户 C 在自己经验缺乏的情况下,一方面可以通过与推荐客户 B_1 或 B_2 的直接沟通获得供应商 A 与他们合作经历的具体信息,甚至还可以通过现场参观推荐客户 B_1 或 B_2 的工厂或车间亲自了解和体验供应商 A 的产品绩效、技术和价值创造能力等。推荐客户 B_1 或 B_2 在接待潜在客户 C 的现场参观过程

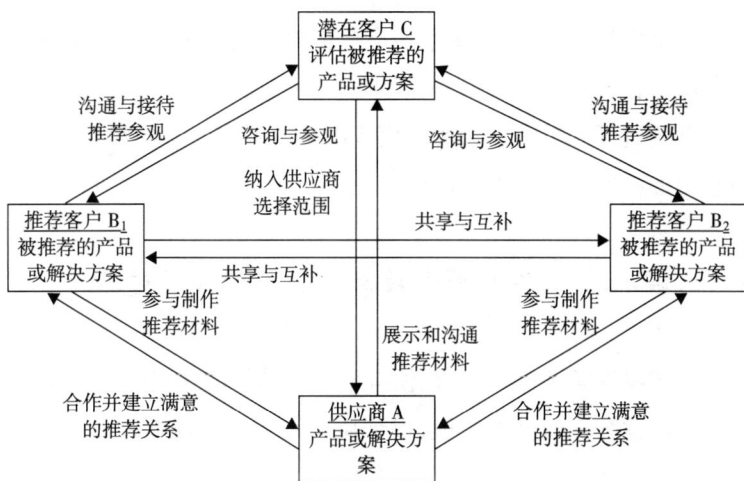

图 14-1　客户推荐营销的模式

中,如果能够有效展示和沟通供应商产品、技术甚至解决方案在自己产品开发和制造环节中的价值创造过程和结果,这不仅可以提高潜在客户 C 对供应商产品、技术的感知价值,而且,这种根据推荐客户 B_1 或 B_2 与供应商 A 合作业绩的决策能够降低潜在客户 C 的采购决策风险。另一方面,潜在客户 C 还可以与供应商 A 直接进行沟通,供应商 A 可以主动向潜在客户赠送和展示推荐客户 B_1 和 B_2 对自己产品的使用情况、推荐信息以及长期的合作客户名单等。如果供应商所推荐的合作客户名单中,潜在客户 C 对其中的客户 B_1 或 B_2 的评价越高,则客户 B_1 或 B_2 的推荐信息就能够使潜在客户 C 对供应商 A 的正面影响就越大,这有助于供应商 A 获得潜在客户 C 的初步信任,这样,潜在客户 C 有可能将供应商 A 纳入自己的备选供应商体系。

因此,针对每一个潜在客户,供应商开展客户推荐营销有两种模式:(1)供应商直接向潜在客户展示和沟通与推荐客户共同所制作的推荐材料;(2)由推荐客户接待潜在客户对自己企业的现场参观,向潜在客户介绍和展示供应商的产品、技术在自己企业的价值创造过程和结果。这两种模式都是以供应商与推荐客户建立满意的推荐关系为前提和基础。

第三节　供应商开展客户推荐营销的过程

上述两种营销模式,不论供应商采用哪种模式,其最终目的都是提高推荐客户的推荐价值,保证供应商纳入潜在客户的备选供应商体系或者直接进入潜在客户的购买决策过程。这与推荐客户的推荐意愿、市场影响力、供应商与推荐客户的关系质量和具体推荐实践有关。首先,现有客户是否愿意作为供应商的推荐客户以及供应商能否选择具有高推荐价值的当前客户作为推荐客户,这取决于供应商与现有客户的关系质量、供应商的推荐奖励计划;其次,潜在客户是否能够和愿意到推荐客户的工厂进行现场参观和咨询,这与推荐客户的意愿和市场影响力有关;最后,潜在客户对供应商自我推荐后的反应,这与推荐材料的形式和可靠性以及供应商的具体推荐活动有关,而这又涉及推荐客户自身的市场影响力。因此,这表明,供应商开展客户推荐营销是一个对推荐客户的有效选择、合作、激励和利用的过程(如图14-2所示),并且在这个过程的不同阶段,推荐客户的推荐效应会受到一些不同因素的影响。详细分析和揭示这些因素对客户推荐营销阶段的影响,能够为供应商每个阶段的营销实践提供具体的思路和方式。下面将基于客户推荐营销的不同阶段探讨其具体的营销方式和手段。

阶段1:在现有客户中寻找推荐客户	阶段2:选择推荐客户并合作	阶段3:激励推荐客户	阶段4:利用推荐客户
·发展高质量的客户关系 ·利用良好的社会资本	·行业声誉与来源国形象 ·公司规模与网络地位 ·市场声誉与声誉契合 ·采购战略与沟通能力	·价格折扣与额外报酬 ·优先供应与信息共享 ·技术认可与优质客服 ·特殊的客户待遇	·推荐客户名单与推荐信 ·成功故事与典型案例 ·新闻报道材料与资讯 ·参观推荐客户企业

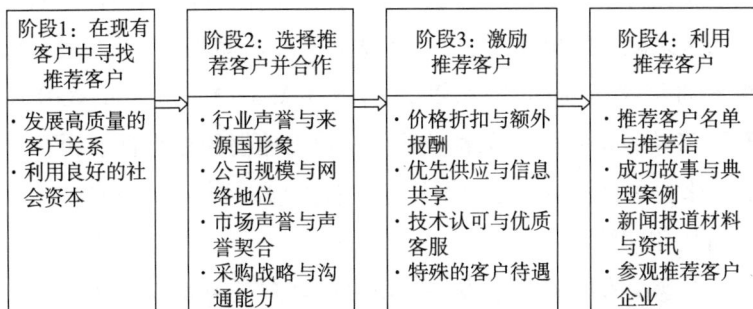

图14-2 供应商开展客户推荐营销的过程和具体方式

一、寻找推荐客户

市场活动内嵌于社会关系之中。信任作为社会关系建立的必要前提,是产业客户采用新技术和选择供应商的一个重要指标。但产业市场特别是高新技术市场充满着怀疑论,而且许多企业特别是新创企业过去也没有可以用来证明其成功的业绩记录,因而在开放市场上单纯依靠自己获取潜在客户非常困难。而客户推荐能够为潜在客户传递可靠的市场信息,降低潜在客户购买所面临的感知风险,增强供应商的市场信誉(Salminen and Moller,2006),因此,供应商可以发展推荐客户来获得潜在客户。但良好的推荐客户关系是以现有客户关系为基础,因为在产业营销中,关系营销哲学在一定程度上是以推荐利用的形式而使用的(Ryu and Feick,2007)。

因此,企业一方面可以通过与现有客户发展良好的战略伙伴关系,并利用这些社会联系来发展潜在客户。有关推荐行为的研究也强调了社会联系和社会网络的重要性(Money,2004)。另一方面,企业特别是新创企业还可以利用企业所有者和高管的社会资本来获得推荐客户。因为公司高层管理者之间的这种良好私人关系本来就是以相互关心和相互帮助的根本承诺作为关系建立和维系的基础（Ruokolainen，2008；Gomez-Arias，Monternoso，2007）。泰国70%的新创软件技术企业通过利用他们的社会资本和客户关系来发展推荐客户已说明了这一观点（Ruokolainen，2008）。为此，我们提出如下命题：

命题1：供应商通过发展高质量的客户关系特别是其高层管理者利用良好的社会资本能够获得更多的推荐客户。

二、选择推荐客户

供应商与现有客户的关系质量是决定现有客户是否愿意作为推荐客户的关键因素。但除了明确客户是否愿意作为一个推荐客户之外，还需要确定推荐客户对供应商的贡献潜力。由于不同客户在其自身特征、所拥有的市场资源和采购战略等方面不同，其市场影响力也必然不同，而推荐客户之间的市场影响力不同，势必会影响他们对供应商的推荐效应。

1.行业声誉、来源国形象与推荐客户选择

不同的行业具有不同的声誉，一些行业（如中国的奶制品行业）甚至面临不断增长的声誉危机。处于声誉不好行业中的企业其自身声誉也会受到传染。因此，属于这些行业的客户可能是价值较低的推荐客户。相反，如果推荐客户处于声誉良好的行业如国家关键的产业集群领域，那么为该客户提供产品的供应商也会倍感荣耀。因为客户企业是否处于关键产业集群对新创技术公司的成长信心具有很大的正向影响（Ruokolainen，2008）。Gomez-Arias 和 Monternoso（2007）甚至指出，最好的推荐客户很可能处于其新产品或新服务能够创造特别高附加价值的行业。因为这样的行业能够作为目标市场的重要参照物,能够演示其产品价值。同样,根据产品来源国形象和本国消费者购买行为的关系理论,推荐客户企业所在的国籍对推荐客户自身的声誉和推荐效应也有不同程度的影响。一些研究发现,客户企业的来源国形象能够使他国企业对该客户企业的公司声誉产生积极或消极的心理效应(Helm and Salminen,2010),进而影响到他们对这些客户企业所推荐的供应商的评价。基于此,本研究提出如下命题:

命题2A:供应商选择处于良好声誉行业的推荐客户或具有良好来源国形象的推荐客户对供应商的推荐效应会更好。

2.公司规模、网络地位与推荐客户选择

争取获得规模大的客户是任何供应商的目标。规模大的客户不仅经常有资源、技术或人员来支持供应商的产品和技术改善,而且,它能为供应商带来最大的潜在收益和作为供应商发展后续客户的最好促销材料。因为,一般来说,大公司因其特有的行业垄断或市场垄断优势对供应商的产品、技术和公司声誉等方面的要求比中小型企业要更为严格。因此,在潜在客户看来,大公司作为推荐客户比小公司更有说服力或更令人相信。

推荐客户在企业网络中的地位是决定其市场影响力的关键因素。处于中心地位的企业,对网络之内和之外的企业具有很大的话语权,表明了该客户是行业的意见领袖。而如果一个客户被看作是行业内或目标市场上的意见领袖,那么该客户就构成了供应商的一个特别有价值的声誉来源(Stahl et al.,2003)。因此,供应商与这些处于网络中心地位的企业合作,不仅能从客户企业那里获得声誉转移效应,彰显自己的实力和形象,而且还能将客户企业

视为无形的推荐材料,赢得潜在客户的认同和信任。基于此,本研究提出如下命题:

命题2B:供应商选择那些规模大的推荐客户或处于网络中心地位的推荐客户对供应商的推荐效应会更好。

3.市场声誉、声誉契合与推荐客户选择

供应商和推荐客户的以往或现有声誉会影响推荐客户的推荐价值。没有声誉的供应商能够从具有良好声誉的客户那里获得转移效应。Jalkala 和 Salminen(2009)指出,如果供应商的推荐名单中拥有声望良好的客户,即使客户并没有通过正面口碑主动推销供应商,它也能够对供应商产生有价值的推荐影响。因为这些有良好声望的客户与供应商合作在某种程度上就成为了供应商产品和服务的代言人(Helm and Salminen,2010),供应商利用这些推荐客户能够向新客户证实他们的市场信誉,提高自身的社会形象。

而且,如果推荐客户和供应商之间的声誉契合越高,那么声誉转移的效果也就更好。声誉契合是指供应商和推荐客户在组织核心属性上存在的感知类似性。低声誉契合不仅降低了正面联系的转移效应,而且还实际上促进了不良信任的产生。例如,如果推荐客户拥有产品低价的声誉,而供应商的竞争优势在于提供高质量的产品,则他们之间的声誉契合较低。高声誉契合能够降低潜在客户购后在认知上产生的不一致感(Stahl et al.,2003),因而有助于提高推荐客户对供应商推荐的有效性。基于此,本研究提出如下命题:

命题2C:供应商选择那些拥有良好市场声誉且与供应商的声誉契合越高的推荐客户,其推荐效应会更好。

4.采购战略、沟通能力与推荐客户选择

推荐客户的采购战略,如选择供应商的标准和采购策略,能够

对推荐客户的推荐效应产生显著影响。因为如果推荐客户在选择供应商时采用更为严厉的标准和门槛,这在一定程度上彰显了供应商的实力。因此,供应商获得高标准客户的正式认可这对潜在客户和供应商来说是一个非常有价值的信息,被这些客户所认可的供应商能够更容易进入新的市场和建立新的客户关系(Stahl et al.,2003)。另外,如果推荐客户对考虑之中的供应商采用单一或双重采购策略,则这样更能够提高潜在客户对供应商的信任感。因为采用多元采购策略的客户,他们只是采购了供应商所提供供应量中的一小部分,这容易导致潜在客户产生质疑和猜想。

在与潜在客户的互动中,如果推荐客户的沟通能力越强,例如,推荐客户可以作为潜在客户的参观对象或两个客户之间能够建立其他直接的沟通形式,那么推荐客户的推荐效应可能会更好。相反,如果供应商采用散发推荐材料或其他不通过推荐客户和潜在客户直接沟通的推荐方式,推荐效应可能因潜在客户的质疑而受到影响。因此,本研究提出如下命题:

命题2D:供应商选择那些采用严格采购战略的推荐客户或具有强营销沟通能力的推荐客户,其对供应商的推荐效应会更好。

三、激励推荐客户

根据交换理论,个体参与交换是为了获得对等的利益,交换的成功源自于交换双方各自认为自己的付出与获得是等价和合理的。同样,客户决定是否参与推荐取决于其感知的交换成本和交换利益。推荐能够给推荐客户带来不同形式的成本,甚至损失。其中,最为明显的成本是在推荐传播中所花费的时间和精力。除此之外,最为重要的损失是推荐客户的声誉、形象和其他社会资本。例如,如果潜在客户在接受推荐以后对购买感到不满意,则推荐客户会存在一种社会风险,即潜在客户可能会把他的不满意归咎为推荐客户。因为他们会认为推荐客户可能是受到供应商报酬的驱动。另外,客户因为竞争压力也可能不愿意作推荐,因为他们不愿冒风险披露可能对其竞争对手有益的信息。因此,鉴于推荐能够给推荐客户带来一定的经济、心理和形象损失,供应商需要以经济或非经济的形式为它们进行补偿和激励。根据一些产业企业的推荐奖励实践,为推荐客户提供额外的报酬、优惠的价格折扣、充分的信息共享、最先的技术认可、优先的物品供应和优质的客户服务等能够提高他们参与推荐活动的意愿。为此,我们提出如下命题:

命题3A:客户是否参与推荐取决于感知所获推荐利益至少不低于所付推荐成本。

命题3B:供应商实施合适的客户推荐奖励计划能够增强客户的推荐意愿。

四、利用推荐客户

客户推荐作为供应商获得新客户和建立市场信誉的重要促销工具,能够为供应商带来声誉转移效应、传递市场地位提高的信号、有效展示提供物的价值和为供应商的项目经验、以往绩效、技术功能和所交付的客户价值提供间接证据(Gomez-Arias and Monternoso,2007)。但是,由于不同的营销实践其作用机制并不同,因此,供应商需要利用不同形式的客户推荐活动及其组合来证实自己为客户创造价值的能力。

1.展示推荐客户名单、推荐信与推荐客户利用产业供应商在销售过程中几乎都利用推荐客户名单来促销和宣传自己的产品。当潜在客户感知到风险很高时,他们可能通过详细考察供应商的以前绩效来做出质量判断。因此,销售人员在客户推荐营销过程中经常向潜在客户显示一些与有声望客户的交易信息,包括展示不同类型的客户推荐名单(如具体应用部门名单、具体产品和技术名单、具体国家名单)、提供以视图或文字形式记录的推荐书甚至附上相应的产品销售价格。这表明供应商在某一市场或技术领域具有成功的业务经历,反映了供应商产品和技术对市场的重要性,向潜在客户提供了供应商以往经历的间接证据。因此,将推荐客户名单、推荐信作为销售流程的一部分能够降低潜在客户在选择新供应商或新产品时所感知的风险。为此,我们提出如下命题:

命题4A:供应商采用展示推荐客户名单和推荐信的营销方式能够提高推荐客户的推荐效应。

2.宣讲成功故事、典型案例与推荐客户利用

在产业营销中,新业务关系发展的最初阶段一般具有低经验、关系疏远和买方对供应商的实际价值交付能力具有不确定性等特征。在这种情况下,一种重要的降低潜在客户担忧的营销方式是与潜在客户沟通来自当前满意客户对供应商提供物的看法和评价。潜在客户可以利用这些推荐信息作为替代指标来评估供应商的绩效。为了便于潜在客户获得这些推荐客户的信息,供应商通常以"典型案例研究"、"成功故事"和"客户价值数据库"等形式将这种推荐信息呈现在公司主页上。而且,这些信息一般采用文字和视频等形式,内容包括客户问题描述、供应商解决方案介绍、客户从供应商提供物中所获得的附加价值、来自推荐客户的使用

评价和证据等。对那些提供复杂技术解决方案的公司而言,这种配有证明文件的推荐案例,能够将抽象和复杂的提供物变得更为具体,能够为解决方案的效果提供现实的例证。因此,利用成功故事和典型客户案例进行推荐营销能够提高潜在客户对供应商解决问题能力的感知(Jalkala and Salminen,2009)。为此,我们提出如下命题:

命题4B:供应商采用宣讲成功故事和典型客户案例等营销方式能够提高推荐客户的推荐效应。

3.散发新闻报道材料、媒体资讯与推荐客户利用

许多企业也经常向潜在客户展示自己与国内外大客户进行业务合作的新闻报道和其他媒体稿件,如自己举办的各种类型的研讨会或相关杂志上所刊登的资讯。因为新闻发布会给潜在客户发出一种信号,供应商通过成功竞标一个重大合作项目显示了它在行业中的竞争实力、对当地经济发展的贡献潜力以及当地政府和社会对它的肯定和赞赏等。因此,对企业特别是那些销售复杂解决方案和项目的公司而言,利用新闻报道进行推荐营销能够证明供应商具有有效交付复杂解决方案和项目的能力,而使买方确信供应商的能力是供应商获得竞争性投标的一个首要目标(Fisher,1986)。另外,在高度竞争的市场中,对一笔大业务进行公众宣传也有助于向潜在客户传达供应商在行业内居于市场领导者的信号。为此,我们提出如下命题:

命题4C:供应商采用散发新闻报道材料和媒体资讯的营销方式能够提高推荐客户的推荐效应。

4.参观推荐客户企业与推荐客户利用

一些学者认为,高新技术产品和公司通常被看作是高风险的

来源(Ruokolainen,2008),客户经理对供应商产品或技术所具有的优势带有模糊感,对它们是否能够真的实现如同供应商所宣称的能给客户带来优越价值也心存质疑。为了消除这种价值模糊性和质疑心理,需要供应商提供新产品或新技术的价值证明。而组织潜在客户参观推荐客户企业有助于降低潜在客户对价值的模糊性和不信任感。因为一些推荐客户是行业内受尊重的竞争对手,它们已经在使用高价值高价格的提供物,因此邀请潜在客户参观推荐客户的工厂和车间,能够向潜在客户演示被安装的技术,展示员工的操作和使用过程,展示他们的运营成本和产出绩效,这样就能够阐明供应商解决方案的利益和可用性。对潜在客户而言,推荐参观也是潜在客户投资决策前进行风险分析的重要环节。因为推荐参观能够为潜在客户采用新技术以及表明新技术运营的有效性提供现实证据和示范效应,因而降低了潜在客户的感知风险。为此,我们提出如下命题:

命题4D:供应商采用组织潜在客户参观推荐客户企业的营销方式能够提高推荐客户的推荐效应。

五、结论与意义

(一)结论

本研究的目的是探讨供应商的客户推荐营销模式和过程。我们的结论表明,供应商开展客户推荐营销有两种模式:一是供应商直接向潜在客户展示和沟通与推荐客户共同所制作的推荐材料;二是供应商通过与推荐客户合作,推荐潜在客户参观推荐客户的工厂或生产车间,由推荐客户接待并向潜在客户介绍和展示供应商的产品、技术在自己企业的价值创造过程和结果。这两种模式都是以供应商和推荐客户建立满意的推荐关系为前提和基础。而推荐关系的建立是一个对推荐客户的有效选择、合作、激励和利用的过程,供应商可以利用多种具体方式来提高每个阶段的推荐效应。

结果表明,在推荐客户的寻找和选择阶段,供应商通过利用高质量的客户关系和依据推荐客户的市场影响力、采购战略和沟通能力等决定推荐效应的因素来选择高价值的推荐客户;在推荐客户的激励方面,供应商采用合适的推荐奖励计划,提高客户的感知推荐利益能够增强客户的推荐意愿;在推荐客户的利用方面,不同的客户推荐营销方式对供应商的推荐效应具有不同的影响。其中,供应商展示推荐客户名单和推荐信能够从声誉良好的客户那里获得声誉转移效应;宣传成功故事与典型客户案例能够为自己的项目经验、过去绩效和所交付的客户价值提供间接证据;散发新闻报道材料和媒体资讯能够显示自己的行业和市场地位;组织潜在客户参观推荐客户的工厂能够使解决方案进一步具体化并便于有效展示。

(二)理论意义与管理启示

推荐客户是企业的重要营销资产。使用客户推荐是 B2B 市场中一项非常重要的营销实践。但理论上对推荐客户这种新型营销资产的关注非常少,对企业是如何获取、发展和利用客户推荐这种营销资产的研究就更少(Dekinder and Kohli, 2008; Lehtimaki et al., 2009)。通过研究,本研究描绘了客户推荐营销的模式和过程,这在理论上为认识和管理客户推荐这种新型营销资产提供了一些新的观点和知识,特别是这种基于供应商对资源利用和管理的研究视角,改变了以往大多数文献基于客户感知价值的视角,因而这种研究视角的创新弥补了以往研究的不足；实践上，上述结论为产业供应商利用推荐客户这种营销资产提供了具体的方式。一方面，供应商可以根据推荐客户和潜在客户的特点在上述两种营销模式中进行选择或组合使用；另一方面，供应商可以通过使用推荐客户的公司名称和 LOGO、采访推荐客户、邀请推荐客户参与商业演说和媒体活动、组织参观推荐客户的工厂和车间等具体手段来利用客户推荐这种营销资产。

另外，本研究还分析了供应商在客户推荐营销过程中的过程。上述所讨论和提出的命题，不仅为将来该领域的理论研究提出了一个架构，也为营销实践中供应商应如何选择和管理推荐客户及其推荐行为提供理论参考。根据结论，供应商在选择推荐客户时，应综合考虑现有客户的市场影响力、采购战略和营销沟通能力。另外，供应商在利用推荐客户时应根据潜在客户的购买特点灵活选择和有效组合多种推荐方式。例如，当潜在客户感知风险较大或对供应商所提供的价值或解决方案感到模糊时，供应商除了展示推荐客户名单和推荐信以外，还应推荐和组织潜在客户参观推荐客户的工厂或车间，用客观事实和具体数据来说话；当潜在客户对供应商的客户价值创造能力表示质疑时，供应商应综合采用成功故事和典型客户案例宣传以及新闻报道材料展示等方式，用过去的经历、业绩和媒体声音来证明。

第十五章 总结与研究展望

作为全文的总结,本章主要包括两部分内容:一是研究的主要结论;二是指出研究中存在的不足和预测该领域的未来研究方向。

第一节 研究结论

由于环境的巨变和顾客角色的转变,顾客在企业经营活动中的地位和作用已经发生了根本的变化。顾客已经不再是市场中和企业相互对抗的一种竞争力量,而是主导企业和产业发展重要的关键力量和决定性因素。企业唯一的使命就在于创造顾客,正是顾客决定了企业非此即彼(Drucker,1954)。寻找、发现和满足顾客需求是企业最为重要的使命,因为源自顾客的利润是所有公司生存之根本,倘若没有顾客带来的价值,任何公司的生存将难以为继(Grant and Schlesinger,1995)。顾客成为企业战略的基础(项保华,2001)。实践中,今天的企业也都无法回避必须为顾客提供优质价值这一现实,即便是各个垄断行业的企业也概莫能外。鉴于此,本研究以顾客价值为主题,将顾客价值与企业能力进行有机结合,研究顾客价值视角下的组织要素、企业能力的培育与营销,真正从企业内部探讨顾客价值创造问题。通过理论研究和实证分析,全文获得了以下结论。

（1）组织变革整体效果的不理想、企业能力存在的事后理性弊端以及顾客价值管理计划的难以实施和成效不显著等问题，其主要原因在于三者没有有机统一起来。

在组织变革方面，组织变革的视角过多局限于股东价值和企业内部价值，而忽视顾客价值。Michael Beer 和 Nitin Nohria (2000)认为，这种过多局限于股东价值和企业内部价值而忽视顾客价值的变革，将会使变革缺乏市场导向，背离顾客需求，最终会影响这两种变革模式的效果，从而注定变革的结果整体不理想。

在企业能力方面，许多学者认为，企业能力概念的推导带有明显的事后追溯的特征。Williamson(1999)认为企业能力带有事后理性，这表明企业能力的创建过程具有非常有限的解释和可预测性。本研究认为，这主要是因为，大多数企业能力的研究也主要是从基于企业内部的视角或采用"由内而外"的思维模式来研究，并没有从顾客价值的角度或采用"由外而内"的思维方式进行探讨。因为，首先，Normann 和 Rafael Ramirez(1993)认为，能力必须与企业的另一项关键资产——顾客相结合，并通过与顾客、知识与关系之间的良性互动才能增强企业的竞争力。其次，顾客价值具有动态性，而且顾客价值的动态性是组织内部各能力要素调整的指挥棒和方向盘。再次，从顾客价值来研究企业能力，可以更加细微地识别企业在经营活动中哪些能力的价值更大，哪些能力更为关键，哪些能力的作用发挥为何受到限制，也就是说，顾客价值能帮助企业绘制出"企业能力的价值地图"，这样就能增强企业能力对企业绩效的解释性和预测性，发挥成功企业和失败企业的借鉴和警戒作用。

在顾客价值管理方面，哈维·汤普森(2003)认为，大多数企业实施顾客价值管理的困难在于不能根据顾客的价值对组织进行转型，没有开发相匹配的一系列的企业能力来加以实现。他指出，根据传统的由内而外的思维方式（而不是通过由外而内的思维方式由顾客）来制定企业目标或愿景、长久以来的垂直型组织结构、管理系统、衡量标准、诱因和资讯管理造成了组织部门各自为政的现象，这就破坏了需要跨部门协调为顾客服务的整个流程。

因此，本研究认为，有效的组织变革需要从顾客价值的视角出发，围绕顾客价值创造而系统开展；解决和克服企业能力的事后弊端，发挥企业能力的产生竞争优势的作用也离不开顾客价值；同样，有效的顾客价值管理需要企业在准确获知顾客价值期望的前提下，真正把顾客价值上升为企业愿景，并围绕这个愿景通过全面而系统的组织变革、企业能力培育以聚集所有努力来实现顾客的价值期望。总之，本研究认为，组织变革、企业能力和顾客价值应该统一起来，这不仅能有效解决各自所存在的一些问题，更能为顾客创造更大的优质价值。

（2）成功的顾客价值管理模式存在一些共性。

通过四种顾客价值管理框架的归纳和总结，我们可以发现，不同的顾客价值管理系统存在着一些相同的观点和方法。首先，它们都认同顾客价值关系到企业的财务绩效和市场绩效；其次，认为顾客价值管理都包括认识价值、创造价值、交付价值以及评价价值等流程和内容，强调理解、界定和选择顾客价值是一切战略决策的基础和前提；再次，在顾客价值分析中，应该将顾客需要的理想价值与顾客对企业的价值结合起来，强调既要为顾客创造卓越的价值，同时这些卓越价值也要能为企业带来理想的价值；最后，都主张在创造顾客价值中，将顾客价值与企业流程、组织、人员以及其他基础设施结合起来,一切管理活动应该以顾客价值创造为导向。

(3)对顾客价值测量文献进行了系统地总结和评述,归纳了五种代表性的测量量表。

顾客价值理论文献往往聚焦于对顾客价值的内涵、本质、特点等定性和规范方面的研究,而对顾客价值测量等应用性的定量研究相对较少。由于缺乏有效的顾客价值测量量表,因而使得顾客价值领域里的实证研究特别是顾客价值与组织行为领域的相关研究相当稀少。本研究通过大量的文献查阅,对少量的、零星的测量研究文献进行分析和概括,系统地总结和评述了顾客价值测量研究成果,特别是总结了几个非常有效的顾客价值测量量表,包括:Parasuraman 的顾客价值观测模型、Gale 的两维度量表、Woodruff 的三维度量表、Sweeney 和 Soutar 的四维度量表和董大海的 DEVAL 量表,为开展顾客价值领域的实证研究提供了分析工具。

(4)顾客价值创造受到企业属性要素、行为要素和环境要素的驱动和影响。

属性驱动因素包括:质量因素、服务因素、成本因素、品牌因素和关系因素等;组织行为驱动要素包括:市场导向的组织文化和活动、组织学习与顾客知识管理行为、价值流程、组织结构、员工的知识水平、业务能力和工作作风、企业的创新能力和活动以及企业在厂址选择、采购、研发、生产、物流供应、库存、营销和服务等环节所表现的价值创造能力和活动;环境影响要素包括一般环境和具体环境因素等。但是,三类要素的影响程度不同。其中,组织行为驱动要素特别是组织要素和企业能力驱动要素影响属性要素,并对顾客价值起最终决定作用。因此,顾客价值管理应当和组织要素的设计与变革、企业能力的培育与营销相结合。

（5）企业组织要素的数量、质量和利用效率决定企业能力的水平和价值。

企业能力来源于组织要素或组织系统。企业能力的价值取决于组织要素的数量和质量以及组织要素的组合方式。组织要素是企业能力测量的维度。企业能力是以组织知识为核心、以组织结构为载体和以组织文化为支撑的知识、结构和文化三个因素相互作用的结果。而"知识"、"结构"、"文化"均属于组织要素和系统的组成成分。企业能力根植于组织要素的各成分或组织系统的各子系统的互动过程之中，组织要素或组织系统是企业能力的载体。企业能力的价值，从顾客的角度来看，是企业能力通过为顾客创造价值对顾客需求的满足程度。而企业顾客价值的创造能力以及对顾客需求的满足程度在很大程度上取决于企业所拥有的组织要素数量、组织要素建设的投入力度和利用效率以及根据市场变化而对组织要素进行优化、变革和整合的水平。

（6）企业能力与顾客价值相互影响、相互促进。

就企业能力对顾客价值的作用而言，从顾客视角来看，这主要表现在供应商能力是产业顾客选择供应商的主要指标，供应商能力是评估其将来价值创造潜力的关键指标，根据能力来选择供应商已成为产业顾客的一项战略活动。从供应商视角来看，这主要表现在能力作为组织的主要资产，不仅可以作为一项输入要素，通过转化或蕴藏于产品或提供物中间接影响顾客价值，成为顾客价值的间接来源，而且还可以作为一项输出要素，作为一项可交易的市场资产，通过交易和转移，成为顾客价值的直接来源。就顾客价值对企业能力的作用而言，从顾客视角来看，顾客价值决定企业能力的价值，是企业能力建设的基点和导向，决定了企业能力建设的需求方向。从供应商来看,顾客价值可以解决企业能力建设存在的问题,例如事后理性、缺乏可预测性以及内部思维导向等。

企业能力的价值,从顾客的角度来看,是企业能力通过为顾客创造价值对顾客需求的满足程度。企业能力的价值在于顾客价值的实现以及顾客需求的满足。对企业能力价值的衡量既可以从企业的角度进行,也可以从顾客的角度进行,但顾客价值是企业能力价值的最终测度指标。

(7)顾客价值与组织要素如组织结构、价值流程、组织文化、组织人员、技术系统以及顾客关系等存在很强的内在相关性。

顾客价值管理是为了获得具有赢利性的战略竞争地位、实现企业组织要素、企业能力和价值链之间协调统一的一套系统方法,其目的在于确保当前的或未来的目标顾客能够从企业提供的服务、过程或关系中获得最优化的利益满足(汤普森,2003)。然而,Gartner 所做的一项研究发现 55%的顾客价值管理项目并未产生预期的效果。另外一项对执行过顾客价值管理的管理人员所做的调查表明,为顾客创造价值最关键的两个问题是内部组织问题(53%)和获取相关信息的能力问题(40%)。这些都说明顾客价值与企业内部的组织系统和企业能力存在很强的联系。

(8)本研究以构成企业能力的不同组织要素为标准,对企业能力进行了不同的分类,并从顾客价值的管理角度对每种能力类型给予新的定义。

企业能力从不同的角度可以分为不同的类型。本研究在能力资源学说这一观点的基础上,根据企业能力构成的组织要素载体不同,以及结合本研究顾客价值创造这一主题,将企业能力分为三类:企业执行(能)力、企业运营(能)力和企业支撑(能)力。其中,企业执行(能)力的载体是企业中的人力要素,是企业中的人员为实现组织目标发挥主观能动性的意愿和程度,结合本研究的主题即为顾客创造价值,本研究将其定义为企业管理者、员工等人力要素对顾客价值创造的努力和贡献程度;企业运营(能)力的载体是企业中的物力要素,是企业中物力要素在组织目标约束下所处的运营状态,在本研究中是指企业的组织结构、组织机制(制度)、流程等物力要素对顾客价值的创造是否处于最佳运营状态或与顾客价值是否处于最佳匹配状态;企业支撑(能)力的载体是企业中的文化精神要素,是企业文化、价值观念对企业人员目标导向行为的潜在作用,在本研究中,它是指企业的价值观或理念等精神要素对顾客价值的导向程度。不同的能力类型对顾客价值的作用不同。本研究认为,就顾客价值创造这一目标而言,企业执行(能)力关系到价值创造的质量和效果;企业运营(能)力关系到价值创造的速度和效率;企业支撑(能力)关系到价值创造的高度和持久性。

(9)通过实证分析,证实了组织要素、企业能力与顾客价值存在正向相关性,测度了三者之间的关系强度,并识别和发现了影响顾客价值的最大组织要素和企业能力因素。

实证结果表明,企业执行(能)力、企业运营(能)力和企业支撑(能)力均对顾客价值产生正面影响。其中,就企业能力而言,企业运营(能)力较企业执行(能)力和支撑(能)力对顾客价值的影响最大;就组织要素而言,企业人员的意愿、专业知识和责任感、人员的价值创新水平通过企业执行(能)力对顾客价值的影响最大,价值流程通过企业运营(能)力对顾客价值的影响最大,以顾客价值为中心的学习导向和市场导向文化通过企业支撑(能)力对顾客价值的影响最大。

（10）员工意愿、专业知识与责任感是影响顾客价值的最大企业执行（能）力因子，基于顾客价值的员工管理应从理念强化、能力提升和组织支持等方面系统跟进。

员工能否投身于为顾客创造价值之中，首先在于是否有强烈的顾客价值意识。培育员工的顾客价值意识，实际上就是要确立一种深入所有员工心目之中的理念，即所有员工的工作都与顾客价值创造密切相关。为此，本研究提出了建立员工顾客价值积分卡制度。提高员工为顾客创造价值的能力首先应提升员工的预见能力、询问能力、观察能力和倾听能力，这是识别、界定和创造顾客价值的前提和关键。同时还应为员工能力的提升提供必要的管理和组织上的支持。如向员工授权、鼓励员工参与管理、改革绩效制度，将顾客价值作为员工绩效衡量的重要指标；简化人际关系，提高管理团队的互信度，提高团队合作精神等。

（11）价值创新是影响顾客价值的关键企业执行（能）力因子，顾客价值创新应以市场和学习为导向。

学习导向与市场导向两者均对产品和价值创新产生直接正向作用。市场导向是产品创新和组织绩效的必要但并非充分条件，同时还必须结合学习导向才能大大提高企业创新和组织绩效的水平。因此，本研究认为培育和提升顾客价值背景下的创新能力应将学习导向与市场导向两者结合起来，顾客价值创新既要发挥市场导向的获取和分配市场信息以及对市场信息进行反应的功能，也要利用学习导向的优势，以开放的心智去审视外部市场和内部运营流程，对加工处理的信息和特殊的创新方式产生质疑，对建立在过去成功基础上的有关顾客、竞争者和供应商的核心理念在未来的可适用性产生质疑,挑战现有创新范式,不断审视外部环境以获得新的技术创新范式。

(12)价值创新,需要重构买方的价值元素,塑造新的价值曲线;需要摒弃传统的竞争思维,探寻新的思维和新的视角。

价值曲线是一个公司或者行业向它的消费者展示提供出售物的方法的图形描述,是一个创造新的市场空间的强有力的工具,是由通过沿着在行业或种类中定义竞争的关键成功因素、代表提供物相对于其他选择的性能的所有点的集合所构成的曲线(Kim 和 Mauborgne,1997)。

传统的市场战略理论其实质是以"竞争"作为战略分析的基点,其重心是竞争,这种战略思维实际上关注的是"用不同的方法做同样的事",即比竞争对手做得更好。结果它们的战略都具有相似的特点。企业在这种竞争性逻辑的指导下,对竞争对手的过分关注将会使企业注意力偏离市场结构或顾客需求的变化(这些变化可能蕴藏着巨大的尚待挖掘的价值)。在复杂多变的动态环境中,企业必须走出传统的思维陷阱,关注"做不一样的事",因而必须探寻价值创新空间的新思维和新视角。这主要有:分析替代产业和他择产业之间的空隙;超越战略集团的思维模式;重新界定产业的目标顾客群;发掘互补性产品或服务的需求;重新思考产业的功能与情感导向。

(13)价值流程是影响顾客价值的最大企业运营(能)力因子,基于顾客价值的流程设计和优化需要结合顾客的观点和企业的观点。

本研究认为要用顾客需求来定义流程特性,指出依据顾客需要,利用 Henderson 教授的九格架构从矩阵最右边向内部推进,以推断企业所需的流程能力,然后进一步向内推,找出需要的支援性基础建设。确定流程优化的优先顺序标准,主要是同时考虑顾客的观点(顾客对每个需求所定义的重要性以及对公司实际表现水平的感知)和企业的观点(就顾客需求对顾客购买行为影响的判断,以及企业在需求满足上相对于竞争者的表现落差)。另外,根据顾客观点和企业观点的结合程度,确定流程优化的优先顺序可以用不同复杂程度和深度的方法:初级的顾客价值管理、中级的顾客价值管理和高级的顾客价值管理。

(14)组织文化是影响顾客价值的主要企业支撑(能)力因子,基于顾客价值的组织文化变革方向是以顾客价值为中心的具有不同特色的学习导向和市场导向并把两者融合起来。

本研究认为,与关注股东价值、关注组织持续发展的组织文化相比,基于顾客价值的组织文化应该有自己的特色。应该形成一种开放性和参与性的文化。开放性表现在以市场为导向,关注顾客、关注竞争者和关注组织跨部门间的协调,强调对外部营销信息的获取、传递与共享以及做出反应。参与性表现在以学习为导向,采用宽松的控制手段和强调对人的关心,而且这种宽松的控制和对人的关心应该以是否能支持学习和关注顾客来衡量的。以顾客价值为目标的学习导向也应区别于组织平常的一般学习,应该打破企业边界,以顾客为主要学习对象,在强调向顾客学习的同时,应该引导顾客向自己学习和共同相互学习。由于学习导向和市场导向都对市场信息处理产生重要影响,同时学习导向还能对组织原有战略思维假设进行质疑,因此,本研究认为,市场导向和学习导向两者对组织绩效有独立而又协同的影响效果,以顾客价值为中心的文化变革方向应该是市场导向和学习导向并把两者融合起来。

（15）根据供应商与顾客在价值创造过程中的互动强度，顾客价值可以划分为交易经济价值、关系附加价值和网络未来价值三种类型。

其中，交易经济价值是一种交易导向，供应商的价值创造不需要顾客参与，顾客仅仅从所购买的供应商提供物中权衡利与弊；关系附加价值是一种简单的关系导向，价值创造需要双方在一定范围内简单的互动，顾客在互动过程中权衡利与弊；网络未来价值是一种很强的关系网络导向，网络成员面向未来开展多方面的合作，尤其是激进性价值创新合作，顾客在关系网络中权衡利与弊。

（16）顾客价值的创造潜力根源在于企业所拥有的能力。创造不同类型的顾客价值需要不同类型的能力组合及其与之匹配。

根据顾客价值的三个层次即交易经济价值、关系附加价值和网络未来价值的能力需求特点，我们从能力的价值角度认为顾客价值创造能力包括以满足交易经济价值需求的效率导向的能力、以满足关系附件价值需求的效益导向的能力、以满足网络未来价值需求的价值创新导向的能力。

由于不同类型的顾客价值在创新程度、关系需求和价值评估等方面具有不同的特点，因而创造不同类型的价值需要不同的能力类型与之匹配。从实证结果可以看出，交易经济价值生产需要以效率导向的能力和以价值创新为导向的能力，例如，规模化生产能力、激进技术创新能力；关系附加价值生产需要以效益导向的能力和以价值创新为导向的能力，如渐进创新能力、商业模式变革能力；网络未来价值生产需要以价值创新为导向的能力，如激进产业创新能力、网络主导能力等。

（17）能力营销是企业营销实践中的一种新型营销形式，是企业在市场中进行能力促销、沟通、转移和销售的工具和流程。能力营销观对资源基础观提出了挑战。

参展商或供应商向客户所展示和沟通的重点并不是各种产品的质量和服务，而是潜藏于产品背后的、能为客户带来增值甚至能弥补客户能力缺口的各种能力。供应商或参展商将营销沟通的内容聚焦于能力而非产品，这主要是因为，一方面，具体的产品太明显，客户想要知道企业或产品中的各种技术和能力是如何支撑他们的业务活动以及能否支持特殊的创新项目。另一方面，由于产品的生命周期不断缩短，客户努力寻求一些相对不易贬值的要素（如战略性资源和能力）取代产品来评估和选择供应商。

供应商确实有必要向客户营销自己的能力。因为客户一般将供应商的能力而不是目前所提供的产品作为评价供应商价值创造潜力和选择供应商的关键指标。

现有企业能力理论特别是营销能力理论很难解释产业市场上企业之间的营销沟通活动。因为，能力营销观在逻辑上将企业的资源和能力从作为组织流程的输入要素延伸到输出要素，进而能够在市场上进行交易，这就直接挑战了传统资源基础观所持有的能力不可流动性，甚至在市场上的不可交易性的逻辑。能力营销观认为，一些能力并不像资源基础观认为的那样不可流动，事实上，作为输出要素的营销能力在要素市场上能够购买到。

（18）企业营销自己的能力可以采取四种方式：能力联盟、能力转移、能力沟通或促销和能力销售。每种方式又有多种不同的具体手段。

①能力联盟。能力联盟是营销双方在资源和能力互补的基础

上,基于某一技术、能力或市场开发等重大战略的需要共同所进行的能力开发、整合和共享的行为。

②能力转移。能力转移是借助一定工具和手段的能力单方向流动。例如,人员迁移、电子邮件、团队合作、电话联系、视频会议、当面商谈、培训研讨会(课程培训)、特殊知识转移团队(利益共同体、事务共同体);电子数据交换、传真、文字报告或手册;内嵌转移包括产品、设备、规则、工艺程序和生产指令等。

③能力销售。在产业市场中,企业销售自己能力的一种常见方式是从销售产品转变为销售解决方案。能力销售的前提是要将能力视为可交易的产出物,并作为一种附加价值服务融合于产品和其他服务里。从这个意义上来说,能力销售可以理解为将一个企业的能力出售给所需要的顾客而进行的一系列活动。

④能力促销。能力促销不同于能力的实际销售,因为能力的角色是促销而不是销售。也就是说,在产业市场中,能力不仅自身可以作为一种产品或产品的附加价值能够被销售,而且还能像广告一样作为一种促销手段促进其他产品和服务进行销售。

(19)能力营销是能力属性、营销双方特性、双方组织文化距离、双方关系质量以及客户价值和企业价值等变量的函数,但这些变量与能力营销之间的作用机理并不相同,从而影响不同能力营销方式的选择。

①就能力营销的客体属性而言,能力的知识明晰性程度越高,能力沟通、销售和转移的方式就越有效;能力的知识默会性程度越高,能力联盟与共享的方式就越有效。所营销的能力越简单,能力沟通、销售和转移的方式就越有效;相反,所营销的能力越复杂,能力联盟与共享的方式就越有效。

②就能力营销的主体特性而言,一般而言,营销双方的能力营销意愿越强,双方之间就越有可能选择能力联盟与共享的方式;相反,营销双方的能力营销意愿越弱,双方之间就越有可能选择能力沟通、转移和销售的方式。另外,营销双方的沟通能力、学习能力和吸收能力越强,双方之间就越有可能选择能力沟通、销售和转移的方式;相反,选择能力联盟与共享的方式更为有效。

③就能力营销的文化情境而言,我们发现,均为个体主义文化的、权力距离大的、不确定性避免程度低的或持短期导向的企业,更容易进行能力沟通、销售和转移活动;均为集体主义文化的、权力距离小的、不确定性避免程度高的、或持有长期导向的企业,更容易发展能力共享和联盟等项目。

④就能力营销主体的关系质量而言,有一般业务交易关系的营销双方更倾向于选择能力沟通、销售和转移等方式;有战略合作伙伴关系的营销双方更倾向于选择能力共享与联盟等方式。

⑤就营销双方的目的而言,客户价值与企业价值是能力营销的前提条件,能够对上述因素与各能力营销方式的关系产生调节作用。

从实践意义来看,能力营销的方式及其选择机理回答了企业开展能力营销的情境条件,表明企业应依据自身的战略目标、所拥有的能力属性和所处的商业环境制定有效的能力营销策略和选择合适的能力营销方式。

(20)客户推荐营销,作为能力营销的一种有效策略,是供应商获取新客户的主要促销工具。

供应商开展客户推荐营销有两种模式:一是供应商直接向潜在客户展示和沟通与推荐客户共同所制作的推荐材料;二是供应

商通过与推荐客户合作,推荐潜在客户参观推荐客户的工厂或生产车间,由推荐客户接待并向潜在客户介绍和展示供应商的产品、技术在自己企业的价值创造过程和结果。

这两种模式都是以供应商和推荐客户建立满意的推荐关系为前提和基础。而推荐关系的建立是一个对推荐客户的有效选择、合作、激励和利用的过程,供应商可以利用多种具体方式来提高每个阶段的推荐效应。

不同的客户推荐营销实践对供应商的推荐效应具有显著差异性。在推荐客户的寻找和选择阶段,供应商通过利用高质量的客户关系和依据推荐客户的市场影响力、采购战略和沟通能力等决定推荐效应的因素来选择高价值的推荐客户;在推荐客户的激励方面,供应商采用合适的推荐奖励计划,提高客户的感知推荐利益能够增强客户的推荐意愿;在推荐客户的利用方面,不同的客户推荐营销方式对供应商的推荐效应具有不同的影响。其中,供应商展示推荐客户名单和推荐信能够从声誉良好的客户那里获得声誉转移效应;宣传成功故事与典型客户案例能够为自己的项目经验、过去绩效和所交付的客户价值提供间接证据;散发新闻报道材料和媒体资讯能够显示自己的行业和市场地位;组织潜在客户参观推荐客户的工厂能够使解决方案进一步具体化并便于有效展示。

第二节　本研究的不足与展望

一、研究不足

本研究是从企业能力的培育与营销视角来研究顾客价值的创造问题。即通过将顾客价值与企业能力、能力营销联系起来,将顾客的观点整合到企业的关键流程、组织文化、企业人员、企业执行力、运营力等组织要素和企业能力中，真正从企业内部探讨顾客价值的创造问题。在内容安排和结构设计上，本研究首先在顾客价值文献综述的基础上，基于组织要素理论和能力价值理论，分别对顾客价值与组织要素、企业能力的内在关系进行规范分析，然后通过实证分析，检验和测度顾客价值与组织要素、企业能力三者之间的相互关系和关系强度，并找出影响顾客价值的若干关键组织要素因子，包括：影响企业执行（能）力的关键因子，如企业员工、价值创新；影响企业运营（能）力的最大因子，如价值流程；影响企业支撑（能）力的主要因子，如学习导向和市场导向的组织文化。最后，围绕顾客价值的创造，对这些关键组织要素因子进行变革、创新和管理。全文对其中的许多关键方面进行了深入而系统的研究，并进行了相应的实证分析，提出了一些具有参考价值的观点和工具，但基于我们研究能力和对该领域认知的局限，还存在一些不足，这主要表现在：

（1）本研究主要是从顾客的角度研究企业如何设计、变革组织要素和开发以及营销相应的企业能力来为顾客创造价值，在很大程度上没有结合企业的角度。正如本研究开头所指出的那样，顾客价值研究存在顾客的角度、企业的角度和企业与顾客关系的角度等三个视角，由于价值是一个发生相互作用的主客体关系的范畴，因而如果从主客体关系的角度来探讨为顾客创造价值，企业的组织设计、变革和企业能力的开发与营销可能存在不一样的内容和方法。

（2）本研究没有考虑企业能力中各个能力因子之间以及组织要素中各个要素因子之间的整合效应。在实证分析中，为了识别和发现影响顾客价值的最大和关键影响因子,本研究主要观察了顾客价值与各企业能力、各企业能力与各组织要素之间的相关关系,并没有涉及各能力因子之间和各要素因子之间的相互作用,从而没有进一步考察组织要素之间的整合效应对企业能力的影响进而对顾客价值创造的影响,因相关数据难于收集,本研究没有涉及。

(3)由于没有找到一个较为恰当和匹配的案例,故本研究没有用案例对全文的主要研究思路,特别是基于顾客价值的因子优化部分以及企业能力营销的方式及其选择等内容进行详细的案例阐释,只是在一些小的知识点上用一些小案例进行简单性的说明。

(4)对于企业能力、能力营销与顾客价值之间的关系,本研究只是基于理论分析建立了一个概念性的分析框架,由于时间限制和当前数据资料收集不足,还没有依据相关理论提出研究假设,也没有进行实证分析。

二、未来研究展望

针对以上存在的不足,结合现阶段国内外顾客价值的研究趋势,本研究需要在今后对以下几个问题进行进一步的深入探索和研究:

(1)从企业与顾客关系的角度来研究如何通过企业的组织设计与变革、企业能力的开发与营销来为顾客创造价值。将两个不同角度(顾客角度和企业与顾客关系的角度)下的研究成果进行比较,找出它们的主要区别,总结出两种不同的管理模式,并通过大量的案例加以说明,以供企业根据实际需要进行选择。

(2)对顾客价值的驱动因素问题还需要进行进一步系统比较研究。例如,可以将影响顾客价值的行为驱动因素、属性驱动因素、环境影响因素以及顾客特质因素组合在一起,构建一般概念模型,然后通过实证分析来识别各自的作用大小。

(3)将顾客价值作为因变量,系统考察和分析各企业能力因子之间、各组织要素因子之间的整合作用,以进一步描述出它们与顾客价值的关系路径图。

(4)对顾客价值与股东价值的传统关系需要重新反思。现在大多数企业的变革和能力的开发与营销都旨在创造和提升股东价值,也就是说,组织变革的视角过多局限于股东价值,而忽视顾客价值。这可能的原因是企业高层因为顾客价值与股东价值存在矛盾,即传统的观点认为,为顾客创造价值越多,股东价值就会越少;为股东创造价值越多,则为顾客创造价值就越少。实际上,顾客价值与股东价值可能并不矛盾也可能并不需要企业去平衡,因为有些企业将两者统一起来取得了成功,而且创造了偏重一方所没有的协同价值。因此,如何进一步认识两者的关系则是探讨基于两者进行组织变革和企业能力开发的前提。

(5)需要用一些恰当的案例,特别是举一些在顾客价值管理与企业能力、组织要素建设方面已成功和失败的企业对本研究的主要研究结论从正面与反面进行验证和说明。

(6)本研究指出,供应商能力是衡量其将来价值创造潜力的关键因素,是产业顾客选择供应商的主要指标,但从管理实践来看,能力与价值如何匹配以及如何根据能力来衡量供应商的价值创造潜力还有待于深入研究,特别是开发一个有效的基于能力的顾客价值创造潜力量表供产业顾客管理供应商实践参考是下一步研究的重点。

(7)有关能力营销的方式选择、能力营销的作用机理等内容还需进行实证检验。

参考文献

[1]白长虹:《西方顾客价值研究及其实践启示》,《南开管理评论》2001年第2期。

[2]白长虹、范秀成:《基于顾客感知价值的服务企业品牌管理》,《外国经济与管理》2002年第2期。

[3]白长虹、武永红:《基于顾客关系的价值创新途径研究》,《现代企业管理》2002年第12期。

[4]陈新跃、杨德礼:《基于顾客价值的消费者购买决策模型》,《管理科学》2003年第4期。

[5]陈明亮:《客户重复购买意向决定因素的实证研究》,《科研管理》2003年第1期。

[6]董大海:《基于顾客价值构建竞争优势的理论与方法研究》,大连理工大学2003年博士学位论文。

[7]董大海、权小妍:《基于顾客价值的竞争战略开发方法》,《系统工程》2004年第22期。

[8]荆冰彬等:《基于顾客价值的需求强度分析》,《价值工程》2000年第5期。

[9]何晓群:《多元统计分析》,中国人民大学出版社2004年版。

[10]黄津孚:《资源、能力与核心竞争力》,《经济管理》2001年第20期。

[11]李扣庆:《试论顾客价值与顾客价值优势》,《上海财经大学学报》2001年第6期。

[12]李志能、尹晨:《从知识的角度回顾企业能力理论》,《经济管理》2001年第4期。

[13]刘石兰:《开辟新市场的五种途径》,《中外管理》2006年第3期。

[14]陆家骝:《近几年我国经济理论界价值观点简述》,《当代经济科学》1995 年第 1 期。

[15]罗青军、李庆华:《顾客价值创新及其模式研究》,《商业经济管理》2002 年第 2 期。

[16]马云峰、郭新有:《论顾客价值的推动因素》,《武汉科技大学学报》2002 年第 4 期。

[17]马秀芳等:《顾客期望价值构成要素的探测》,《市场研究》2002 年第 1 期。

[18]钱平凡:《组织转型》,浙江人民出版社 1999 年版。

[19]石军伟:《顾客价值、战略逻辑创新与企业核心竞争力》,《贵州财经学院学报》2002 年第 3 期。

[20]汪涛、徐岚:《顾客资产与竞争优势》,《中国软科学》2002 年第 1 期。

[21]王成慧、叶生洪:《顾客价值理论的发展分析及对实践的启示》,《价值工程》2002 年第 6 期。

[22]王高:《顾客价值与企业竞争优势》,《管理世界》2004 年第 10 期。

[23]王锡秋、席酉民:《中国企业能力结构创新研究》,《价值工程》2002 年第 5 期。

[24]王锡秋、席酉民:《企业能力创新与国有企业改革》,《学术交流》2002 年第 1 期。

[25]王晓玉:《顾客价值绩效的测定与提升》,《价值工程》2003 年第 1 期。

[26]王毅、陈劲、许庆瑞、郝春梅:《企业核心能力概念框架研究:三层次模型》,《中南工业大学学报》2000 年第 2 期。

[27]王迎军、曲亚民:《价值创新:利基、途径与风险》,《南开管理评论》2002 年第 1 期。

[28]王永贵:《顾客资源管理:资产、关系、价值和知识》,北京大学出版社 2005 年版。

[29]魏江、许庆瑞:《企业技术创新机制的概念、内容和模式》,《科学学与科学技术管理》1994 年第 11 期。

[30]武永红、范秀成:《基于顾客价值的企业竞争力整合模型探析》,《中

国软科学》2004 年第 11 期。

[31]吴泗宗、王庆金:《企业持续营销力与企业持续成长关系的实证研究》,《营销科学学报》2006 年第 3 期。

[32]项保华、罗青军:《顾客价值创新战略分析的基点》,《大连理工大学学报》2002 年第 3 期。

[33]项银仕:《浅论顾客价值创造》,《价值工程》2001 年第 4 期。

[34]谢家平等:《顾客满意的价值创新策略》,《企业管理》2004 年第 4 期。

[35]晏智杰:《经济学价值理论新解》,《北京大学学报》2001 年第 6 期。

[36]姚钟华:《企业获取核心竞争力的顾客价值分析》,《江西社会科学》2002 年第 2 期。

[37]叶志桂:《西方顾客价值理论研究综述》,《北京工商大学学报(社会科学版)》2004 年第 4 期。

[38]杨龙、王永贵:《顾客价值及其驱动因素剖析》,《管理世界》2002 年第 6 期。

[39]杨永恒:《客户关系管理》,东北财经大学出版社 2002 年版。

[40]杨永恒、王永贵:《顾客关系管理的内涵、驱动因素和成长维度》,《南开管理评论》2002 年第 2 期。

[41]殷瑾、陈劲:《顾客价值创新的战略逻辑和基本模式》,《科研管理》2002 年第 5 期。

[42]郑玉香:《客户资本价值管理》,中国经济出版社 2006 年版。

[43]周亚庆:《基于能力的顾客关系管理研究》,浙江大学 2002 年博士学位论文。

[44]周运锦、黄桂红:《营销法眼:顾客关系管理》,广东经济出版社 2001 年版。

[45][英]阿德里安·佩恩等编著(Adrian Payne, Martin Christopher, Helen Peck, Molia Clark):《关系营销——形成与保持竞争优势》,梁卿等译,中信出版社 2002 年版。

[46][英]艾德里安·里恩斯(Adrian Ryans)、罗杰·莫尔(Roger More)、唐纳德·巴克利(Donald Barley)、特里·多伊斯(Terry Deutscher):《市场领先——技术密集型企业的战略性市场策划》,徐蔚等译,上海交通大

学出版社 2001 年版。

[47][英]安德鲁·坎贝尔(Andrew Campbell)、凯瑟琳·萨默(Kathleen Sommers Luchs):《核心能力战略——以核心竞争力为基础的战略》,严勇等译,东北财经大学出版社 1999 年版。

[48][美]班瓦利·米托(Banwari Mittal)、贾格迪胥·谢兹(Jagdish N. Sheth):《再造企业价值空间》,华经译,机械工业出版社 2003 年版。

[49][美]克莱顿·M.克里斯森(Clayton M.Christensen)、迈克尔·奥韦尔德夫(Michael Overdorf):《迎接破坏性变革的挑战》,《哈佛商业评论》2000 年第 3 期。

[50][美]弗雷德里克·纽厄尔(Frederick Newell):《网络时代的顾客关系管理》,李安方等译,华夏出版社 2001 年版。

[51][美]弗雷德里克·莱希赫尔德(Frederick Reichheld):《忠诚的价值》,常玉田等译,华夏出版社 2001 年版。

[52][美]葛斯·哈伯(Garth Hallberg):《差异化营销》,黄复华等译,内蒙古人民出版社 1998 年版。

[53][美]约翰·P.科特(John P.Kotter)、詹姆斯·L.赫斯克特(James L. Heskett):《企业文化与经营绩效》,李晓涛、曾中译,华夏出版社 1997 年版。

[54][美]约翰·麦凯恩(John Mckean):《信息大师——客户关系管理的秘密》,姚志明等译,上海交通大学出版社 2001 年版。

[55][美]迈克尔·比尔(Michael Beer)、尼汀·诺瑞亚(Nitin Nohria):《破译变革的密码》(哈佛商业评论经典译丛),中国人民大学出版社 2000 年版。

[56][丹]尼古莱·J.福斯(Nicolai J.Foss)、克里斯第安·克努森(Christian Knudsen):《企业万能——面向企业能力理论》,李东红译,东北财经大学出版社 1998 年版。

[57][英]奈杰尔 F.皮尔西(Nigel F.Piercy):《市场导向的战略转变》,吴晓明等译,清华大学出版社 2006 年版。

[58][美]彼得·达切思(Peter Duchessi):《企业运营与顾客价值》,侯佳奇译,机械工业出版社 2003 年版。

[59][美]罗伯特·G.英格尔斯(Robert G.Eccles):《一种新的公司绩效测评方法.公司绩效测评》,中国人民大学出版社 2001 年版。

[60][美]罗伯·特韦兰(Robert E, Wayland)、保罗·科尔(Paul M. Cole):《走进客户的心——企业成长的新策略》,贺立新译,经济日报出版社1998年版。

[61][美]罗恩·卡尔(Ron Karr)、唐·布洛霍瓦科(Don Blohowiak):《高超的顾客服务》,金敬红等译,辽宁教育出版社1999年版。

[62][美]伍德拉夫(Robert B.Woodruff)、萨拉·费雪·加蒂尔(Sarah F. Gardial):《洞察你的顾客》,董大海、权小妍译,机械工业出版社2004年版。

[63][美]罗兰·T.拉斯特(Roland T.Rust)、弗莱丽·A.齐森尔(Valarie A.Zeithaml)、凯瑟琳·N.勒门(Katherine N.Lemon):《驾驭顾客资产——如何利用顾客终身价值重塑企业战略》,张平淡等译,企业管理出版社2001年版。

[64][美]斯蒂芬·P.罗宾斯(Stephen P.Robbins)、玛丽·库尔特(Mary Coulter):《管理学》,黄卫伟等译,中国人民大学出版社1997年版。

[65][韩]W.钱·金(W. Chan Kim)、[美]勒妮·莫博涅(Renee Mauborgne):《蓝海战略:超越产业竞争、开创全新市场》,吉宓译,商务印书馆2005年版。

[66][美]哈维·汤普森(Harvey Thompson):《创造顾客价值》,赵占波译,华夏出版社2003年版。

[67][美]威廉·乔伊斯(William F.Joyce):《组织变革:世界顶级公司如何以人力资源为基础改进组织结构》,张成译,人民邮电出版社2003年版。

[68][美]艾尔弗雷德·D.钱德勒(Alfred D.Chandler, Jr.):《战略与结构》,孟昕译,云南人民出版社2002年版。

[69][美]迈克尔·波特(Michael E.Porter):《竞争优势》,陈小悦译,华夏出版社1997年版。

[70][美]F.E.卡斯特(Fremont E.Kast)、J.E.罗森茨韦克(James E. Rosenzweig):《组织管理》,傅严译,中国社会科学出版社1990年版。

[71][美]加里·哈梅尔(Gary Hamel)、普拉哈拉德(C.K.Prahalad):《竞争大未来》,王振西译,昆仑出版社1998年版。

[72][美]菲利普·科特勒(Philip Kotler):《营销管理(第14版)》,王永贵等译,中国人民大学出版社2012年版。

[73][日]饭野春树:《巴纳德组织理论研究》,王利平译,上海三联书

店 2004 年版。

[74][美]亚德里安·J.斯莱沃斯基(Adrian J.Slywotzky)、大卫·J.莫里森(David J.Morrison)、劳伦斯·H.艾伯茨(Bob Andelman)等:《发现利润区——战略性企业设计为您带来明天的利润》,凌晓东等译,中信出版社 2000 年版。

[75][美]阿姆瑞特·蒂瓦纳(Amrit Tiwana):《知识管理精要》,徐丽娟译,电子工业出版社 2002 年版。

[76][美]詹姆斯·弗·穆尔:《竞争的衰亡:商业生态系统时代的领导与战略》,梁骏等译,北京出版社 1996 年版。

[77][英]马丁·克里斯托弗(Martin Christopher)、西蒙·克劳克斯:《市场驱动的公司》,杨明、周凯译,江苏人民出版社 2002 年版。

[78]Aaker,D.Managingbrand equity.New York:The Free Press,1991.

[79]Adrian Payne,Sue Holt.Diagnosing customer value:integrating the value process and relationship marketing.British Journal of Management.2001,12.

[80]Alan Cooper.Customerknowledge management.Pool Business and Marketing Strategy March-April,1998.

[81]Allen,P.,Customer value management — catch the missed revenue,Chemistry& Industry,April,2002a,No.7:12.

[82]Allen,P.,How to create customer value in five simple steps,Chemistry&Industry,.June,2002b,No.12:11.

[83]Allen,P.,Create customer value in five steps — part two,Chemistry&Industry,0 July,2 002c,No.13:11.

[84]Allen,P.,Sustainable growth with customer value management,Chemistry&Industry,December,2002e,No.24:12.

[85]Allen,P.,Customer feedback improves customer value,Construction Marketer,February,2003,Vol.1.

[86]Almeida,P.,and Kogut,B.Localization of knowledge and the mobility of engineers in regional networks.Management Science,1999,45(4).

[87]Amit.R.and Schoemaker.P.,Strategic assets and organizational rent.Strategic Management Journal,1993,Vol.14.

[88]Anderson,James C.Dipak C.Jain,and Pradeep K.Chintagunta.Customer

value assessment in business markets: a state-pratice study. Journal of Business Marketing 1993, Vol.1, No.1.

[89] Anderson, J.C., & Wynstra, F. Purchasing higher-value, higher-price offerings in business markets. Journal of Business-to-Business Marketing, 2010, 17 (1).

[90] Andersson, U. Managing the transfer of capabilities within multinational corporations: the dual role of the subsidiary. Scandinavian Journal of Management, 2003(19).

[91] Andrew Campell and Marcus Alexander. What's wrong with strategy? Harvard Business Review, 1997, November-Dismembcr.

[92] Anthony J. Rucci, Steven P. Kim and T. Quinn. The employee-customer-profit chain at sears. Harvard Business Review, 1998, Jan-Feb.

[93] Arrow, K. J., The economic implications of learning by doing. Review of Economic Studies, 1962, Vol.29.

[94] Argyris, Chris, and Schon, Donald A., Organizationallearning: a theory of action perspective, Reading, MA: Addison-Wesley. 1978.

[95] Athanassopoulos, Antreas D. Customer satisfaction cues to support market segmentation and explain switching behavior. Journal of Business Research, 2000, Vol.47, No.3.

[96] Baker, William E., and Sinkula, James M., The synergistic effect of market orientation and learning orientation on organizational performance. Journal of the Academy of Marketing Science, 1999a, Fall, Vol.27.

[97] Baker, William E., and Sinkula, James M., Market orientation, learning orientation and product innovation: a journey inside the organization's black box, University of Vermont, Working Paper. 1999b.

[98] Barksdale, H., W. Darden. Marketers' attitudes toward the marketing concept. Journal of Marketing, 1971, Vol.35.

[99] Barney, J. Firm resources and sustained competitive advantage. Journal of Management, 1991, 17.

[100] Barney, J., The resource-based theories of competitive advantage: a ten-year retrospective on the resource-based view. Journal of Management, 2001,

Vol.27.

[101] Beard, C.& Easingwood, C. New product launch-marketing action and launch tactics for high-technology products. Industrial Marketing Management, 1996,25(1).

[102] Berghman, L., and Matthyssens, P. Building competences for new customer value creation: an exploratory study. Industrial Marketing Management, 2006,35.

[103] Berry, L.L., "Relationship marketing". In Berry, L.L.Shostack, G.L.and Upah, G.D. (eds), Emerging Perspectives on Services Marketing, American Marketing Association, Chicago, 1983.

[104] Berry, Leonard L., Relationship marketing of services-growing interest, emerging perspectives, Journal of the Academy of Marketing Science, Vol.23, No. 4,1995.

[105] Bettis, R.A., Hitt, M.A., The new competitive landscape.Strategic Management Journal, 1995, Vol.16.

[106] Bharadwaj. N., Investigating the decision criteria used in electronic components procurement, Industrial Marketing Management, 2004,33.

[107] Biggemann, S., & Buttle, F.Conceptualizing business-to-business relationship value. Proceedings of the 21st IMP-Conference, Rotterdam, Netherlands.2005.

[108] Birkinshaw, J., and Hood, N. Multinational subsidiary evolution: capability and charter change in foreign-owned subsidiary companies. Academy of Management Review, 1998,23(4).

[109] Blois, K. Analyzing exchanges through the use of value equations. Journal of Business and Industrial Marketing, 2004,19(4).

[110] Blois, K.and Ramire, R.Capabilities as marketable assets: A proposal for a functional categorization.Industrial Marketing Management, 2006,35.

[111] Butz H.E& L.D.Goodstein.Measuring customer value: gaining the strategic advantage.Organizational Dynamics, 1996, Vol.24, No.3.

[112] Chan Kim, Renee Mauborgne., Value innovation: the strategic logic of high growth.Harvard Business Review, 1997, January-February.

[113] Chandler, A. D., Organizational Capabilities and the Economic History of the Industrial enterprise, Journal of Economic Perspectives, 1992, Vol.6, No.3.

[114] Christopher, Martin. Value-in-use Ppricing. European Journal of Marketing. Vol.16, No.5, 1982.

[115] Claes Fornell, et al. The American customer satisfaction index: nature, purpose and findings. Journal of Marketing, October, 1996, Vol.60.

[116] Coase, R. H., The nature of the firm. Economica, Nov.1937.

[117] Collis, D. J., Research note: How valuable are organizational capabilities?. Strategic Management Journal, 1994, Vol.15.

[118] Cooper, A. and Dunkelberg, W., Entrepreneurship and paths to business ownership. Strategic Management Journal, 1986, Vol.7.

[119] Cronin, J. J. and Taylor, S. A., Measuring service quality: an examination and extension, Journal of Marketing, July, 1992, Vol.56.

[120] Crosby, L. A., Evans, K. R., and Cowles, D., Relationship quality in services selling: an interpersonal influence perspective", Journal of Marketing, Vol. 54, July, 1990.

[121] Crosby, Lawrence A., Kenneth, R. and Deborah Cowles., Relationship quality in services selling: an interpersonal influence perspective. Journal of Marketing, 1990, July, Vol.54.

[122] Crosby, Lawrence A. and Nancy J. Stephens, Effects ofrelationship marketing on satisfaction, retention, and prices in the insurance industry, Journal of Marketing Research, 1987, Vol.24, No.12.

[123] Currie, W. L. The organizing vision of application service provision: A process oriented analysis. Information and Organization, 2004, 14(4).

[124] David A. Nadler, et al. Organizational architecture: designs for changing organization. Josser-Bass Inc., Publishers, 1992.

[125] Day, George S. and Robin Wensley. Assessing advantage: a framework for diagnosing competitive superiority. Journal of Marketing, April, 1990.

[126] Day, G. S., The capabilities of market-driven organizations. Journal of Marketing, 1994, October, Vol.58.

[127] Day, George S., Continuous learning about markets. California Manage-

ment Review,1994a,Summer,Vol.36.

[128]DeKinder, J.S., & Kohli, A.K. Flow signals: How patterns over time affect the acceptance of start-up firms.Journal of Marketing,2008,72(5).

[129] Deshpande, R., Farley, J. U, Measuring market orientation: generalization and synthesis.Journal of Marketing Focused Management,1998,Vol. 2,No.3.

[130]Deshpande,R.,Farley,D.,Webster,F.,Corporate culture,customer orientation and innovativeness in Japanese firms:aQuadrate analysis.Journal of Marketing,1993,Vol.57.

[131]Dickson,Peter R.,The static and dynamic mechanics of competition:a comment on Hunt and Morgan's comparative advantage theory. Journal of Marketing,1996,October,Vol.60.

[132]Dickson,Peter and Alan Sawyer.Point of purchase behavior and price perceptions of supermarket shoppers. Marketing Science Institute Working Papers,1985.

[133]Dierickx,I.,Cool,K.,Asset stock accumulation and the sustainability of competitive advantage.Management Science,1989,Vol.35,No.12.

[134]Dion,P.A..Banting P.M,Buyer reactions to product stockouts in business to businessmarkets,In dustrial Marketing Management,1995,Vol.24.

[135] Dion, PA., Banting, P. M., Industrial supplier-buyer negotiations, Industrial Marketing

[136]Management,February,1988,Vol.17,No.1.

[137] Dodds, W. B., Monroe, K. B. YGrewal, D., Effects of price, brand, and store information On buyers product evaluations, Journal of Marketing Research, 1991,Vol.28,No.3.

[138]Doney,P.M.and Cannon,J.P.,An examination of the nature of trust in buyer-seller relationships,Journal of Marketing,1997,Vol.61,No.4.

[139]Dorsch,M.Swanson,S.and Kelly,S.,The role of relationship quality in the satisfaction of vendors as perceived by comsumers.Journal of the Academy of Marketing Science,1998,Vol.26,No.2.

[140] Doyle, Mona. Newways of measuring value. Progressive Grocer-Value,

Executive Report,1984.

[141] Drucker · Peter F. The Pratice of Managemengt. New York: Harper& Brothers Publishers,1954.

[142] Dwyer,F. ,Schurr,P. and Oh,S. , Developing buyer-seller relationship. Journal of Marketing,1987,April,Vol.51.

[143] Dyer,J. , and Nobeoka,K. Creating and managing a high-performance knowledge sharing network: theToyota case. Strategic Management Journal, 2000,21.

[144] Farrell,J.and Shapiro,C.Optimal contracts with lock-in.American Economic Review,1989,Vol.79,No.1.

[145] Flint D.j. ,Woodruff T.B. ,Gardial,Customer value change in industrial marketing relationships:a call for new strategies and research.Industrial Marketing Management,1997,Vol.26,No.2.

[146] Flowers, S. Organizational capabilities and technology acquisition: Why firms know less than they buy.Industrial and Corporate Change,2007,16 (3).

[147] Fornell,C. ,D.F.Larcker. ,Evaluating stuctual equation models with unobservable and measurement errors. Journal of Marketing Research, 1981, February,18.

[148] Frazier,G. ,Spekman,R.E,and O'Neal,C.Just-in-time exchange relationships in industrial markets,Journal of Marketing,1988,October 52.

[149] Frederick Reichheld.Learning from customer defections.Harvard Business Review,1996,March-April.

[150] Fred Selnes and Kjell.G,finhaug,Effect of supplier reliability and benevolence in business marketing,Journal of Business Research,2000,Vol.49.

[151] Fujimoto,H. , W.B.Bryan,etc.MODE94: diving and surface surveys of the western part of the Kane Transform Fault,InterRidge News 3,20,1994.

[152] Gale,B.T.Managing customer value:creating quality and service that customer can see.New York:the Free Press,1994.

[153] Gatignon,Hubert, and Xuereb,Jean-Marc,Strategic orientation of the firm and new product performance.Journal of Marketing Research,1997,February,

Vol.34.

[154] George Stalk, Philip Evans, Lawrence E.Shulman.Competing on capabilities: the new rule of corporate strategy.Harvard Business Review, 1992, March-April.

[155] Gibbert, M. , Golfetto, F. , and Zerbini, F.What do we mean by"marketing"resources and competencies? A comment on Hooley, Greenley, Cadogan, and Fahey(JBR 2005).Journal of Business Research, 2006, 59.

[156] Golfetto, F, and Gibbert, M.Marketing competencies and the sources of customer value in business markets.Industrial Marketing Management, 2006, 35.

[157] Golfetto, F. , and Mazursky, D. Competence-based marketing. Harvard Business Review, 2004, 82(12).

[158] Gomez-Arias, J.T. , & Montermoso, J.P.Initial customer reference selection for high technology products.Management Decision, 2007, 45(6).

[159] Grant, R.Contemporary strategy analysis: concepts, techniques, applications.USA: Blackwell Publishiers, Ltd.1995.

[160] Grewal, Dhruv, Monroe, KkentB, KrishnanR.The effects of price-comparison advertising on buyers' perceptions of acquisition value transaction value and behavioral intentions.Journal of Marketing, 1998, Vol.62, No.2.

[161] Gronroos. Value-driven relation marketing: from products to resources and competences.Journal of Marketing Management, 1997, 13.

[162] Gwinner, K.P. , Gremler, D.D.and Bitner, M.J. , Relationship benefits in services industries: the customer's perspective, Journal of the Academy of Marketing Science, Vol.26, No.2, 1998.

[163] Hall, J.R. , Social organization and a pathways of commitment: types of communal groups, rational choice theory, and the kanter thesis, American Sociological Review, 1988, Vol.53.

[164] Hamel. G and Prahalad. C. K. , Competing for the future. Harvard Business Review, 1994, July-August.

[165] Hamel, M. , Champy. Reengineering the corporation. New York: Harper Business, 1993.

[166] Hansen, H. , Samuelsen, B. M. , & Silseth, P. R. Customer perceived

value in business-to-business service relationship: investigating the importance of corporate reputation\[J\].Industrial Marketing Management,2008,37(2).

[167] Hansen, M. The search-transfer problem: the role of weak ties in sharing knowledgeacross organization subunits. Administrative Science Quarterly, 1999,44(1).

[168] Han,Jin K., Kim, Namwoon, and Srivastava, Rajendra K., Market orientation and organizational performance: is innovation the missing link? Journal of Marketing,1998,October,Vol.62.

[169] Helm,S., & Salminen,R.T.Basking in reflected glory: using customer reference relationship to build reputation in industrial markets.Industrial Marketing Management,2010,39(5).

[170] Henderson, R, Cockburn., Measuring competence? Exploring firm effects in pharmaceutical research.Strategic Management Journal,1994,Vol.15.

[171] Heskett, J. L., Sasser, W. E. and Schlesiner, L. A.. The service profit chain.New York: Free Press,1997.

[172] Heskett, Sasser, Schlesinger.Putting the service-profit chain to work. Harvard Business Review,March-April 1994.

[173] Hitt, M.A., Ireland, R.D., and Camp, S., Strategic entrepreneurship: entrepreneurial strategies for wealth creation.Strategic Management Journal,2001, Vol.22.

[174] Hofstede, G.Culture and Organization: software of the mind.McGraw-Hill Co., New York, NY.2001.

[175] Holger Schiele.How to distinguish innovative supplies?.Industrial Marketing Management,2006,35.

[176] Homburg, C.and C.Pflesser.A multiple-layer model of market-oriented organizational culture: measurement issues and performance outcomes. Journal of Marketing Research,2000,Vol.37,No.4.

[177] Hooley, G., Greenley, G., and Fahy, J.The performanceimpact of marketing resource.Journal of Business Research,2005,58.

[178] Hult, G.Tomas M., and Ferrell, O.C., a global organizational learning capacity in purchasing: construct and measurement.Journal of Business Research,

1997a,Vol.40,No.2.

[179] Hult, G. Tomas M. , and Ferrell, O. C. , A global learning organization structure and market information processing.Journal of Business Research, 1997b, Vol.40,No.2.

[180] Huntley, J. K. Conceptualization and measurement of relationship quality:Linking relationship quality to actual sales and recommendation intention. Industrial Marketing Management, 2006, 35(6).

[181] Hurley, Robert F. , and Hult, G. Thomas. Innovation, market orientation and organizational learning: an integration and empirical examination. Journal of Marketing, 1998, July, Vol.62.

[182] Jacoby, A model of multi-brand loyalty, Journal of Advertising Research, 1971, Vol.11, No.3.

[183] Jalkala, A. , & Salminen, R.T.Communicating customer reference on industrial companies' web sites.Industrial Marketing Management, 2009, 38(7).

[184] Jalkala, A. , & Salminen, R.T.Practices and functions of customer reference marketing—leveraging customer reference as marketing assets.Industrial Marketing Management, 2010, 39(7).

[185] Jaworski, J.Kohli.K. , Market orientation:antecedents and consequence. Journal of Marketing, 1993, July, Vol.57.

[186] Jeankew, VanderHaar, RonGMKenp, Onno (S. W. F) Omta. Creating value that cannot be copied.Industrial Marketing Management, 2001, Vol.30.

[187] Jones, &Sasser, W. E. J r, Why satisfied customers defect? Harvard Business Review, November-December, 1995.

[188] Joseph, J. , Plateauism and its effect on strain as moderated by career motivation and personel resources.Unpublished Doctoral dissertation, University of Iowa. , 1992.

[189] Kim H. , Kim W.G.and An J.A.The effect of consumer-based brand equity on firmsfinancial Performance.Journal of Consumer Marketing, 2003, Vol.20, No.4.

[190] Kim, C.and Mauborgne.R, Value innovation:the strategic logic of high growth.Harvard Business Review, 1997, January-February.

[191] Klemperer, P. D. Markets with consumer switching cost. Quarterly Journal of Ecomomics, 1987a, Vol.102, No.2.

[192] Kohli, Ajay K., and Jaworski, Bernard J. Marketorientation: the construct, research propositions, and managerial implications. Journal of Marketing, 1990, April, Vol.54.

[193] Kohli, Ajay K., Jaworski, Bernard J., and Kumar, Ajith. MARKOR: A measure of market orientation. Journal of Marketing Research, 1993, November, Vol.30.

[194] Kumar, N., Scheer, L. and Steenkamp, J., The effect of perceived inter-dependence on dealer attitudes. Journal of Marketing Research, 1995.

[195] Kumar et al, Biong, Harald and Selnes, Fred, The strategic role of the salesperson in established buyer-seller relationships, Journal of Business-to-Business Marketing, 1997, Vol.3, No.3

[196] Lan C. Macmillan and Rita Gunther Mcgrath. Discover your product hidden potential. Harvard Business Review, 1996, May-June.

[197] Laric, M.V., , Pricing strategies in industrial markets, European Journal of Marketing, 1980, Vol.14, No.516.

[198] Lehtimäki, T., Simula, H., & Salo, J. Applying knowledge management to project marketing in a demanding technology transfer project: Convincing the in-dustrial customer over the knowledge gap. Industrial Marketing Management, 2009, 38(2).

[199] Leonard-Barton, D. Core capabilities and core rigidities: a paradox in managing new product develepment. Strategic Management Journal, 1992, Vol.13.

[200] Leonard-Barton, Well springs of knowledge: building and sustaining the sources of innovation, Harvard Business School Press, 1995.

[201] Leonard, D. and J. Rayport. Spark innovation through empathic design. Harvard Business Review, 1997, November-Dismember.

[202] Lewis, J.Th e connected. New York: Free Press, 1995.

[203] Liebeskind, J. P., Knowledge, strategy and the theory of the firm. Strategic Management Journal, 1996. Vol.17.

[204] Lippman, S., Rumelt, R.P., Uncertain imitability: an analysis of Inter-

firm differences in efficiency under competition, Journal of Economics, 1982, Vol.13.

[205] Long, M. M., Tellefsen, T., & Lichtenthal, J. D. Internet integration into the industrial selling process: A step-by-step approach. Industrial Marketing Management, 2007, 36(5),

[206] Lucas, L. The role of culture on knowledge transfer: the case of the multinational corporation. The Learning Organization, 2006, 13(3).

[207] Man, T. W. Y., Entrepreneurial competences and the performance of small and medium enterprises in the Hong Kong services sector, Doctor Paper, from Department of Management of theHong Kong Polytechnic University, 2001.

[208] Masella, C. and Rangone, A. A contingent approach to thedesign of vendor selection systems for different types of cooperative customer/suppliers relationships. International Journal of Production Management, 2000, 20.

[209] McDougall, Levesque. customer satisfaction with services: put perceived value into the equation. Journal of services marketing, 2001, Vol.4, No.5.

[210] McKee, Daryl, An organizational learning approach to product innovation. Journal of Product Innovation Management, 1992, September, Vol.9.

[211] Michael Treacy and Fred Wiersema. The Discipline of market leaders. Addison-Wesley Publishing Company, Inc, 1995.

[212] Moller, K. Role of competences in creating customer value: a value-creation logic approach. Industrial Marketing Management, 2006, 35.

[213] Moller, M., Johansen, J., and Boer, H. Managing buyer-supplier relationships and inter-organizational competence development. Integrated Manufacturing Systems, 2003, 14(4).

[214] Moller, K. and Torronen, P. Business suppliers' value creation potential. A capability-based analysis. Industrial Marketing Management, 2003, 32.

[215] Money, R. B. Word-of-mouth promotion and switching behavior in Japanese and American business-to-business service clients. Journal of Business Research, 2004, 57(3).

[216] Monroe, K. B. Pricing-making profitable decisions. McGraw Hill, New York, 1991.

[217] Morgan, R., Hunt, S. The commitment-trust theory of relationship marketing. Journal of Marketing, 1994, July, Vol.58.

[218] Mndambi, S. M., Doyle, P and Wong, V. An exploration of banding in industrial markets, Industrial Marketing Management, 1997, Vol.26:433-446.

[219] Narver, John C., and Slater, Stanley F. Theeffect of a market orientation on business profitability. Journal of Marketing, 1990, October, Vol.54:20-35.

[220] Narver, John C., and Slater, Stanley F. Additional thought on the measurement of market orientation: a comment on Deshpande and Farley. Journal of Market Focused Management.1998, Vol.2

[221] Naumann. Creating customer value.a White Paper, 2000.

[222] NelsonR, WinterS. An evolutionary theory of economic change. Belknap Press: Cambridge, MA, 1982.

[223] Nelson, R.N., Why do firms differ, and how does it matter? Strategic Management Journal, 1991, Vol.14.

[224] Newman, R. G, Mckeller, J. M., Target pricing-a challenge for purchasing, International Journal of Purchasing and Materials Management, Summer, 1995, Vol.31, No.3.

[225] Nonaka, 1. and konno, N. The concept of "Ba": building a foundation for Knowledge creation. California Managementre view, 1998, 41(1).

[226] Nonaka, L, Adynamic theory of organizational knowledge creation. Organization Science, 1994, 5.

[227] Nonaka, I. and Takeuchi, H. The knowledge-creating company: how Japanese companies creating the dynamics of innovation. NewYork: Oxford University Press, 1995.

[228] Normann and Ramirez, From value chain to value constellation. Harvard Business Review, 1993, July-August.

[229] Olaru, D., Purchase, S., & Peterson, N. From customer value to repurchase intentions and recommendations. Journal of Business & Industrial Marketing, 2008, 23(8).

[230] Olive, Christine. Sustainable competitive advantage: combining institutional and resource-based views. Journal of Strategic Management, October,

1997,18.

[231] Oliver, Richard, L. , Satisfaction, Abehavioral perspective on the consumer, Mcgraw-Hill, New York, 1997.

[232] Prahalad, C. K. , Hamel, G. , The core competency of the corporation. Harvard Business Review, May-June, 1990.

[233] Parasueaman. Reflections on gaining competitive advantage. Journal ofAcademy of Marketing Science, 1997, Vol.25, No.2.

[234] Parasuraman. The impact of technology on the quality-value-loyalty chain:a research agenda.Journal of theAcademy of Marketing Science.2000, Vol.28, No.1.

[235] Parasuraman, A. , Zeithaml, V. andBerry, L. SERVQUAL: a multiple item scale for measuring perceptions of service quality.Journal of Retailing, Spring, 1988,64.

[236] Penny M.Simpson, Judy A.Siguaw and Thomas L.Baker, A model of value creation:supplier behaviors and their impact on reseller-perceived value.Industrial Marketing Management, 2001, Vol.30.

[237] Petlt, T. A. A behavioral theory of management, Academy of Management Journal, No.10, 1976.

[238] Prevot, F. , and Spencer, R.Supplier competence alignment:cases from the buyer perspective in the Brazilian market. Industrial Marketing Management, 2006,35.

[239] Ravald and Gronroos. The value concept and relationship marketing. European Journal of Marketing, 1996, Vol.30, No.2.

[240] Rao, Vithala R. , Resources for research and pedagogy on new product development processes.Journal of Marketing Research, 1997, February, Vol.34.

[241] Reichheld, F.F.and Teal, T. , The loyalty effect:the hidden force behind growth, profits and lasting value, Boston:Harvard Business School Press, 1996.

[242] Richard C.Whiteley.The customer-driven company:moving from talk to action.Reading.Mass:Addison-Wesley.1991

[243] Ritter, T. Communicating firm competencies:marketing as different levels of translation.Industrial Marketing Management, 2006,35.

［244］Robert S. Kaplan and David P. Norton, BSC: Performance driven by measurement. Harvard Business Review, 1992, January-February.

［245］Robert B. Woodruff, 1997, Customer Value: The Next Source for Competitive Advantage. Journal of the Academy of Marketing Science. Spring.

［246］Ruekert, R. W. Developing amarket orientation: an organizational strategy perspective. International Journal of Research in Marketing, 1992, Vol.9.

［247］Rumelt, R., Towards a strategic theory of the firm. In R. Lamb (Ed), Competitive Strategic Management: 556 - 570. Englewood Cliffs, New Jersey: Prentice Hall, 1984.

［248］Ruokolainen, J. Constructing the first customer reference to support the growth of a start-up software technology company. European Journal of innovation Management, 2008, 41(2).

［249］Ryu, G., & Feick, L. A penny for your thoughts: Referral reward programs and referral likelihood. Journal of Marketing, 2007, 71(1).

［250］Salminen, R. T., & Moller, K. Role of references in business marketing—towards a normative theory of referencing. Journal of Business to Business Marketing, 2006, 13(1).

［251］Schroeder, R. and Bates, K., A resource-based view of manufacturing strategy and the relationship to manufacturing performance. Strategic Management Journal, 2002, Vol.23.

［252］Sheth, Jagdish N., Bruce I. Newman, and Barbara L. Gross. Consumption values and market choice: theory and applications. Cincinnati, O H: So uthwestern Publishing, 1999.

［253］Sinkula, James M, Baker, William, and Noordewier, Thomas G., A framework for market-based organizational learning: linking values, knowledge and behavior. Journal of the Academy of Marketing Science, 1997, Fall, Vol.25.

［254］Simpson, P. M., Siguaw, J. A., White, S. C., Measuring the performance of suppliers: an analysis of evaluation processes, Journal of Supply Chain Management, Winter, 2002, Vol.38, No.1.

［255］Slater, Stanley F. and Narver, John C., Theeffect of a market orientation on business profitability, Journal of Marketing, October, 1990, Vol.54.

[256] Slater, Stanley F., and Narver, John C. Doescompetitive environment moderate the market orientation-performance relationship? Journal of Marketing, 1994, January, Vol.58.

[257] Slater, Stanley F., and Narver, John C., Market orientation and the learning organization. Journal of Marketing, Vol.59, 1995, July.

[258] Smith, B., Buyer-seller relationship: bonds, relationship management, and sex-type. Canadian Journal of Administrative Science, 1998, Vol.15, No.1.

[259] Srivastava, J., Fahey, L. and Christensen, H., The resource-based view and marketing: the role of market-based assets in gaining competitive advantage. Journal of Management, 2001, Vol.27.

[260] Stahl, H.K., Mztzler, K., & Hinterhuber, H.H. Linking customer lifetime value with shareholder value. Industrial Marketing Management, 2003, 32(4).

[261] Sweeney, J.C. and Soutar, N. Geoffrey. Consumer perceived value: the development to a multiple item scale. Journal of Retailing, 2001, Vol.77, No.2.

[262] Sweeney, J.C. and Webb, D., Relationship benefits: an exploration of buyer-supplier dyads, Journal of Relationship Marketing, Vol.1, No.22, 2002.

[263] Szulanski, G. Exploring internal stickiness: impediments to the transfer ofbest practice within the firm. Strategic Management Journal, 1996, 17.

[264] Szulanski, G. The process of knowledge transfer: a diachronic analysis of stickiness. Organizational Behavior and Human Decision Processes, 2000, 82(1).

[265] Teece, D.J., Strategies for managing knowledge assets: the role of firm structure and industrial context. Lang Range Planning, 2000, Vol.33.

[266] Teece, D.J., Pisano, q., Shuen, A., Dynamic capabilities and strategic management, Strategic Management Journal, 1997, Vol.18, No.7.

[267] Teece D, Winter, S. Toward a theory of corporate coherence: some preliminary remarks. ClarendonPress: Oxford, 1992.

[268] Thomas O. Jones and W. Earl Sasser, Jr. Why satisfied customer defect. Harvard Business Review, 1995, November-Dismember.

[269] Thomke, S. and Von Hipple, E. Customers as innovators. Harvard Business Review, 2002, April.

[270] Toffler, A., The third Wave. Morrow, New York, 1980.

[271] Tom Conner. Customer-led and market-oriented: a matter of balance. Strategic Management Journal, 1999, June.

[272] Trusov, M., Buckling, R. E., & Pauwels, K. Effects of word-of-mouth versus traditional marketing: Findings from an internet social networking site. Journal of Marketing, 2009, 73(5).

[273] Ulga, W., and Eggert, A. Relationship value in business markets: the construct and its dimensions. Journal of Business-to-Business Marketing, 2005, 12 (1).

[274] Valarie A. Zeithaml, Consumer Perceptions of Price, Quality, and Value: A Means-End Model and Synthesis of Evidence. Journal of Marketing, July, 1988.

[275] Valarie A. Zeithaml, Parasuraman, A. Berry Leonard. Delivering quality service: balancing customer perceptions and expectations. 1990, 3.

[276] Von Hipple, E. A., Has a customer already developed your next product? Sloan Management Review, 1977, Vol. 18, No. 2.

[277] Walter, A., and Ritter, T. Value creation in buyer-seller relationships: theoretical considerations and empirical results. Industrial Marketing Management, 2001, 30.

[278] Wang, C., Fergusson, C., and Perry, D. A conceptual case-based model for knowledge sharing among supply chain members. Business Process Management Journal, 2008, 14(2).

[279] Wangenheim, F., & Bayón, T. The chain from customer satisfaction via word-of-mouth referrals to new customer acquisition. Journal of the Academy of Marketing Science, 2007, 35(2).

[280] Wayland, R. E. and Cole, P. C., Customer connections: new strategies for growth. Harvard Business School Press, 1997.

[281] Wayne S. Desarbo, Kamel Jedidi and Indrajit Sinha. Customervalue analysis in a heterogenous market. Journal of Marketing, Vol. 53, 2001.

[282] Wikstrom, S., The customer as co-producer. European Journal of Marketing, 1996, Vol. 30. NO. 4.

[283] Williamson, O. E., Strategy research: governance and competence perspective, Strategic Management Journal, 1999, Vol.20: 1087-1108.

[284] Wilson D. T., Jantrania S.. Understanding thevalue of a relationship. Asia-Australia Marketing Journa.1994, Vol.12.

[285] Wind, Jerry, and Majakan, Vijay, Issues and opportunities in new product development: an introduction to the special issue.Journal of Marketing Research, 1997, February, Vol.34.

[286] Winter, S., Understanding dynamic capabilities. Strategic Management Journal, 2003, 24.

[287] Winter, S. G., The satisfying principle in capability learning, Strategic Management Journal, 2000, Vol.21.

[288] Wolfgang Ulaga.Customer value in business markets: an agenda for inquiry.Industrial Marketing Management, 2001, Vol.30.

[289] Woodruff. Customer value: the next source for competitive advantage. Journal of the Academy of Marketing Science, 1997, Vol.25, No.2.

[290] Woodruff and Gardial., Know your customer: new approaches to understanding customer value and satisfaction.Blackwell Publishers Inc.1996.

[291] Workman, John P., Jr., Marketing's limited role in new product development in one computer systems firm. Journal of Marketing Research, 1993, November, Vol.30.

[292] Yang, Zhilin and Robin T.Peterson.Customer perceived value, satisfaction and loyalty: the role of switching costs.Psychology and Marketing, 2004, Vol. 21, No.10.

[293] Yli-Renko, H. Autio, E., Social capital, knowledge acquisition, and technology-based firms.Strategic Management Journal, 2001, Vol.22.

[294] Yoo B. and Donthu N. Developing and validating a multidimensional consumer-based brand equity scale.Journal of Business Research, 2001, 52.

[295] Yu, T., & Lester, R. L. Moving beyond firm boundaries: A social network perspective on reputation spillover.Corporate Reputation Review, 2008, 11 (1).

[296] Zeithaml, V. A. Consumer perceptions of price, quality and value: a

means-end model and synthesis of evidence. Journal of Marketing, Vol. 52, July, 1988.

［297］Zerbini, F. , Golfetto, F, and Gibbert, M. Marketing of competence：exploring the resource-based content of value-for-customers through a case study analysis.Industrial Marketing Management, 2006.